Elite 03

關於經濟學 100 Storys of 的100個故事 Economics

陳鵬飛◎編著

○○個故事，帶您進入經濟學的大廳，讓您清楚經濟與人類生活的密切關係！

　　自從亞當・斯密（Adam. Smith）在西元1776年發表《國富論》(The Wealth of Nation）以來，經濟學在各學術甚至實務領域的應用已有了相當長的時間，而其方法論的嚴謹性也是舉世所公認的，例如一年一度象徵國際學術權威的諾貝爾獎中也列有經濟學獎，可見本學科的重要性和受世人重視的程度。

　　在全球一體化的今天，隨著資訊技術的發展、各國間合作與競爭的加強、社會分工的進一步明確，瞭解經濟學，深入經濟學尤顯重要。現代經濟學是研究混合經濟條件下，稀少資源的合理配置與利用的科學。根據研究對象和所要解決問題的不同，經濟學又分為微觀經濟學、宏觀經濟學兩個部分。

　　微觀經濟學研究個人角色（家庭，企業，社會）在經濟舞臺上的表現。宏觀經濟學關心的是經濟社會作為一個整體到底發生了什麼事情。

　　此類研究都涉及國家經濟發展、企業合理規劃和人們的日常起居，用詳細的理論和普遍的例證使其經濟學發展速度達到了令不少學科望塵莫及的地步，使經濟學被譽為社會科學中的「皇后」。

　　在現實中，我們的生活也時刻被經濟學的影子所縈繞，就連你的婚姻都充滿著經濟的味道。然而雖然如此，但真正瞭解經濟並能為己所用的人卻為數不多。

　　馬鈴薯燉牛肉本是一道非常簡單而美味的食物，可是我們眞正將二者合而爲一卻經過了幾百年。因爲我們不知道自己是否具備絕對優勢和相對優勢優勢而拒絕物品交換。

　　我們都知道「魚和熊掌不能同時兼得的道理」，卻時常抉擇錯誤。本來在一定時間內，我們可以獲取100萬的廣告費，卻偏偏爲了編織一件只有25塊錢的毛衣，而白白損失了100萬。爲什麼會這樣，因爲你不懂機會成本，不知道哪種選擇更能給你帶來效益。

　　人人都愛精打細算，但這種「細算」，卻往往使我們處在路徑依賴中，就好比走上了一條不歸之路，慣性的力量使這一個選擇不斷自我強化，讓我們不輕易走出去，因爲我們擔心會虧本。

　　經濟跟我們的生活的確息息相關，所以掌握一些經濟學原理，以便使自己在面對問題時做出的抉擇更加理性、更加合理已迫在眉睫。但問題是，隨手翻開那些充滿圖示和數字的經濟類書籍，枯燥的詞句，生澀的闡述，深奧的理論，講述的盡是些一般人無法理解的東西。我們著作這本書就是基於這類情況。

　　本書力主簡約不簡單，透過我們日常生活中一些眾所周知的故事，以及一些名人的成功等，來詮釋經濟學的理論與方法，並分析、解釋經濟學領域的各種現象。

第一章　微觀經濟學

第二章　宏觀經濟學

第三章　經濟學其他相關故事

第一章

微觀經濟學

馬鈴薯燉牛肉的來龍去脈
——交換的緣起

機會成本就是為了得到某種東西所必須放棄的其他東西。即使牧羊人種馬鈴薯和養牛都很擅長，兩相比較，無論生產其中一樣東西的機會成本仍然會偏高，而生產另一種東西的成本則會偏低。因此帶來比較優勢的壓抑，那麼人們自然會選擇從事機會成本較低的活動。

很久以前，在一個村落裡，住著三十多戶人家，他們都過著自給自足的簡樸生活。其中有兩戶人家，一個是牧羊人，另一個是農夫。牧羊人家裡養了很多健碩的乳牛和綿羊，然後生產牛、羊肉自行消費；農夫有一塊肥美的田地，一年四季以種植馬鈴薯為生。

無論是豔陽高照還是強風暴雨，他們每天都要工作八個小時來生產牛肉和馬鈴薯，才能維持生計。他們覺得這樣很好，彼此之間也從未想到用自己的東西來跟對方交換。這種情況經過N年之後依然沒有什麼變化，直到有一天，牧羊人不小心將一個馬鈴薯掉進了他的牛肉湯裡，當他品嘗到跟以前完全不一樣的美食時，他突然對自己的牛、羊肉充滿了反感。這時候，每天聞著隔壁美味肉湯的農夫，也開始討厭自己的馬鈴薯食品。他們望望彼此，便心照不宣的進行了食品的交換。就這樣，自給自足的經濟格局被打破了。

簡單的交換之後，大家都嘗到了甜頭，隨著社會的發展，牧羊人和農夫都可以生產對方的產品。不過他們怎樣選擇分配自己的產品呢？他們每天的工作時間都是八小時，牧牛人生產一斤馬鈴薯的時間是30分鐘，生產一斤牛肉的時

間是40分鐘，而農夫生產一斤馬鈴薯的時間是15分鐘，生產一斤牛肉的時間是80分鐘。那麼他們的生產函數如下：

稱　呼 ＼ 時間與產量	生產1斤馬鈴薯時間（t）	生產1斤牛肉時間（t）	8小時平均產量（馬鈴薯）	8小時平均產量（牛肉）
牧羊人	30	40	16	12
農　夫	15	80	32	6

這種狀況使得農夫和牧羊人都有自己的優勢。牧羊人更適合生產牛肉，農夫更適合生產馬鈴薯，這樣一來就可以分工合作，牧羊人專門生產牛、羊肉，農夫專門生產馬鈴薯。這樣的情況維持一段時間，交換使得他們的生活更好。

過了一段時間之後，由於牧羊人有了足夠的資金，所以他去學習專業的知識和技能，回來後他生產馬鈴薯的效率大大提高，比農夫的效率還要高，10分鐘可以生產一斤馬鈴薯，生產一斤所需的時間為8小時，產量：

稱　呼 ＼ 時間與產量	生產1斤馬鈴薯時間（t）	生產1斤牛肉時間（t）	8小時平均產量（馬鈴薯）	8小時平均產量（牛肉）
牧羊人	10	40	48	12
農　夫	15	80	32	6

於是牧羊人就想：既然我的生產效率比農夫高，我是否還需要選擇和農夫進行貿易呢？

村裡有位經濟學家，他看到這樣的狀況，就贊同牧羊人和農夫進行交易。他認為，在不交易的情況下，牧羊人的最佳是生產6斤牛肉和24斤馬鈴薯，而農夫的最佳生產是3斤牛肉和16斤馬鈴薯。他找來農夫，讓他專門生產馬鈴薯，生產32斤的馬鈴薯，牧羊人用3斤牛肉跟他換14斤馬鈴薯，那麼農夫的產量變成了3斤牛肉和剩下的18斤馬鈴薯。農夫的狀況變好了──增加了2斤馬鈴薯。

現在來分析牧羊人，他的產量變成9斤牛肉和12斤馬鈴薯，現在他用3斤牛肉和農夫換了14斤馬鈴薯，現在牧羊人的產量變成了6斤牛肉和26斤馬鈴薯。牧牛人的狀況變好了──增加了2斤馬鈴薯。

牧羊人很奇怪，問經濟學家，怎麼會變好了？經濟學家說，在大家看來，你什麼都比農夫強，你具有絕對的優勢。但是有絕對優勢的同時，你必然在比較優勢的條件下，某一方面不如農夫。可以這樣說，你生產一斤牛肉的時間，只能用來生產$48÷12=4$斤馬鈴薯。而對於農夫來說，他生產一斤牛肉的時間，可以用來生產$32÷6=5.3$斤馬鈴薯，對與總體來說，農夫生產馬鈴薯更有優勢。農夫和牧羊人的故事還在繼續，貿易的好處已經昭然若揭，在貿易中農夫和牧羊人從中都嘗到了甜頭：大家都能吃到馬鈴薯燉牛肉，而且收益不菲。所以無論是生產單樣產品的自己自足，或者生產多樣產品的自己自足都無法達到交換的效果。因為交易本身還存在一個機會成本的問題。

所謂機會成本就是為了得到某種東西所必須放棄的其他東西，即使牧羊人種馬鈴薯和養牛都很擅長，兩相比較，無論生產其中一樣東西的機會成本仍然會偏高，而生產另一種東西的成本則會偏低。因此帶來比較優勢的壓抑，那麼人們自然會選擇從事機會成本較低的活動。對於牧羊人來說，他生產一斤馬鈴薯的成本要比生產一斤牛肉的成本高很多，所以他只有生產牛肉才能獲得最大利潤，而農夫恰恰相反。所以既有馬鈴薯燉牛肉吃，而且又能獲利的，只有選擇適合自己的，然後拿出多餘的跟人交換。

喬治·施蒂格勒（George J. Stigler）

喬治·施蒂格勒，1911年1月17日生，美國經濟學家。曾為愛荷華州立大學助理教授、明尼蘇達大學助理教授、副教授、教授、布朗大學（Brown University）教授、哥倫比亞大學教授、芝加哥大學華爾格林美國機構傑出服務經濟學教授。重要著作有：《公民與國家：管制論文集》、《經濟史論文集》、《產業的組織》、《生產與分配理論》、《價格理論》等。1982年獲得諾貝爾經濟學獎。

哥倫布的契約與錯誤
——創新與偶然性

偶然性在經濟生活中比比皆是，經濟研究不要過分追求所謂的必然性；巧妙的錯誤比笨拙的真理更能推動經濟學的發展。

哥倫布在航海之前，與西班牙國王和王后訂立了契約，契約詳細規定了雙方的權利與義務。國王與王后對哥倫布發現的新大陸擁有宗主權，而哥倫布對前往新大陸經商的船隻可以徵收10%的稅，對自己運往西班牙的貨物實行免稅。這是一個很重要的契約。可以說正

是這個契約確保了哥倫布航海的經濟動力，也使他努力發現新大陸的財富。反觀中國明朝，鄭和下西洋前可能與皇帝訂立合約嗎？非但不能，而且鄭和及其一切航海船隻與行為均屬於皇帝私人所有，是一次政治性私人出巡。

於是，他不能發現新大陸，世界經濟史上有哥倫布，但沒有鄭和，儘管後者下西洋的規模可以稱得上亙古未有。哥倫布的航海掀起了一個新時代，我們都是這麼讚嘆著。可是哥倫布怎麼會有這麼大的能耐？其實，就在於其自身的利益。

哥倫布在航海之前，與西班牙王室有契約，這個契約是他自身利益的一個保障。如同雇主和雇員簽訂的合約一樣。就哥倫布來說，他還是個具創新才能的人，為什麼別人沒有出海航行，為什麼哥倫布會想到跟王室簽訂合約，為什麼只有他留名於世，比他更早發現好望角的人怎麼就沒有這麼幸運？這個除了偶然性因素存在外，還跟哥倫布這個人的創新性密不可分。

什麼是創新呢？這個概念是美國經濟學家熊彼特在1912年出版的《經濟發展理論》一書中提出的。他給創新下的定義是「生產要素的重新組合」。其形式包括五種：引進一個新產品，開闢一個新市場，找到一種新原料，發明一種新的生產工藝流程，採用一種新的企業組織形式。熊彼特認為創新是社會經濟進步的動力。創新不等於發明，是把已有發明運用於實際。哥倫布並不是第一個發現新大陸的人，但他將這種發現付諸於行動，使世人知道還有這些地方，這個發現給歐洲帶來新市場，雖然有點扭曲和不正當，但畢竟使很多封閉的國家和人民驚醒：原來世界如此之大，更推動了世界文明。

雖然「哥倫布」這個名字經過幾百年後仍舊眾所皆知，但他對新大陸的認識還是存在很多誤解的。關於這點，萊斯特‧瑟羅在他的《資本主義的未來》中說：哥倫布知道地球是圓的，但他在計算上出了錯，以為地球的直徑只有實際長度的3/4。還把東去亞洲的陸地距離估計得過長，把西去亞洲的水路距離估計得太短。這些錯誤混合在一起使他誤認印度距離加拿利群島不遠，因此船上只帶水，若沒有美洲，哥倫布和他的所有水手都會渴死，也就不會青史留名了。這一言論的底蘊是：偶然性在經濟生活中比比皆是，經濟研究不要過分追求所謂的必然性；巧妙的錯誤比笨拙的真理更能推動經濟學的發展。

華西里‧列昂惕夫（Wassily Leontief）

華西里‧列昂惕夫（1906年8月5日～1999年2月5日）是一位俄羅斯裔經濟學家，後移居美國任教於哈佛大學。他是1973年諾貝爾經濟學得主，為表揚其「投入產出理論」對經濟學的貢獻。主要著作有：《投入產出的經濟學》（Input-Output Economics）、《美國經濟結構研究》、《經濟學論文集》、《美國的經濟結構，1919年～1929年》等。

不做家務事的波德
──比較優勢與貿易

比較優勢是做同一件工作的機會成本的大小。各方生產並出售自己有比較優勢的產品或勞務，購買自己不具有比較優勢的產品或勞務，雙方都可以獲益。

彼德是一名優秀的廚師。退休後對餐飲依舊情有獨鍾的他常到許多舉行「派對」（家庭聚餐）的家中主廚。他教育程度不高，但心靈手巧，樣樣精通，做家務事更是迅速俐落。雖然家務事這種工作對他來說易如反掌，但是，他還是請人來做這一切。有朋友問他為什麼不自己做家務事。他笑笑說這樣比較划算。別看他不懂得經濟學，其實他的行為顯示他是按照經濟學的一個重要原理──貿易有利於雙方行事的。

應該說，彼德無論做料理還是做家務事都很俐落，他雇的臨時工珍妮無論哪方面都不如他。但僅僅因為彼德家務事做得比較好，他就應該做家務事嗎？我們可以用經濟學中機會成本和比較優勢的概念來說明這一點。

機會成本是把資源用於一種用途時所放棄的另一種用途。對彼德來說，資源是時間。彼德做家務事的機會成本是他為了做家務事而放棄當廚師的時間。或者說，是彼德做一個小時家務事而放棄的當一小時廚師所賺的錢。比較優勢是他與珍妮相較做同一件工作的機會成本大小。

假如做同一件家務事，彼德需要一小時，珍妮需要2小時。這說明彼德做家務事效率高，他比珍妮有絕對優勢（絕對優勢是生產率的大小）。但彼德當廚師每小時薪資是30美元，珍妮如果不當臨時工到肯德基店工作每小時薪資為5美元。如果彼德把一小時用於做家務事，他就要放棄當一小時廚師的30美元收入，即彼德做一小時家務事的機會成本為30美元。

珍妮在彼德家做兩個小時家務事要放棄在肯德基店工作兩小時賺到的10美元，即珍妮做同樣家務事的機會成本為10美元。做同樣的家務事，彼德的機會成本為30美元，珍妮的機會成本為10美元。我們說，機會成本小的一方有比較優勢，即在做家務事上珍妮有比較優勢。

現代經濟社會中，貿易（無論是個人之間的貿易，一國各地區之間的貿易，以及國際貿易，甚至如果外星球有人的話也可以包括星際貿易）的基礎不是絕對優勢，而是比較優勢，各方生產並出售自己有比較優勢的產品或勞務，購買自己不具有比較優勢的產品或勞務，雙方都可以獲益。這就是貿易有利於雙方的原因。

以彼德和珍妮的例子來說，如果彼德以低於30美元而高於10美元的價格雇傭珍妮做家務事，雙方都可以獲利。例如，雇用珍妮做兩小時家務事，每小時薪資7.5美元，共15美元。這樣，彼德把做家務事的一小時用於當廚師可賺30美元，支付珍妮15美元後還有剩餘15美元。珍妮做家務事每小時比在肯德基多賺2.5美元，共多賺5美元。他們各自從事自己有比較優勢的事情，然後相互交換，雙方收入都增加了。

彼德沒有學過所謂的機會成本和比較優勢，但他實際是按照這一原則辦事的，他所說的「划算」其實就是我們講的這個道理。

　　過去我們習慣用互通有無來解釋貿易，而且認為弱的一方在貿易中總處於劣勢，強的一方總要透過貿易來剝削弱的一方，由此出發也就強調事事不求人的自力更生。這其實是一種誤解。貿易中強的一方儘管生產率高，有絕對優勢，但並不會在各方面都有比較優勢；弱的一方儘管生產率低，沒有絕對優勢，但必定在某些方面有自己的比較優勢。

　　貿易不是產生絕對優勢，而是產生於比較優勢。各方無論絕對優勢如何，都有自己的比較優勢，所以，貿易有利於雙方。這也是經濟全球化最終有利於各國的基本原因。

詹姆斯・布坎南（James M. Buchanan）

詹姆斯・布坎南，1919年10月3日出生，1940年畢業於中田納西州立學院，1941年獲得田納西大學碩士學位，1948年獲得芝加哥大學博士學位。從1983年至今為喬治梅生大學哈里斯客座教授。是公共選擇學派最有影響力，最有代表性的經濟學家，是公共選擇學派的創始人與領袖，被稱為公共選擇之母。重要著作有：《財政理論與政治經濟體系》、《自由的限度》、《憲法合約的自由》、《經濟學：在預測科學與道德哲學之間》等。並於1982年獲得諾貝爾經濟學獎。

爲什麼魯軍能以少勝多
——X效率理論

萊賓斯坦認爲，可以計量的生產要素投入並不能完全決定產量。決定產量的除了生產要素的數量以外，還有一個托爾斯泰所說的未知因素，即X因素。就軍隊的情況而言，這個X因素是士氣，就企業生產而言，這是其內部成員的努力程度。由資源配置最優化引起的效率稱爲「資源配置效率」，由這種X因素引起的效率稱爲「X效率」。這兩種效率同樣都會使產量增加。

托爾斯泰的巨作《戰爭與和平》被認爲是人類有史以來最偉大的小說。

書中不僅反映了當時的俄國現實和俄羅斯人民的愛國主義，而且有許多頗富哲理的議論。在書中托爾斯泰指出，一個軍隊的戰鬥力是它的士兵人數和某個未知數的產物。這個未知數就是軍隊的「士氣」。關於士氣在戰爭中的重要性也是有理可證的。

比如中國的《曹劌論戰》：魯莊公十年春，勢力越來越強大的齊國，爲了取得霸主地位，向各諸侯國展開了進攻，以使讓他們誠服。魯國是一個小國，最早成了待宰羔羊。迫不得已的魯莊公不得不做出迎戰決定。曹劌得知此事後請求和莊公一起出戰。後來在長勺交戰中，由於曹劌高超的指揮才能，齊軍大敗，魯軍乘勝追擊，一舉獲勝，一時聲名大噪。

魯劌之所以能指揮有方，贏得一場漂亮的勝仗，主要靠士氣。「一鼓作氣，再而衰，三而竭」，他掌握頭通鼓能振作士兵的士氣，二通鼓時士氣減弱，到三通鼓時士氣已經消失了的原理。在敵方鳴完三鼓後才讓自己的士兵出擊，士兵們士氣正旺，所以以少勝多，得以大勝。

從故事中可以看出，魯國的勝利，決定因素是士兵們旺盛的士氣。假如齊

國鳴完第一鼓後，魯莊公不聽曹劌的意見，馬上命令自己薄弱的士兵團去跟擁有龐大軍隊的齊國交戰，那肯定是雞蛋碰石頭，無論如何魯國也不會勝利的。可見，戰爭中這一「士氣」是至關重要的。針對這一「士氣」，出生於俄國的美國經濟學家萊賓斯坦提出了與托爾斯泰觀點類似的X效率理論。

萊賓斯坦認為，可以計量的生產要素投入並不能完全決定產量。決定產量的除了生產要素的數量以外，還有一個托爾斯泰所說的未知因素，即X因素。就軍隊的情況而言，這個X因素是士氣，就企業生產而言，這是其內部成員的努力程度。由資源配置最優化引起的效率稱為「資源配置效率」，由這種X因素引起的效率稱為「X效率」。這兩種效率同樣都會使產量增加。

X效率之所以存在是因為企業是個人的集合體，企業的整體效率取決於其內部每個人的行為。企業中的大多數人在大多數情況下，並不能實現最大化行為，即不能付出自己最大的努力。

個人在行為中總存在安於現狀的惰性傾向。由於資訊的不完全性，企業成員與企業之間的契約也是不完全契約。就薪資和獎金來說，如果我們無論做什麼工作，做多少，只有微薄的薪資，那麼人的積極性就會受挫，會出現「反正我做多少還是這麼點薪資，與其累的要死，還不如少做點」的心理，這種心理會使整個企業的X效率降低；反之，如果某項業務主管承諾達到多少業績，可以給員工多少分紅或獎勵來刺激他們的積極性，那麼身為個體的人員就會考量自身利益最大化，進而積極投入工作，如果這種積極性給予了一定回報，那麼員工投入工作中的熱情也就越多，相對企業產量也會增加。

就企業高層管理來說，努力營造一個團結、合作、健康的集體，都會使企

業利潤最大化。

可見，內部刺激不足、人際關係緊張或外部刺激減弱，都會削弱個人的努力程度。如果這些因素影響了企業內每個人的努力程度，企業就會出現X低效率的情況。據統計，歐美國家X低效率帶來的損失不會低於國民生產總值的5%。

許多企業中存在著相當嚴重的X低效率，或者托爾斯泰所說的「士氣」不足。引起這種現象的原因仍然是制度。產權不明確，缺乏一套適用的激勵與監督機制是X低效率的根本原因。因此，企業的脫困絕不僅僅是某一時期轉虧為盈，而是要有制度創新。一時的轉虧為盈不以制度創新為基礎，以後也許又會轉贏為虧。這正是X低效率所告訴我們的。

威廉・亞瑟・路易斯（W. Arthur Lewis）

威廉・亞瑟・路易斯，1915年1月23日出生，英國著名經濟學家。1937年畢業於倫敦大學，並於1940年獲得倫敦大學博士學位。曾任倫敦大學講師、曼徹斯特大學傑文茲政治經濟學教授、西印度大學副校長等職。現為普林斯頓大學政治經濟學麥迪森客座教授。他對經濟學的研究設計到各個領域，成績突出，並於1979年獲得諾貝爾經濟學獎。重要著作有：《經濟計畫原理》、《營運成本》、《經濟增長理論》、《經濟發展面面觀》、《國際經濟秩序之演化》等。

處於淡季的航空公司
—— 固定成本與變動成本

長期中成本都是變動的，但短期中成本要分為固定成本與變動成本。用於固定生產要素的支出（如民航公司飛機的維修費、工作人員的薪資）是固定成本，用於變動生產要素的支出（汽油費）是變動成本。

米蘭女士是某航空公司的股東，她坐自己公司的飛機時發現200個座位的機艙內也只有40人左右。這一時期，她碰到了好幾次這樣的情況，對公司前途頗為憂慮，於是，她去請教一位經濟學家查理斯是否應該把該公司股票拋售。

查理斯的分析是從經濟學中短期與長期的區分開始的。在經濟學中，短期與長期不是通常所說的時間長短概念，是指生產要素的變動性。在短期中，生產要素分為固定生產要素與可變要素的變動性。固定生產要素是不隨變數變動而變動的生產要素。如民航公司的飛機、工作人員等，無論飛行次數、乘客人數多少，這些生產要素是不變的。

變動生產要素是隨產量變動而變動的生產要素，如民航公司所用的汽油以及其他隨飛行次數與乘客人數而變動的生產要素（如乘客的事物、飲料）。在長期中，一切生產要素都是變動的，飛行次數與乘客人數多可以多買飛機，多雇工作人員，難以經營也可以賣飛機或解雇工作人員，所以，無固定與變動生產要素之分。每個企業由於所使用固定生產要素與變動生產要素多少不同，調整的難易程度不同，短期與長期的時間長度

也不同。民航公司增加或減少飛機與專業人員都較為不容易，所以長期的時間要長一些。

與此相對，長期中成本都是變動的，但短期中成本要分為固定成本與變動成本。用於固定生產要素的支出（如民航公司飛機的維修費、工作人員的薪資）是固定成本，用於變動生產要素的支出（汽油費）是變動成本。這兩者之和為短期總成本。分攤到每位顧客的成本為平均成本，包括平均固定成本與平均變動成本。

航空公司和任何一個企業一樣，從長期來看如果收益大於成本，就有利潤；如果收益等於成本，就無利潤；如果收益小於成本，就會破產；只要收益與成本相等就可以維持下去。這個道理誰都懂，但關鍵是短期中，航空公司能維持下去的條件是什麼？

查理斯告訴米蘭，她的公司仍在經營說明票價肯定高於（最少等於）平均變動成本。公司買的飛機短期內無法賣出去，雇用的工作人員也不能解雇。即使不飛行，飛機折舊費和薪資仍然是要支付的。

儘管乘客不多，但這些乘客帶來的收益大於（或等於）飛行時汽油及其他支出，就可以繼續飛行。比如說，如果飛行一次為成本2萬美元，其中固定成本為1美元，變動成本為1萬美元，只要機票為250美元時，乘客大於（或等於）40人就可以繼續飛行。如果乘客為40人，運送每位乘客的平均變動成本為250美元，票價為250美元，這時就是停止營業點。如果顧客再多幾個還可以彌補一些固定成本，那麼，經營就更有利了。

　　這也就是說，當企業在經營狀況不良（飛機乘客不足）時，是否停止關鍵在於變動成本。可以不考慮固定成本。固定成本已經支出，可以說是沒辦法再收回。在短期內，只要價格等於平均變動成本就可以維持。在長期中，無所謂固定成本與變動成本之分，還要考慮總收益與總成本，或者價格與平均成本的關係。

　　查理斯講完這些道理，米蘭明白了，她的公司乘客少是因為現在是淡季，這時只要能彌補變動成本繼續經營，在旺季乘客多時就可以賺錢了。所以，她馬上打消了拋售公司股票的想法。

瓦格納（Wagner Adolf）

瓦格納（1835年～1917年）德國經濟學家。新歷史學派的主要代表。出生於德國的埃朗根。瓦格納早期主張自由主義，但後來轉為對自由主義經濟學的批判。他強調國家在經濟生活中的作用，國家是社會改良的支柱，宣傳「國家社會主義」，既反對古典政治經濟學，也反對馬克思主義。他對銀行學、統計學和財政學都進行了廣泛研究。著有：《政治經濟學讀本》、《財政學》、《政治經濟學原理》、《社會政策思潮與講壇社會主義和國家社會主義》等。

為什麼他們只有150元的薪資
——薪資的決定

勞動市場上，工人提供勞動，這就是勞動的供給，企業雇用勞動，這就是勞動的需求。當勞動的供給與需求相等時，就決定了市場的薪資水準，稱為均衡薪資。因此，薪資水準的高低取決於勞動的供需。

銀川富寧街一家餐館，生意興隆，3名年輕服務生跑前跑後，端盤子、擦桌子、倒茶水、拖地板……忙得不可開交，一個個稚氣未脫的臉頰上流淌著汗水。一位顧客問女服務生：「生意這麼好，老闆一個月發給妳多少薪資？」

女孩低聲回答：「300元人民幣。」

顧客吃完麵，出門時看到了正在賣烤肉的一個年輕人，於是又問了年輕人：「一個月賺多少錢啊？」

年輕人回答：「不多，300元。」這位顧客感嘆著走了：這麼少的薪資怎麼能維生呢？同樣的地方，在一家花被廠工作，女工們的薪資卻僅僅只有150元。看到這樣的情景，很多人都忿忿不平，都以為餐館和花被廠的老闆都是典型的剝削分子，這麼少的薪資怎麼讓這些服務人員維生呢？這不是剝削是什麼？其實造成這種低薪資現象的原因，除了跟老闆壓低薪資有關外，還跟社會對勞力總需求脫不了關係。

按照經濟學家的說法，薪資是勞動的價格。它也和任何一種物品與勞務的價格一樣取決於供需關係。勞動市場上，工人提供勞動，這就是勞動的供給，企業雇用勞動，這就是勞動的需求。當勞動的供給與需求相等時，就決定了市場的薪資水準，稱為均衡薪資。因此，薪資水準的高低取決勞動的供需。無論是餐館老闆支付給服務生的300元，還是花被廠老闆每月支付給女工的150元，

薪資是高還是低，不取決於薪資的多少，而取決於供需的狀況。在就業機會以外的地方，農村裡有大量剩餘勞動力，收入也低於每月150元的水準，因此會有大量農村勞力想來此找份工作。做花被（即把碎花布拼成皮面）或在餐館做服務生都是一種極為簡單的工作，任何人都可以擔任。當農村存在大量剩餘勞動力時，想從事這一簡單工作的人是很多的，這就是說，勞動的供給是很大的。

但當地工業並不發達，像這樣生產花被的企業也不多，對這種簡單勞動的需求並不大。根據供需規律，供給多而需求少，薪資水準低就是正常的。小老闆能以每月150元的薪資找到他所需要的工人，說明從需求關係來看，這種薪資水準還是合理的。薪資低而產品價格高，小老闆當然利潤豐厚。但既然允許私人企業存在與發展，這種豐厚的利潤也無可厚非。

無論開餐館還是花被廠，老闆們的意圖都是賺取高額利潤。小老闆並不是慈善家，他辦企業的目的是實現利潤最大化。在產品價格既定時，增加利潤只有壓低成本，所以，小老闆只要能找到工人就盡量壓低薪資成本是一種理性行為，無可厚非。美國經濟學家路易斯曾指出，在發展中國家裡，當勞動供給無限時，以低薪資雇傭勞動是利潤的主要來源，這種利潤可用於投資，對經濟發展是有利的。應該說，從整個社會的角度看，小老闆賺了錢或用於投資擴大生產，或用於消費刺激需求，都是對社會有利的。

色諾芬（Xenephon）
色諾芬（約西元前430年～西元前354年）是古希臘著名的經濟學家、史學家、思想家。色諾芬是最早使用「經濟」一詞的人，他寫過許多經濟學著作，如《經濟論》、《雅典的收入》、《論稅收》等。其豐富的學術著作和經濟思想給後人對經濟領域，進行研究提供了寶貴的精神財富。

高薪資為什麼換不來高效率
——效率薪資的作用

效率薪資，指的是企業支付給員工比市場平均水準高很多的薪資，促使員工努力工作的一種激勵與薪酬制度。它的主要作用是吸引和留住優秀人才。

F公司是一家生產電信產品的公司。在創業初期，依靠一批志同道合的朋友，大家不怕苦、不怕累，從早到晚拼命工作。

公司發展迅速，幾年之後，員工由原來的十幾人發展到幾百人，營業收入由原來的每月十幾萬發展到每月上千萬。企業大了，人也多了，但公司負責人明顯感覺到，大家的工作積極性越來越低，也越來越計較。

F公司的老闆一貫注重思考和學習，為此他特別到書店買了一些有關成功企業經營管理方面的書籍來研究，他在介紹松下幸之助的用人之道一文中看到一段話：「經營的原則自然是希望能做到『高效率、高薪資』。效率提高了，公司才可能支付高薪資。但松下先生提倡『高薪資、高效率』時，卻不把高效率擺在第一個努力的目標，而是藉著提高薪資，來提高員工的工作意願，然後再達到高效率。」他想，公司發展了，確實應該考慮提高員工的待遇，一方面是對老員工為公司辛勤工作的回報，另一方面是吸引高素質人才加入公司的需要。

為此，F公司重新制定了薪資制度，大幅度提高了員工的薪資，並且對辦公環境進行了重新裝修。

高薪的效果立竿見影，F公司很快就聚集了一大批有才華、有能力的人。所有的員工都很滿意，大家的熱情高，工作十分賣力，公司的精神面貌也煥然一新。但這種好光景不到兩個月，大家又慢慢恢復到懶洋洋、慢吞吞的狀態。這是為什麼？

透過F公司出現的情況，可以反映出兩個問題。一是：高薪資帶來高效率；二是：未能明確區分效率薪資和清薪資。

效率薪資，指的是企業支付給員工比市場平均水準高很多的薪資，促使員工努力工作的一種激勵與薪酬制度。它的主要作用是吸引和留住優秀人才。

效率薪資理論認為，如果薪資高於市場均衡水準，企業經營會更有效率。因為在現代企業，無一不是採取生產線式的一貫生產。在一個生產線上，工人之間是高度依賴的，只要其中一個工人疏忽、怠工，就會給生產效率、產品品質帶來災難性的影響，正所謂「$100-1=0$」。怎樣使工人更加敬業呢？靠嚴格的監視嗎？即使能夠做到「全程」監督，因此帶來的監視成本也會極其高昂。在這種情況下，提高薪資不失為明智的選擇。然而效率薪資能否降低單位總勞動成本，成為真正的效率薪資，受到一系列因素的制約。

1、效率薪資是一種禮物交換行為。在效率薪資理論中，有一個基本假定：企業的效率薪資是用來交換員工加倍工作的，而員工的加倍工作也是用來獲取企業的高薪資。社會關係中的互惠原則是效率薪資發揮作用的基本條件。

2、一旦發現偷懶行為立即嚴懲偷懶者，是企業理想的做法。在效率薪資理論中，效率薪資要達到激勵、約束作用，必須按照遊戲規則，嚴懲偷懶者。這是保證效率薪資發揮作用的重要前提。只有這樣，員工才會努力

工作。因此，能否保證凡被發現有違紀者一律嚴懲，是效率薪資能否奏效的重要因素。

3、效率薪資水準的確定具有主觀性。員工對企業的認同感如何，員工關係的親密程度以及對外部失業情況和經濟景氣狀況的判斷都影響效率薪資水準以及效率薪資的實際效用。從這一意義上說，企業是否主動支付員工薪資，是否擁有良好的信譽和名聲，尤其是在勞動關係上的名聲如何及企業文化的建設水準都會影響員工對效率薪資的判斷，進而影響效率薪資的有效性。

從剛剛提高薪資後，員工表現出來的熱情可以看出：薪資提高後，工人更加忠於公司、珍惜自己的工作，流動率和缺席率都下降了，生產效率反而提高了。也就是說，高薪資改善了工人紀律，推動了企業的發展。

然而，這種薪資的提高只表現在企業內部，實際上它的平均水準並不高於市場平均水準，如果員工從這個企業走出去或跳槽，憑藉他們的才能肯定能找到比該薪資更高的企業。這就說明F公司的老闆，雖然從松下先生的企業管理中獲得啟示，但他卻並未搞清楚效率薪資和高薪資之間的區別，單純以為只要企業內部調高了薪資，就能創造高效率。

另外，效率薪資的前提是，獎罰分明，亦即出現不好好工作，或偷懶現象應嚴懲不怠，可是這點在薪資調整中並未體現出來。這會導致一些員工的偷懶心理的滋長，而這對那些積極性很高的員工來說，有點不公平。

對於F公司的主管來說，這個效率薪資的底線，要到哪裡才會發揮出激勵作用呢？主要取決於以下一些因素：其他廠商支付的薪資、失業率、工人怠工被抓到的機率等等。其他廠商支付的薪資更低，該廠商並不需要支付很高的薪資就可以誘使工人努力工作。

失業率對效率薪資的影響也不可低估。失業率高時，廠商不必支付很高的

薪資，因為工人一旦被解雇將很難找到相同的工作，對工人來說，高失業率意味著被解雇的成本增加。

　　此外，如果工人怠工被發現的機率很低，廠商則需要支付很高的效率薪資。廠商確定適宜的效率薪資，需要充分考慮以上種種因素。實際薪資低於效率薪資，則不能發揮激勵作用；實際薪資高於效率薪資，則加大成本，增加企業負擔，提高失業率，出現高薪資和高失業率並存的現象。

威廉‧配第（William Petty）
威廉‧配第，英國人，資產階級經濟學家。其主要貢獻是最先提出了勞動決定價值的基本原理，並在勞動價值論的基礎上考察了薪資、地租、利息等範疇，他把地租看作是剩餘價值的基本形態。配第區分了自然價格和市場價格。他還提出了「勞動是財富之父」、「土地是財富之母」的觀點，因此，他認為勞動和土地共同創造價值，顯然，這種觀點和他的勞動價值論是矛盾的，它混淆了使用價值的生產和價值的創造。

小麥煉鋼術——自由貿易

自由貿易可以迅速地改善我們的生活，進出口貿易可以拉動國民經濟。對於我們來說，時時刻刻處於貿易的包圍之中。換句話說就是貿易改變了我們的生活，使我們的生活品質提高。

自由貿易還未在各國間大規模形成之前，各國政府對於本國經商者與他國經商者的貿易有著嚴格的界定。這對於商人們來說無疑利潤空間大大縮水。所以他們想盡辦法使自身利益最大化。

西方甲國每噸鋼的價格為1000A元，每噸小麥的價格為200A元。與其相鄰的乙國，每噸鋼的價格為10000B元，每噸小麥價為100B元，很顯然，甲國鋼材價格比乙國低，相反，乙國的小麥價格則比甲國低。從中可見，甲國有生產鋼材的優勢，而乙國有生產小麥的優勢。如果允許自由貿易，各國優劣互補會達到共贏，資源也將會得到最有效的配置。但很不幸，甲國將自由貿易視為非法。

不久，乙國出現了一個發明家，他發現一種極低成本的煉鋼方法，即不需要工人，也不需要礦石，唯一的原料是本國的優勢產品——小麥，但生產過程發明家卻秘而不宣。由於這項發明導致乙國鋼材瘋狂跌價，許多煉鋼廠被迫倒閉，一些失業的工人乾脆去當農民，專門種植可用來煉鋼的小麥。同時，由於這項發明降低了乙國諸多產品的成本，乙國人的生活水準也有了極大的提高。

後來甲國派人秘密調查後發現，這位發明家根本沒有煉鋼，而是將小麥運到甲國換取鋼材。嚴格講這位「天才」不是什麼發明家，而是一個不折不扣的經濟學家。

　　這個故事完全是假設的，但它告訴我們，自由貿易可以迅速地改善我們的生活，進出口貿易可以拉動國民經濟。對於我們來說，時時刻刻處於貿易的包圍之中。換句話說就是貿易改變了我們的生活，使我們的生活品質提高。以前我們只是在本國內進行交易，穿自己生產的衣服、鞋、帽，吃自己種植的東西，開自己生產的車。如何加大各國間的貿易往來，加強彼此間的聯繫，使各國可以互補短缺，獲得自己最想獲得而且高品質的東西呢？在這裡就涉及對外貿易的問題。

　　所謂的對外貿易（Foreign Trade）是特指國際貿易活動中的一國或地區和其他國家或地區所進行的商品、勞務和技術的交換活動。這是立足於一個國家或地區去看待它與其他國家或地區的商品貿易活動。它主要以出口貿易和進口貿易為表現形式。

　　作為對外貿易，並不是政府機構命令他們生產你所要生產的東西，而是在交換中雙方都可以獲利，也就是在本書中提到次數最多的「雙贏」。小麥和鋼材的交換，不僅滿足A、B兩國所需，而且還提高了國民生產總值，改善了人民生活水準。

喬治・阿克爾洛夫（George Akerlof）
喬治・阿克爾洛夫1940年出生於美國康涅狄格州的紐海文。他對市場的不對稱資訊研究具有里程碑意義。他引入資訊經濟學研究中的一個著名模型是「檸檬市場」（「檸檬」一詞在美國俚語中表示「次品」或「不中用的東西」）。阿克爾洛夫的研究範圍較廣，包括貨幣理論、金融市場、宏觀經濟學等，並曾在貧困和失業理論、犯罪與家庭、社會習俗經濟學等領域發表過大量研究論著，其中有：《穩定增長——在危急關頭嗎？》、《「檸檬」市場：品質的不確定性與市場機制》、《貨幣需求短期趨向：對老問題的新展望》、《一位經濟理論家的故事書》、《泡沫經濟學》、《經濟學與恆等式》等。

燈塔公營還是私費
——產權保護

產權又稱財產權，指擁有某種財產的權力。產權是一個法律概念，完備的產權包括使用權、決策權、收益權和讓渡權。產權經濟學的代表科斯認為，燈塔可以是私人建設和私人營運的，而且私人營運往往比政府營運效率更高。但私人只有使用權沒有擁有權。

濃霧彌漫的夜晚，一艘行駛在大西洋上的輪船發現前方隱約閃爍著一盞燈光，水手趕緊報告船長：「前方的船發來信號，要我們的船向右轉。」船長交代他回信號給對方的船，要它向左偏離。信號發出去後，對方的船沒有做出反應，氣憤的船長再次發出指令，要水手告訴對方說：「我是船長，請你改變你的航向。」

這一次，對方回了一個信號：「還是請你改變航向吧！」船長開始憤怒了，他對水手說：「告訴他，我是大不列顛的吉姆船長，讓他馬上給我改變航向。」信號又發過去了。這時，對方打回了一個信號：「對不起，我是燈塔。」終於，船長命令他的船向右偏離。

作為安全的象徵，17世紀之前，燈塔在英國還是名不見經傳的。隨著水路交通的發達和各地之間買賣往來的頻繁，夜間航船事故也頻繁發生，這與黑夜中無法預知暗礁不無關係。然而17世紀初期的英國，只有兩座由領港公會建造的燈塔。

　　為了減少損失，私人船主只能自己投資興建燈塔。不過建造時必須避開領港公會的特權。燈塔建好後，私營的投資者還需要向政府申請特權，准許他們向過往的船隻收費。這一手續是要多個船主聯名簽字，說明燈塔的建造對他們有益，也表示願意付過路錢後政府才能批准。

　　私營燈塔都是向政府租用地權建造的，租期滿後，由政府收購轉給領港工會經營。政府收購燈塔的價格，依據租約年限和地點而定。收購過程中，其中有4座燈塔的收購價格在125000英鎊至445000英鎊之間。到1842年之後，英國就再也沒有私營的燈塔了。

　　對於燈塔，幾百年來，經濟學家有許多評論，這些評論均圍繞著政府保護產權的思想展開。

　　傳統上經濟學者一直認為，燈塔非由政府興建不可。因為，燈塔散發的光芒雖然功德無量，可是船隻可以否認自己真的需要靠燈塔指引，或者過港不入；所以，民營的燈塔可能收不到錢。而且，燈塔照明的成本是固定的，和多一艘船或少一艘船無關。因此，燈塔不應該收費，而應該由政府經營。

　　英國經濟學家穆勒在他的《政治經濟學原理》中提到：「確保航行安全的燈塔、浮標等設施，也應該由政府來建立和維護，因為雖然船舶在海上航行時受益於燈塔，卻不可能讓船舶在每次使用時支付受益費，所以誰也不會出於個人利益的動機建立燈塔，除非國家強制課稅，用稅款補償建立燈塔的人。」

　　到了二十世紀七〇年代初，經濟學家保羅·A·薩繆爾遜認為：燈塔難以收費是一個問題，但就算是容易收費，在經濟原則上也是不應該收費的，所以燈塔由政府建立並不僅僅是因為經營會有收費的困難，實際上是政府必要的服務職能。

　　他說：「這裡有一個典型的例子說明由政府機構提供的一種公共物品。燈塔使生命和貨運安全。但守塔人不能伸出手去向航船收取費用；或者即使能夠

的話，對使用它們服務的船隻強制實行一種經濟收費，也不符合有效率的社會目標。」這一思想是從燈塔的社會作用考慮了政府保護財產的作用。

然而產權經濟學的代表科斯認為，燈塔可以是私人建設和私人營運的，而且私人營運往往比政府營運效率更高。當然，私人建設和經營燈塔是有一定程序的：私人避開領港工會的特權而建造燈塔，私營的投資者就須向政府申請特權，准許他們向船隻收費。在申請批准後，私人向政府租地建塔，租約到期後，政府收購私人燈塔，然後交由領港工會管理和繼續收費。這也是一種保護私人財產的方式。

最意外的經濟學家：丹尼爾·卡尼曼
2002年美國普林斯頓大學的丹尼爾·卡尼曼（擁有美國和以色列雙重國籍）和美國喬治·梅森大學的弗農·史密斯獲得諾貝爾獎。丹尼爾·卡尼曼將源自於心理學的綜合洞察力應用於經濟學的研究，進而為一個新的研究領域奠定了基礎。弗農·史密斯為實驗經濟學奠定了基礎，他發展了一整套實驗研究方法，並設定了經濟學研究實驗的可靠標準。丹尼爾·卡尼曼自認為心理學的成就大於經濟學，當意外地得知自己獲得經濟學獎後，十分激動，以致於將自己反鎖到屋外，後不得不破門而入。

F省煤礦怎麼變成了私人的
——外部性與市場失靈

外部性又稱外部效應，指某一種經濟活動所產生的對無關者的影響。也就是說，這種活動的某些成本並不由從事這項活動的當事人（買賣雙方）承擔，而由與這項活動無關的第三方承擔，這種成本被稱為外在成本或社會成本。

李雷今年41歲，去F礦前在M地經營一家旅館，手中積攢了一筆錢，正當他為如何讓錢增值而發愁時，接到一通在F經營煤礦的M地老鄉的電話，邀請他「一起去開採煤礦」。

李雷當時心裡就想著：「前幾年不是關了好多小煤礦嘛，現在過去是不是風險太大了。」但同鄉的一番話打消了他的顧慮：「你放心吧！現在這邊的M地礦主太多了，而且個個都賺了大錢。說句實話吧！現在說是採煤礦，實際上採的是『黃金』。」

李雷下了決心，帶著大部分積蓄，隻身赴F地挖「黃金」去了。一年多過去了，李雷不但收回了所有投資，煤礦也正在一步步走向盈利。據李雷說明，如今在F地靠煤炭發財的M地人越來越多：「早幾年來的多半已到了投資回報期，現在都是『日進斗金』。當地政府中的某些人也獲利不菲。」

私自開採煤礦在中國是違法的，但這種現象之所以屢禁不止，主要說明了一件事：市場經濟中外部性與市場失靈的關係。

外部性又稱外部效應，指某一

種經濟活動所產生的對無關者的影響。也就是說，這種活動的某些成本並不由從事這項活動的當事人（買賣雙方）承擔，而由與這項活動無關的第三方承擔，這種成本被稱為外在成本或社會成本。同樣，這種活動的某些收益也非從事這項活動的當事人獲得，而由與這項活動無關的第三方獲得，這種收益被稱為外在收益或社會收益。在前一種情況下，稱為負外部性；在後一種情況下，稱為正外部性。

開採煤礦對F地的影響就是存在外部性的情況。因為煤礦的開採，給整個國民經濟帶來了好處。這是一個雖反常但必然的局面。然而，最基本事實的掌握上，有說法稱M地煤商控制了F省60%的中小煤礦，煤炭年產量8000萬噸，占F省煤炭年總產量的1/5，全國的1/20；在F省投資興辦煤礦的M地民營煤礦年產量只有2000多萬噸。雖然政府損失了6000萬噸煤，但政府對於這些煤礦存在無暇顧及或資金運轉不足的情況，如果由這些私人礦主來開採，就短期來說，第一可以節省國家投入，第二可以滿足其他行業對煤炭的需求量。不過長期來看，這種做法同時也給國家帶來了每年6000多萬噸的煤炭損失。

根據經濟學原理，每個人都為自己的利益最大化從事經濟活動，透過價格的協調實現了社會資源配置的最優化，這就是市場機制可以實現經濟效率的觀點。但是，在存在外部性時，這種市場機制完善性的觀點遇到了挑戰。

在不存在外部性，生產者為了利潤最大化進行生產，消費者為了效用最大化進行消費。當價格調節使供需相等時，生產者實現了利潤最大化，消費者也實現了效用最大化，即整個社會就實現了經濟福利最大化。但當存在外部性時，情況就不是這樣了。

當與某項經濟活動相關的雙方都實現了最大化時，卻給第三方帶來了成本和收益。使供需相等的價格決定的資源配置並不等於整個社會經濟福利的最大化。因為在有負外部性情況下，生產者的成本（私人成本）加外在成本（社會成本）大於消費者的收益。在有正外部性的情況下，消費者的收益（私人收益）

加外在收益（社會收益）大於生產者的成本。這兩種情況都是沒有使社會經濟福利大到最大化，或資源配置最優化。價格的自發調節沒有實現資源配置最優化九是經濟學家所說的市場失靈。換句話說，在存在外部性地情況下，價格起不到應有的作用。

就某種程度而言，F地人這種不顧公共利益而一味見縫就鑽的取向，也確實顯示著市場失靈。出於資本逐利的天性，倘若政府不能對其實行有效的疏導、引導，則必然陷於被動的、事後的、四處撲火式的疲於應對中，更遑論合理運用更具經濟人理性的民營資本服務於經濟體效率提升的長遠大計了。

「開採金礦」現象的發生、興起、發展，它的生命軌跡中時時表現為市場失靈與政府失靈的相互強化。這是一個典型的案例，而其根本性的破解之道，則如達格爾所指出，政府的權力應該是強大同時又被有效限定了的，進而使追求私利的衝動也為了私利的目的，不得不去做增進公共利益的事。

最具氣質的經濟學家：弗‧馮‧哈耶克
1974年，澳洲人。弗‧馮‧哈耶克和瑞典人綱納‧繆達爾深入研究了貨幣理論和經濟波動，並深入分析了經濟、社會和制度現象的互相依賴。哈耶克的思想已經蔓延到經濟領域以外，被廣泛流傳，他的生平傳記成為人們傳閱焦點，哈耶克的支持者遍及全世界的各個角落。

交通事故防患於未然
——安裝紅綠燈的成本

紅綠燈是一種公共物品，對它進行成本——收益分析相對要難以量化一些。有資料顯示，如果使用紅綠燈作為交通標誌，那麼這個路口車禍的死亡發生率從1.6%降到了1.1%。雖然安裝紅綠燈的成本是50000元，收益只是挽救了一些人的生命，似乎無足輕重。其實對於一起車禍來說，除了損失很多無價的生命外，一些有形和無形的資產也嚴重授損。

有一位客人到某人家裡作客，看見主人家的灶上煙囪是直的，旁邊又有很多木材。客人告訴主人說，煙囪要改彎的，木材須移開，否則將來可能會有火災，主人聽了不以為然，心裡還取笑此人膽小。

不久主人家裡果然失火，四周的鄰居趕緊跑來救火，最後火被撲滅了，於是主人烹羊宰牛，宴請四鄰，以酬謝他們救火的功勞，但是並沒有請當初建議他將木材移走、煙囪改彎的人。

有人對主人說：「如果當初聽了那位先生的話，今天也不用準備宴席，而且也不會有火災的損失，現在論功行賞，原先給你建議的人沒有被重視，而救火的人卻是座上客，真是很奇怪的事呢！」

主人頓時醒悟，趕緊去邀請當初給予建議的那個客人來吃飯。

能防患於未然，更勝於治亂於已成之後。紅綠燈應該說是安全的符號，兩種不同的顏色預示著人們應該怎樣走才能確保安全。紅綠燈就像是故事中建議將木材移走的

人，聽勸的人能夠防微杜漸，確保人身安全；不聽勸的人瞬息喪失性命或導致傷殘。

生命是無價的，一旦不小心喪生在車輪之下，生命的價值也不過值幾萬的賠償金罷了。所以在經濟學家看來，生命的價值會隨著死亡後獲得的不同賠償價格來衡量。

生命的價值到底是多少呢？如果我們拿著幾十萬甚至幾百萬的財產跟一個人的生命去交換，沒有人會願意。因為他會說生命是無價的。然而當人們開著車或步行走過一個路口時，卻不願意花幾分鐘的時間來確保自身的安全。時間是一種無形的資本，在人們闖紅燈的這個階段似乎顯得異常珍貴。因為沒有紅綠燈，因為沒有高度注意，所以安全係數下降，生命隨著倏忽結束了，在這個時候人們一直積攢下來的時間資本卻變成了永恆不變的固定資本，再也沒有人可拿來利用了。所以生命應該說是無價的。

對於個人而言，不願多等幾分鐘，不肯多花10000塊錢購買有安全氣囊或防爆裝置的轎車，是不是意味著他們對自己生命的估價沒有10000元呢？

公共決策和私人決策常常都本著節約的原則，因為儘管生命無價，但我們卻無力為它支付昂貴的保險。正如我們無法給所有白血病患者提供高額的骨髓移植費用一樣，社會福利取決於一個國家的經濟發達狀況和道德認可程度。但這並不說明生命是有價的。

另外，紅綠燈是國家財產的一部分，政府在安裝的時候都會權衡安裝紅綠燈的成本。

紅綠燈是一種公共物品，對它進行成本——收益分析相對要難以量化一些。有資料顯示，如果使用紅綠燈作為交通標誌，那麼這個路口車禍的死亡發生率從1.6%降到了1.1%。雖然安裝紅綠燈的成本是50000元，收益只是挽救了一些人的生命，似乎無足輕重。其實對於一起車禍來說，除了損失很多無價的生命

外，一些有形和無形的資產也嚴重授損。

打個比方來說，兩輛車相撞，死了兩個人和一隻狗，而且兩輛車也受到嚴重損傷。本來對於修理廠來說，可以增加利潤，但透過檢查後發現，兩輛車因為嚴重受損，無法修補，只能報廢（仔細想一下，如果這兩輛車不損壞的話，可以運送多少貨物，為國家增加多少GDP）。

另外，因為交通阻塞，使很多車輛無法前行，造成很多人耽誤工作。期間還可能出現的問題是，有心臟病人的救護車被堵，造成病人不能及時搶救而死亡，生命價值折損的同時，也使醫院效益下降。所以說防患於未然，如果國家只看重安裝紅綠燈的成本，而不估量車禍帶來的損失，對國民經濟來說，只會因小失大。

透過上文分析推理，政府就應該在每個路口都安裝上紅綠燈。

最中國的經濟學家：約瑟夫‧斯蒂格利茨
2001年三位美國學者喬治‧阿克爾洛夫、邁克爾‧斯賓塞和約瑟夫‧斯蒂格利茨。他們在「對充滿不對稱資訊市場進行分析」領域做出了重要貢獻。約瑟夫‧斯蒂格利茨出生於1942年，獲得麻省理工學院博士學位，此後在劍橋大學從事研究工作。

劣幣何以驅逐良幣
——格雷欣法則

劣幣驅逐良幣法則，即格雷欣法則，意為在雙本位貨幣制度的情況下，兩種貨幣同時流通時，如果其中之一發生貶值，其實際價值相對低於另一種貨幣的價值，實際價值高於法定價值的「良幣」將被普遍收藏起來，逐步從市場上消失，最終被驅逐出流通領域，實際價值低於法定價值的「劣幣」將在市場上氾濫成災。

有兩位麵包師傅，他們在城市的繁華地段各選了一家店鋪，一個在東，一個在西，自產自銷麵包。一位師傅賣的麵包鬆軟香甜，餡料又多又可口，價格也十分合理，對於顧客童叟無欺；另一位師傅做的麵包不僅餡料不足，而且又乾又硬，還不時偷斤減兩，有時還趁天黑，將過期產品賣給顧客，不過他的價錢卻比第一位師傅低一半。對於顧客來說，會選擇哪一家的麵包呢？

知道底細的人，可能會異口同聲地說，第一位師傅的麵包會熱賣。其實不然，為什麼這麼說呢？因為這裡包含了劣幣驅逐良幣的法則。

我們提到的劣幣驅逐良幣法則，即格雷欣法則，意為在雙本位貨幣制度的情況下，兩種貨幣同時流通時，如果其中之一發生貶值，其實際價值相對低於另一種貨幣的價值，實際價值高於法定價值的「良幣」將被普遍收藏起來，逐步從市場上消失，最終被驅逐出流通領域，實際價值低於法定價值的

「劣幣」將在市場上氾濫成災。

大多數人都有過這樣的經歷，當錢包裡既有新錢又有舊錢的時候，大家都會把舊錢拿出去買東西，留下「新錢」。道理很簡單，出於對新錢的偏好。從這種偏好中，就出現了格雷欣法則的萌芽。

自從人類給金錢一定的幣值開始，這一法則就產生作用了。追溯到古羅馬時代，人們就習慣從金、銀錢幣上切下一角，這就意味著在貨幣充當買賣媒介時，貨幣的價值含量就減小了。古羅馬人不是傻瓜，他們很快就察覺到貨幣越變越輕。當他們知道貨幣減輕的真相時，就把足值的金銀貨幣積存起來，專門用那些不足值的貨幣。這個例子說明：壞錢把好錢從流通領域中排擠出去了。為了控制這一現象的蔓延，政府發行了帶鋸齒貨幣，足值貨幣的邊緣都有細小的溝槽。如果貨幣邊緣的溝槽被挫平，人們就知道這枚貨幣被動過手腳。

在現實情況中，拿金幣和銀幣來說，金、銀的開採成本、市場供需是不太可能完全同步變化，於是當金相對於銀來說更為貴重時，人們必然地儲存更有價值的金而使用相對來說沒有價值的銀，因為交換時是以法定比價而不是實際比價來計算的。如果銀相對來說更為貴重時，劣幣就成了金，銀變成了良幣。

進入紙幣流通時代，貨幣的不足值性更加明顯，國家也必須有更加有力的手段來杜絕假幣。而正在這時，格雷欣法則開始受到一些學者的質疑。事實上，沒有良幣出現，或者有強而有力的政府禁止良幣的使用，劣幣也不能一直使用下去。

一個十分明顯的例子，在民國末年，法幣貶值，物價飛漲，民間開始使用銀元，拒收劣幣。此時的民國政府雖說對付解放軍不行，禁止人民使用銀元進而沒收銀元發行銀元券還是可以的。但是人民並不因此就接受銀元券了，許多私人機構開始以大米為薪金，社會交換退化到了物物交換時代。

問題的根源在於，劣幣驅良幣並不是產生於競爭的前提條件下。每一套貨幣的發行，都是由國家強制人民接受的，儘管付款的一方很樂意使用劣幣，但收款的一方卻不會心甘情願接受，只有在國家能保證收款方接受的劣幣能夠繼續流通的時候，劣幣才得以繼續存在，這條規律才能繼續發揮作用。

換句話說，如果國家濫用發行貨幣的權利，透過「劣幣驅良幣」的把戲來掠奪民間財富，這個過程可以說是強迫政府消費自己的信譽的過程。當這個消費過程超過了一定限度的時候，人民也是有可能拒絕所謂的法償貨幣，透過自由的選擇使得貨幣自發地建立新規律的。

效果最直接的經濟學家：羅伯特·蒙代爾
1999年美國哥倫比亞大學教授羅伯特·蒙代爾，因為他對不同匯率制度下的貨幣與財政政策以及最優貨幣區域做出了影響深遠的分析。「歐元之父」的光環因此罩在他的頭上，歐元的出現也給了他足夠的信心。隨後蒙代爾又想將其思維推廣到其他地區，例如亞元的提出。

天安門城樓遊覽證書
——炫耀性消費

制度經濟學派的開山鼻祖凡勃倫認為，個人對虛榮效用的追求總是導致社會浪費，因為一個人從炫耀性商品中所得到的虛榮效用正是另一人所失去的效用，因而一切用於追求虛榮效用的資源都被浪費性地消耗了。

A先生陪朋友B先生上了一次天安門城樓。他上次登上天安門城樓是八〇年代末的事了，十多年過後，城樓沒什麼大的變化，只是多了一處出售「天安門城樓遊覽證書」的櫃檯，出於好奇心，他特別留意了這個「新事物」。

只見櫃檯上擺放著幾台電腦，還有專用的印表機和相關設備，證書是早已準備好的（只要再列印上遊客的名字和日期即可），做得相當精美，分了好幾頁，其中印有天安門的圖片以及簡介，證書封面是暗紅色，正中有金色的一行大字「天安門城樓遊覽證書」，證書外面還有個白色封套。證書內文正中文字曰「（列印遊客姓名），

登上天安門城樓遊覽，特此證明。X年X月X日」。遊客若想購買證書，只要交十元人民幣並登記自己的姓名，工作人員兩分鐘內就能把證書辦好。

朋友B先生來自偏遠地方，難得有機會去北京旅遊，他憨厚地說道：「以前總是在電視上看到天安門城樓，現在我來了，也有種君臨天下的感覺。一定要辦個證書留作紀念，好讓別人知道我登上過天安門城樓，回去也好向他們炫耀炫耀！」於是，他便掏了10元人民幣，辦了張天安門城樓遊覽證書。

很多時候，我們買一樣東西，看中的並不完全是它的使用價值，而是希望透過這樣東西顯示自己的財富、地位或者其他目的，所以，有些東西往往是越貴越有人追捧，比如一輛高級轎車、一支昂貴的手機、一棟超大的房子、一場高爾夫球、一頓天價年夜飯……制度經濟學派的開山鼻祖凡勃倫稱之為炫耀性消費，他認為，那些難於種植並因此昂貴的花費並不必然比野生的花漂亮，對於牧場和公園，一隻鹿顯然沒有一頭牛有用，但人們喜歡前者是因為牠更加昂貴、更加沒用。

凡勃倫還認為，個人對虛榮效用的追求總是導致社會浪費，因為一個人從炫耀性商品中所得到的虛榮效用正是另一人所失去的效用，因而一切用於追求虛榮效用的資源都被浪費性地消耗了。

下面從新古典經濟學理論出發，對炫耀性社區中個人消費決策效率進行分析。在炫耀性社區裡由於消費者能夠從消費炫耀性商品中得到虛榮效用，但這種虛榮效用並不能帶給消費者任何物質上的滿足，它的存在實質上造成了商品相對價格及資源配置的扭曲，進而導致社會效率的損失。下面用一張圖來說明，在炫耀性社區中，虛榮效用是如何導致消費者做出非最佳選擇而造成效率損失的。

在炫耀性社區中，如果所觀察的消費者並不重視高層次，即滿足條件時，由前面的分析可以得知，消費者在一定預算約束下的最佳選擇策略滿足條件，即消費者的最佳選擇點位於無差異曲線與預算線的切點處；如果所觀察的消費者重視高層次，即滿足條件，由第二部分的命題知道，消費者能夠從炫耀性商品的消費中獲得虛榮效用，因而他會在收入中多分配一些比率於炫耀性商品的消費。

下面我們觀察同一個消費者在重視高層次、不重視高層次兩種不同狀態時的最佳決策問題，由於在兩種情況下該消費者有不同的效用函數，因此他有不同的無差異曲線。

如圖，曲線表示該消費者在不重視個人所處層次時的無差異曲線，虛線表示該消費者在重視個人所處層次時的無差異曲線，此時的無差異曲線圖隨著價值的不同而不同。

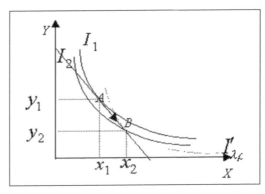

按照凡勃倫物品的定律，如果價格下跌，炫耀性消費的效用就降低了，這種物品的需求量就會減少。對於一位凡勃倫物品的崇拜者，同樣是這部20萬元的手機，如果現在1萬元賣給他，他也許根本不會瞧一眼，同樣是一頓20萬元的年夜飯，如果現在請他免費品嘗，大概也會被拒絕。對於A先生的B朋友來說，如果他的家在北京，那他絕對不會花10元的人民幣去購買那個證書的，哪怕免費，他也不會。因為這些物品裡只剩下實際使用效用，不再有炫耀性消費效用。

在金錢文化的主導下，炫耀性消費可以說遍及社會的每一個角落，其表現形式也可以說是林林總總、無所不包。炫耀消費與商品的競爭相結合，一種是自我消費，另一種是代理消費。

自我消費的炫耀性是透過對財產的浪費來顯示其對財產的佔有。在《金錢的愛好準則》中，凡勃倫說明，在財產私有制度下，由於金錢財富成為區別榮耀和博得尊敬的基礎，它也就成為評價一切實物的標準，無論是宗教、美感、實用性還是對美物的佔有，都是以顯示金錢為目的。在《服裝是金錢文化的一種表現》中，則描述了人們在服裝上的好奇鬥勝和極力奢侈，說明他們如何藉此誇耀自己的財富，表現自己的悠閒和浪費性消費。

同時，代理消費也是炫耀性消費的一種重要的表現形式。這種代理消費者又可以分為兩大群體：一個群體是穿特製號衣，住寬敞僕役宿舍的奴僕；另一個群體是在飲食、衣著、住宅和傢俱等方面浪費的主婦和家庭的其餘成員。這

些代理消費者的消費行為也只是為了證明其主人具有足夠強的支付能力，進而為其主人增添榮譽而已。

從另一個角度看，炫耀並非缺點，他對整個社會產生很大的建設性功能：正是透過炫耀，財富才獲得不斷累積的動力，正是透過炫耀，一個人對財富擁有的滿足才能反映到另外一個人的夢想中，並轉化為一群人追求財富的動力——也就是說，從主觀上講，一個人透過炫耀獲得了「追求財富並得到財富」的成就感；從客觀上講，一群人在這個人的炫耀性消費的的刺激下獲得追求財富的動力：有資格炫耀的人是成功的人，是擁有財富的人。

當前社會消費結構中出現了特有的「富人低消費」現象：有錢人很多選擇低消費，而想消費的又沒錢，這與國家宏觀經濟擴大內需的政策預期完全相悖，富人手中持有的貨幣不能有效地轉化為推動消費升級的購買力。那物品只能積壓，造成「相對過剩」，這也許也是30年代經濟危機產生的癥結之一。所以，我們一方面要滿足廣大消費者的普通需求，另一方面也要滿足一些人（哪怕是極少數人）的炫耀性消費的需求。

最具影響力的經濟學家：密爾頓·弗里德曼
1976年，美國人密爾頓·弗里德曼創立了貨幣主義理論，提出了永久性收入假說。在150名經濟學家投票中，凱恩斯被評為20世紀「最有影響力」的經濟學家，弗里德曼排名第二，其經濟自由思想逐漸成為主流。

誰為奢侈品稅收付出代價
——彈性與稅收歸宿

供給缺乏彈性的商品當價格上升需求量減少時，供給量減少有限，稅收則主要由生產者承擔。相反，供給富有彈性的商品當價格由於稅收上升時，需求減少，供給也減少，稅收則主要由消費者承擔。

西元前271年，趙奢擔任當時趙國的最高稅務長官。趙奢在中國賦稅思想史上的主要貢獻，是他堅持以法治稅。他認為，以法治稅是以法治國的一項重要內容，破壞稅法會導致國家法制削弱，而國家的法制一旦遭到破壞，社會就會陷入混亂，國家就會衰弱，諸侯就會乘機進攻，政權就會滅亡。他指出：「不奉公則法削，法削則國弱，國弱則諸侯加兵，諸侯加兵是無趙也。」趙奢有法律面前人人平等的民主思想。

他認為，稅法不僅平民百姓必須遵守，貴族官僚也必須履行其納稅義務，這就是執行公平。做到了執行公平，國家就會強盛，政權就會鞏固。當時的朝廷都很贊同他這種思想，每年都以公平納稅來增加國庫。但後來，有一年因為國家發生戰事，國庫虧空。群臣商議以增加財主富農的地稅來充實國庫，農民的稅收保持不變。然而這一新法推出不久，首先提出反對的竟然是貧民。為什麼會出現這種情況呢？我們可以用經濟學的原理來分析。

我們知道，直接的納稅人並不一定是稅收的最終承擔者。如果稅收直接由納稅人承擔，這種稅就是直接稅，如個人所得稅、財產稅、遺產稅等，如果稅收並不由納稅人直接承擔，而是可以轉嫁給其他人，這種稅就是間接稅，如營業稅等。這種稅在生產者與消費者之間分攤。誰最終承擔稅收負擔就是稅收歸宿問題。對於這些貧困的農民來說，他們使用的多數土地都是從地主那裡承包來的，朝廷加重了地主的土地稅，而地主又把這種賦稅轉嫁到了農民身上。

　　這樣一來，農民不但沒有得到好處，反而比以前更貧困了。這也是1990年，美國國會透過對遊艇、私人飛機、珠寶、皮革、豪華轎車這類奢侈品徵收新的奢侈品稅卻遭到工人和低收入者反對的原因。

　　支持這項稅收的人認為，這些奢侈品全部由富人消費，這種賦稅也必然由富人承擔。向富人收稅以補助低收入者，平等又合理。但實施之後反對者並不是富人，而是生產這些奢侈品的企業和工人，其中大部分是這項稅收所要幫助的低收入者。為什麼這些並不消費奢侈品的人反而反對這項稅呢？當對一種商品徵稅時，這種稅收由生產者承擔，還是由消費者承擔，主要取決於該商品的需求彈性與供給彈性。所以，稅收歸宿問題要根據彈性理論來分析。

　　需求彈性是某種物品價格變動所引起的需求量變動程度，用需求量變動百分比與價格變動百分比的比值來表示。通常商品分為需求富有彈性與需求缺乏彈性兩種情況。當一種商品需求量變動百分比大於價格變動百分比時，該商品就是需求富有彈性。反之，當一種商品需求量變動百分比小於價格變動百分比時，該商品就是需求缺乏彈性。需求越缺乏彈性說明消費者對這種商品的依賴性越大，即使價格大幅度上升，需求量減少也有限。

　　因此，需求缺乏彈性的商品當價格由於稅收而上升時，需求量減少有限，稅收就變成由消費者吸收。相反，需求富有彈性的商品當價格由於稅收而上升時，需求量可以大幅度減少，稅收就由生產者承擔。

　　供給彈性是某種物品價格變動所引起的供給量的變動程度，用供給量變動百分比分析價格變動百分比的比值來表示。通常商品分為供給富有彈性與供給缺乏彈性兩種情況。當一種商品供給量變動百分比大於價格變動百分比時，該商品就是供給富有彈性。反之，當一種商品供給量變動百分比小於價格變動百分比時，該商品就是供給缺乏彈性。供給越缺乏彈性說明生產者改變產量的可能性越小，即使價格大幅度變動，產量變動也很有限。因此，供給缺乏彈性的商品當價格上升需求量減少時，供給量減少有限，稅收就由生產者承擔。相

反，供給富有彈性的商品當價格由於稅收上升時，需求減少，供給也減少，稅收就變成由消費者吸收。

總之，一種商品需求越富有彈性而供給越缺乏彈性，稅收則主要由生產者承擔，需求越缺乏彈性而供給越富有彈性，稅收則主要由消費者承擔。遊艇這類奢侈品正屬於需求富有彈性而供給缺乏彈性。這是因為，這類商品並非生活必需品，而且替代產品多。當這類商品由於稅收而提高價格時，消費者可以用國外旅遊、蓋更大的房子、打高爾夫球這類同樣高檔的消費來替代。即使沒有合適替代品，不消費這類奢侈品也可以把錢作為遺產留給後人。所以，當價格上升時，需求量大幅減少，需求富有彈性。但生產這類商品的企業短期內難以轉產其他產品，供給缺乏彈性。稅收實際上落到了生產者身上。

生產奢侈品的企業不僅要承擔稅收，還要面臨需求減少引起的兩種後果。一是企業不得不減少生產，二是企業不得不降價。這就使這類企業經營困難，不得不解雇工人。本來這些行業的工人大多屬於低收入工人，是這種「劫富濟貧」政策要幫助的對象，結果反受這種政策之害。生產奢侈品企業的所有者與工人深受高奢侈品稅之害，又承擔了絕大部分這種稅收。

所以，這種賦稅並沒有受到富人的反對，而是受到這些行業工人與工會的反對。美國國會迫於壓力在1993年取消了這種奢侈品稅。稅收歸縮是經濟學中一個重要的問題。如果不考慮需求與供給彈性來徵稅，結果可能適得其反。在開徵一種新稅或提高原有稅種、稅率時，決策者一定要謹慎行事。

最具理論的經濟學家：薩默爾森
1970年，保羅‧安‧薩默爾森發展了數理和動態經濟理論，將經濟科學提高到新的水準。他的研究涉及經濟學的全部領域。其對經濟學的貢獻不言而喻，每當人們想起經濟學的時候，第一個印象就是這個戴著眼鏡、一臉學術氣息的薩默爾森。

漁翁爲什麼要小不要大
—— 消費欲望與需求

構成需求的兩個因素是購買欲望與購買能力，兩者缺一不可。不掌握經濟規律，特別是消費品變化規律是很難正確判斷，有哪些商品應該擴大需求，哪些商品應該縮小需求，因而也就無法在動態中實現需求與供給在總量和結構上的均衡。

一個漁翁在河邊釣魚，他的運氣還不錯，只見銀光一閃，一會兒就釣上來一條魚。但是很奇怪的是，每逢釣到大魚，漁翁就會把牠放回水中，只有小魚才放到魚簍裡。

在旁邊觀看他垂釣良久的人迷惑不解，問道：「你為什麼要放掉大魚，而留下小魚呢？」

釣魚的人回答說：「我只有一個小鍋，怎麼能煮得下大魚呢？而且小魚滋味更鮮美啊！」

鴉片戰爭以後，英國商人為打開中國這個廣闊的市場而欣喜若狂。當時英國棉紡織業中心曼徹斯特的商人估計，中國有4億人，假如有1億人晚上戴睡帽，每人每年用兩頂，整個曼徹斯特的棉紡織廠日夜加班也不夠，何況還要製作衣服呢！於是他們把大量洋布運到中國，結果與他們的夢想相反，中國人沒有戴睡帽的習慣，衣服也用自產的絲綢或土布，洋布根本賣不出去。

按照當時中國人的購買能力，還是有相當多人可以消費得起洋布的，為什

麼英國人的洋布根本賣不出去呢？

關鍵在於中國人沒有購買欲望。經濟學家認為，構成需求的兩個因素是購買欲望與購買能力，兩者缺一不可。英國人失算的原因正在於不瞭解中國國情，沒有考慮到中國人的購買欲望。就像漁夫一樣，他所需要的都是一些能放進他鍋裡的小魚，如果超出了他的鍋所能容納的範圍，就算大魚被送到他的手裡，他照樣會把牠們放回海裡。

購買欲望取決於消費者個人的嗜好。這種嗜好又取決於消費者的物質與精神需要、文化修養、社會地位等因素。但消費者身為社會大眾，其嗜好與社會消費習俗密切相關。消費習俗作為社會習俗的一部分取決於一個社會的文化歷史傳統與經濟發展水準。

鴉片戰爭後的中國仍然是一種自給自足的封建精集，並在此基礎上形成了保守、封閉的社會習俗，對外國的洞悉採取強烈的抵制態度。就像漁夫一樣，小鍋裝小魚已經成了約定俗成的事情，見到大魚後，儘管他也知道大魚肉更多，刺更少，可是他還是主觀的去排斥牠，而不是考慮其他好方法來對待這些大魚使自己獲利。鴉片戰爭打開了中國的大門，但並沒有從根本上動搖中國自給自足的精集基礎和保守封閉的意識形態。這樣，洋布和其他洋貨在中國受到抵制是很正常的。當然，消費習俗和消費嗜好是可以改變的。企業可以透過多種方法影響消費習俗和消費者嗜好，創造出消費者的購買欲望。

大家都知道，總需求小於總供給會導致經濟蕭條，所以只能靠擴大消費、刺激消費者的購買欲來消除，可以說，這是擴大需求的唯一正確途徑和方法。

不過問題是如何擴大消費需求。凱恩斯主義擴大需求，帶有很大的主觀隨意性，不考慮微觀效果和供需在結構上的吻合，不注意遵循客觀經濟規律和市場機制的要求，這是其理論上的嚴重缺陷之一。結果是擴大需求的效果極差，直接導致供需結構失衡，如甲商品過剩，卻擴大乙商品需求，引起滯脹危機。不掌握經濟規律，特別是消費品變化規律是很難正確判斷哪些商品應該擴大需求，哪些商品應該縮小需求，因而也就無法在動態中實現需求與供給在總量和結構上的均衡。

那麼，什麼是消費品變化規律呢？它包括哪些內容？從單個消費品的生命週期來看，其經歷了3個階段。

第一階段是初期發展階段，產品剛被發明出來，價格較貴，產量也較低，大多數人買不起。這個階段的特點是產品產量增長較緩慢，需求量也較小。

第二階段是快速發展階段，該產品的生產技術已經成熟，能大量生產，價格也降了下來，再加上人們收入提高，對它的需求迅速增加。這個階段的特點是產品產量和需求量增長很快，人們的需求迅速得到滿足。

第三階段是發展緩慢甚至停滯或滅亡階段，由於在第二階段，該商品得到大規模發展，已基本滿足人們需要，需求達到飽和，因此只能隨著人口增長而緩慢增長，如果有替代商品出現，該商品還會滅亡。這個階段的特點是產品需求增長較慢，產量也相對增加較小，處於相對停滯或滅亡狀態。

消費品雖然種類繁多，不勝枚舉，並且隨著科學技術進步，新的消費品不斷被發明創造出來，但對全部消費品（包括服務）來說，它們不可能同時處於生命週期的同一發展階段。

在一定時期，有的商品處於生命週期的第一發展階段，該類商品稱為第一類商品；有的商品處於生命週期的第二發展階段，該類商品稱為第二類商品；有的商品處於生命週期的第三發展階段，該類商品稱為第三類商品。這樣，全

部消費品可分為上述3類商品。

隨著生產發展，供給增加，處於生命週期第一階段的商品要轉入第二階段；處於生命週期第二階段的商品要轉入第三階段；處於生命週期第三階段的商品逐漸走向衰亡。與之相對，第一類商品要轉化為第二類商品，第二類商品要轉化為第三類商品，第三類商品趨於衰亡。

於是全部消費品的演變歷史可以表述為一個過程：第一類商品不斷轉變為第二類商品，第二類商品不斷轉變為第三類商品，第三類商品逐漸走向滅亡；同時，新發明創造出來的商品又不斷補充第一類商品。這就是消費品發展變化的基本規律。

最「三農」的經濟學家：路易斯和舒爾茨
1979年，美國人威廉·亞瑟·路易斯和希歐多爾·舒爾茨，在經濟發展方面做出了開創性研究，深入研究了發展中國家在發展經濟中應特別考慮的問題。

蕭何何以月下追韓信
──人才經濟學

身為勞動者，人才是其中的一部分，但這部分不同於一般勞動者，他們具有特殊、專門的高品德、高素養和高能量，在勞動力這個總體內居於較高或最高層次。因此，在為數眾多的勞動力群體中，人才有其不同性能，於是脫穎而出。

秦末農民戰爭中，韓信仗劍投奔項梁軍，項梁兵敗後歸附項羽。他曾多次向項羽獻計，始終不被採納，於是離開項羽前去投奔劉邦。有一天，韓信違反軍紀，按照規定應當斬首，臨刑時看見漢將夏侯嬰，就問到：「難道漢王不想得到天下嗎？為什麼要斬殺壯士？」夏侯嬰以韓信所言不凡、相貌威武而下令釋放，並將韓信推薦給劉邦，但未被重用。

後來韓信多次與蕭何談論，為蕭何所賞識。劉邦至南鄭途中，韓信思量自己難以受到劉邦的重用，中途離去，被蕭何發現後追回，這就是小說和戲劇中的「蕭何月下追韓信」。此時，劉邦正準備收復關中。蕭何就向劉邦推薦韓信，稱他是漢王爭奪天下不能缺少的大將之材，應重用韓信。劉邦採納蕭何建議，七月，擇選吉日，齋戒，設壇場，拜韓信為大將。從此，劉邦文依蕭何，武靠韓信，舉兵東向，爭奪天下。

這就是人才的功效。對於古代的任何一個朝代，或是現代國家經濟的發展來說，都離不開人才這一個抽象概念。人才的概念，不僅是經濟範疇的事，還有其社會性、文化性和政治性。從經濟學的視野來觀察人才，或許有助於對人才的決策選擇。

首先，人才是什麼？身為勞動者，人才是其中的一部分，但這一部分不同於一般勞動者，他們具有特殊的、專門的高品德、高素養和高能量，在勞動力這個總體內居於較高或最高層次。因此，在為數眾多的勞動力群體中，人才有其不同性能，於是脫穎而出。

其次，在經濟領域尤其是過去崇尚的生產力領域，人才又是什麼？這是講生產要素，人才從一般勞動力中區別出來後，與土地、資本和技術等一起，仍舊是要素之一。只是隨著經濟的發展和科技的進步，人才這個要素在生產力和經濟活動中的作用和位置不斷提升。作為科學和技術（廣義地包括管理）的主體和所有者，當科技被認定為第一生產力後，人才也是第一生產力。

第三，人才作為生產要素，同樣有其商品性，它是怎樣形成的？這就要講供需了。人才是在市場需求前提下的產物，由需求導致供給。但講供需關係，人才不同於其他要素。其他要素在經濟發展和科技進步後，都能達到供需先是平衡、後是供大於求（甚至如土地這樣的基本上不可再生的資源，在先進科技提高土地生產率後，也不例外）。但是人才、只有人才，作為先進科技的開發者，精益求精，永遠供不應求，是不折不扣的稀少資源，始終處於買方市場。

第四，人才既是商品或稀少資源，與其他商品化的要素是否也是交易物件？人才商品在供需驅動下，要交易，或者說必須流動，方能實現其人才功能。在計劃經濟體制下，對包括人才在內的勞動力進行指令性分配，基本上排斥流動，由於資訊不對稱，難免以產定銷，產銷脫節，人才不可能充分發揮作用，難以實現其價值。只有在市場經濟體制下，人才透過自由流動，即供需雙方的自由選擇，才能得到優化配置。所謂「人盡其才」、「各得其所」，無非是對人才流動這種特殊商品的自由交易的結果。

第五，人才是否有價，又如何定價？既是要素和商品，自然是人才有價。問題是這種價格也決定於供需，而在供不應求的情況下，人才價格的總趨勢是高走即高價並且高漲。人才與一般勞動力，在供需關係上從幾倍到幾十倍甚至

不能數計。科技成果賣高價達千百萬元，是人才價格的轉化，也歸人才所有。這使人才本身的定價發生困惑，任何高薪都難以具體核算其所值。尺度在於實際效益，但在未實現前有不確定性。於是，要採取其他方式如技術入股特別是期權，把報酬與效益掛鉤於其結果，使買賣雙方都不吃虧，防止了市場風險。

第六，講效益，對應於成本，人才是否也同此理？人才也有成本問題。從人才成本，引出人力投資和人力資本的概念。當代勞動力，也要受教育，也要有投入，那是容易計算的，並由國家、社會和家庭分擔。人才卻不同，雖然要有高學歷（那是為了獲得較高層次的基本知識，只是起點），但是其投入產出比例不尋常，是非線性的。在多數場合，對人才的「雇傭」，都是高成本、高效益，並有較高風險，否則，就會發生「跳槽」。

大家都說要建構人才高地，絕不是簡單的事。這在優勢地區、優勢企業和弱勢地區、弱勢企業，情況不同，對策各異。總而言之，對人才的吸引力，一在激勵檔次不能不高，二在發展環境一定要好。在優勢地區和企業，有其先發效應，出得起高價；而在弱勢地區和企業，同樣有其後發效應。特別是在人才蜂湧到先進地區和企業後，會形成有限的買方市場，這為後進地區和企業提供了另一種機遇。特別是在各地區和各企業發展自己的特色經濟後，就有可能以奇制勝，為更多的人才創造更好的用武之地。

張五常（Zhang Wu Chang）
張五常，1935年出生於香港。1982年～2000年為香港大學經濟金融學院教授。世界著名經濟學家，新制度經濟學的創始人之一，在交易費用、合約理論研究等方面做出了卓越貢獻。其著作甚多，求學之時，就憑一本《佃農理論》在經濟學界嶄露頭角。返港後，以一系列用中文下筆的專欄文章在華文世界取得廣泛的影響，代表作是《賣桔者言》、《中國的前途》、《再論中國》等。1991年他身為唯一一位未獲得諾貝爾獎的經濟學者，而被邀請參加當年的諾貝爾頒獎典禮。

誰洩漏了大慶油田的情報
——資訊經濟學與情報經濟學

恩格斯曾經指出：「每一門科學都是分析某一個別的運動形式或一系列互相關聯和互相轉化的運動形式。」資訊經濟學與情報經濟學的關係問題實際上可以歸結為它們所反映的運動形式的關係問題。資訊是構成情報的基礎，情報是經過嚴格定義和定量處理的條理化、系統化和知識化的資訊，是資訊和決策之間的仲介環節。

20世紀60年代，隨著中國大慶油田開採、挖掘工作進度的加大，迫切需要一些先進的煉油設備。跟日、美、英等國設備的交易中，只有日本的設備無論從大小、型號還是品質方面都是最符合中國當前煉油需要的，這完全不可能是巧合，而且對於中國大慶油田的位置、規模和加工能力方面是嚴格保密的。那只有一種可能：大慶油田的情報落入了日本人手中，到底他們是怎麼知道中國油田的情報呢？

當時，日本為了確定能否和中國做成煉油設備的交易，迫切需要知道大慶

油田的位置、規模和加工能力。為此，日本情報機構從中國公開的刊物中收集了大量有關的資訊，對所收集的資訊進行了嚴格的定性及定量處理後得出了有關大慶油田的位置、規模和加工能力的準確情報。

日本情報機構在1966年《中國畫報》的一期內容裡看到了王進喜的畫像和大慶油田的概貌，於是他們又找來了1964年在《人民日報》上看到的題為「大

慶精神大慶人」的一篇關於王進喜事蹟的報導，進行了詳細的分析，從中知道了「最早鑽井是在北安附近著手的」，並從人拉肩扛鑽井設備的運輸情況中判明：井場離火車站不會太遠；在王進喜的事蹟報導中有一段話：「王進喜一到馬家窯看到大片荒野說：『好大的油海！我們要把石油工業落後的帽子丟到太平洋去。』」，於是日本情報機構從偽滿舊地圖上查到：「馬家窯是位於黑龍江海倫縣東南的一個村子，在北安鐵路上一個小車站東邊十多公里處。」經過對大量有關資訊嚴格的定性與定量分析，日本情報機構終於得到了大慶油田位置的準確情報。

位置清楚後，到底規模多大還要進行進一步的分析。《人民日報》中的報導說：「王進喜是玉門油礦的工人，是1959年到北京參加國慶之後志願去大慶的。」日本情報機構由此斷定：大慶油田在1959年以前就開鑽了，到現在至少已有7年的開採時間。所以透過進一步的分析後日本情報局認為：「馬家窯在大慶油田的北端即北起海倫的慶安，西南穿過哈爾濱與齊齊哈爾之間的安達附近，包括公主嶺西南的大賚，南北四百公里的範圍。」估計從東北北部到松遼油田統稱為「大慶」，規模相當大。

規模弄清楚後，日本情報機構極待解決的問題就是大慶煉油廠的加工能力。日本情報機構從1966年的一期《中國畫報》上找到了一張煉油廠反應塔照片，從反應塔上的扶手欄杆（通常為一米多）與塔的相對比例推知塔直徑約5米，進而計算出大慶煉油廠年加工原油能力約為100萬噸，而在1966年大慶已有820口井出油，年產360萬噸，估計到1971年大慶年產量可增至1200萬噸。

透過對大慶油田位置、規模和加工能力的情報分析後，日本決策機構推斷：「中國在近幾年中必然會感到煉油設備不足，買日本的輕油裂解設備是絕對可能的，所要買的設備規模和數量要滿足每天煉油一萬噸需要。這一細緻的分析，最終促成了中日雙方交易的成功。

透過上文分析，我們得知並非王長喜洩漏了油田情報，而是日本人透過油

田的相關資訊做出最後決策的。這裡就涉及情報經濟學和資訊經濟學之間的關係問題。恩格斯曾經指出：「每一門科學都是分析某一個別的運動形式或一系列互相關聯和互相轉化的運動形式。」

資訊經濟學與情報經濟學的關係問題實際上可以歸結為它們所反映的運動形式的關係問題。資訊是構成情報的基礎，情報是經過嚴格定義和定量處理的條理化、系統化和知識化的資訊，是資訊和決策之間的仲介環節。大慶油田的情報只有透過這些有條理的資訊來源，才能獲得。所以資訊在獲取情報這一過程中扮演了一個重要的角色，體現了資訊的價值。

不過，情報經濟學作為一門獨立的科學學科，從歷史進展看，它與資訊經濟學緊密關聯的同時，又在研究對象、研究內容、研究方法與手段、研究深度與廣度等方面具有顯著的特色，特別是在研究物件方面具有一定的獨立性；而且資訊是公開於眾的，而情報是在資訊的基礎上研究出來的最終決策，具有保密性。

錢穎一（Qian Ying Yi）
美國伯克利加州大學經濟系教授。1985年在美共同發起「中國留美經濟學會」，1985年～1986年被選為年度理事會理事和1986年～1987年年度會長，1993年～1996年任中國社會科學院數量經濟研究所客座研究員，1997年起任清華大學中國經濟研究中心研究，1999年起擔任國際學術期刊《轉軌經濟學》共同編輯，他的主要研究領域為：組織和制度經濟學、轉軌經濟學和中國的經濟改革和發展。中文著作有：《轉軌經濟中的公司治理結構》（與青木昌彥共同主編）、《走出誤區：經濟學家論說矽谷模式》（與肖夢共同主編）。

杜莎夫人蠟像館不良行為
——公共地悲劇

「公共地悲劇」，即哈定悲劇，它最初由英國留學生哈定1968年在《科學》雜誌上撰文提出。在文章中，哈定認為：在共用公有物的社會中，每個人，也就是所有人都追求各自的最大利益。這就是悲劇的所在。因為，過度的追求將導致公有物的透支，最終的結果只能是任何人的需要都得不到滿足，這就意味著毀滅是所有人都奔向的目的地。

有一個人非常喜歡旅遊，對各地名勝更是愛護有加。一日遊走皇家陵園，有些疲勞，看見很多畫廊樓閣，便進去納涼休憩。當他進入亭子後，看到紅漆的雕龍亭柱上，很多人寫了「某某某到此一遊」的話，非常氣憤，於是他掏出小刀在亭柱上刻了六個子：請勿亂寫亂畫。也許此人的初衷是好的，但是舉止卻比那些亂寫亂畫的人還要嚴重。因為寫上去的有擦掉的可能，但用刀刻上去的該怎麼彌補呢？這就是公共地的悲劇，它屬於大眾所有，卻又最容易受大眾的迫害。

這裡所謂的「公共地悲劇」，即哈定悲劇，它最初由英國留學生哈定1968年在《科學》雜誌上撰文提出。在文章中，哈定認為：在共用公有物的社會中，每個人，也就是所有人都追求各自的最大利益。這就是悲劇的所在。因為，過度的追求將導致公有物的透支，最終的結果只能是任何人的需要都得不到滿足，這就意味著毀滅是所有人都奔向的目的地。

前一段時間，上海杜莎夫人蠟像館正式對外開放一週，儘管一張125元人民幣的成人票價限制了遊客量，但種種不文明行為在館內仍時有上演。為此，館內不得不採取一些「因事制宜」的措施以保護展出的蠟像及設施。儘管，蠟像館不是免費的開放，但公共場所的性質還是使其遭遇了「公共地悲劇」。在遊覽

蠟像館的過程中，部分遊客想到的是怎樣獲得最高的身心享受，而沒有顧及到自己的行為是否逾越了規矩，是否對蠟像館的蠟像和設施造成了破壞。於是，在破壞形成一定規模時，蠟像館不得不做出防範措施，其結果不僅增加了蠟像館的經營成本，而且還影響了之後所有人遊玩的品質。

公共地悲劇可以解釋和分析很多經濟現象：由政府部門出資建立的公園、綠化帶往往過不了多久時間就面目全非了。這與個體的利己性不無關係。許多人在私人領域內，可能文質彬彬，與親朋好友和睦相處；但到了公共領域，就脫去了文明的外衣，隨心所欲，甚至粗俗不堪。同時，「公共地悲劇」也與相關部門的管理不善和服務不周有關，如果個體的不雅行為得不到應有的約束，或者是一種現實情形下的必要選擇，那麼管理部門就應該承擔一定的責任。

與之對應，消除「公共地悲劇」也應從素質的提高和管理的完善著手。一方面，透過教育和輿論，加大個體在公共領域違規的道德成本，讓道德的自覺性約束利己的衝動性。另一方面，透過服務的完善，管理的科學，讓遵守公共道德的人獲得最大的收益，而不是逾越規則者獲得更多的利益和便利。公共意識的養成需要一個漫長的過程，只有在道德和規則雙重作用下，「公共地悲劇」才能有效地減少。

郎咸平（Liang Xian Ping）
郎咸平，1956年出生於臺灣，現任香港中文大學財務學系講座教授。曾擔任世界銀行公司治理顧問，現任深交所公司治理顧問和香港政府財經事務局公司治理專案顧問。他的研究主要致力於公司監管，專案融資，直接投資，企業重組、兼併與收購、破產等方面的研究，並且成就斐然。他曾經在多家世界主要的經濟和財務期刊上發表學術論文，如《美國經濟學會期刊》、《芝加哥大學政經期》、《財務經濟學期刊》、《美國財務學會期刊》等。曾在2001年財經人物排名榜中，位居第九。

漲價幅度急增的羊肉粉
——限制價格

限制價格是指政府為了限制某些物品的價格而對它們規定低於市場均衡價格的最高價格。其目的是為了穩定經濟生活，例如穩定生活必需品的價格，保護消費者的利益，有利於安定民心。為了使限制價格政策有效，政府往往需要採用配額、票證等輔助措施。

在一條很繁華的地段，每天都有成千上萬的人經過這裡去公司上班。住在附近的幾戶人家，看到這裡的行人流量如此巨大，於是決定在這裡租賃幾個店面，開設幾家羊肉粉館，剛開始時，羊肉粉普遍每碗2元人民幣。上班族們每天經過這裡時都會選擇羊肉粉作為早餐。然而奇怪的是，這些小館才開張幾個月，就把價格由原來的2元人民幣漲到了5元人民幣。

漲價幅度如此之大，使那些早上需要消費的人急切地想知道到底是什麼原因。老闆湯某說：「羊肉粉漲價的原因就是羊肉漲價。」以前羊肉的價格是每斤6元人民幣到7.5元人民幣之間，如今供給他們羊肉的廠商將每斤的價格提高了2元人民幣，而且還有繼續漲的趨勢。這一價位的迅速飆升使原本很興隆的羊肉館生意一下降到了冰點，有些人想吃，但一看到價位都走開了。眼看著這樣的境遇，粉館老闆也不知道怎麼辦，只能搖頭嘆氣。

這只是一個很小的問題，不過小問題反映大道理。就拿房屋來說，七、八○年代，一套二居室的房屋，幾萬塊錢人民幣就能搞定。但現在今非昔比了，一些炒房團的出現，將中國的房屋價格炒到了最高點。現在不要說幾萬塊錢人民幣，幾十萬人民幣也買不到一間好一點的房子。很多人只能望房興嘆，能貸款的人，也為每個月的房貸壓得喘不過氣來。怎麼辦呢？這就需要政府的出面來調節這一價位的波動——限制價格。

限制價格是指政府為了限制某些生活必需品的物價上漲而規定的這些商品的最高價格，限制價格低於市場均衡價格。如圖所示，某商品由供需關係所決定的均衡價格為Po，均衡數量為Qo，但在這一價格水準時，部分生活貧困的人將買不起，因而政府對這一部分商品實行限制價格政策，限制價格為P1，P1＜Po，此時商品實際供給量為QS，需求量為QD，供給量小於需求量，產品供不應求。因而為了維持限制價格，政府就要實行配給制。

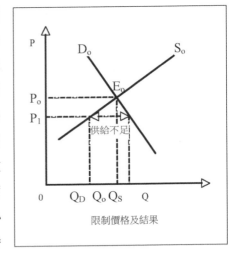

限制價格及結果

限制價格的影響作用可以利用房屋的限制價格為例來說明：

第一，導致房屋供給嚴重不足。在計劃經濟體制下，決定房屋供給的並不是價格，而是國家計劃。所以，房屋不足的基本原因不能完全歸咎於租金的高低，但不可否認，除了計劃失誤外，房租過低也是原因之一。由於房租過低，甚至比房屋的維修費用還少，這就造成房屋部門資金嚴重不足，建屋困難。

第二，尋求活動、黑市和尋租。在房租受到嚴格管制，房屋嚴重短缺的情況下，就會產生尋求活動和黑市。在中國公有單位房屋是由各單位擁有的房屋占絕大多數。在這種情況下，尋求活動就是：想盡辦法分到國家房屋，這種想辦法走後門就是一種尋求活動。這種尋求活動增加了房屋的交易成本。黑市活動包括兩方面：以極高的價格租用私人房屋，以及個人把分配到的房屋高價出租。除了尋求活動和黑市外，在租金受到嚴格限制，房屋採取配給的情況下，必然產生尋租現象。這就表現在，掌握分配房屋的人，利用權力接受賄賂。

解決房屋問題的出路，一是房屋市場化。一方面透過有償轉讓使公有房屋私有化。另一方面開放對房租限制，由房屋市場的供需決定房租。二是創造房

屋市場化條件。中國實行房屋市場化，由於職員的收入水準低，薪資中實際不包括購屋支出，以及房屋的分配不公平等因素，造成嚴重困難。因而我們必須創造條件，推動房屋市場化。

根據上述實例，對於限制價格的利弊可以概括如下：限制價格有利於社會平等的實現，有利於社會的安定。但這種政策長期實行會引起嚴重的不利後果。第一，價格水準低不利於刺激生產，進而會使產品長期存在短缺現象。第二，價格水準低不利於抑制需求，進而會在資源短缺的同時又造成嚴重的浪費。第三，限制價格之下所實行的配給，會引起社會風尚敗壞，產生尋求活動、黑市和尋租。正因為以上原因，經濟學家都反對長期採用限制價格政策，通常只在戰爭或自然災害等特殊時期使用。

林毅夫（Lin Yi Fu）
林毅夫，出生於1952年10月，籍貫為臺灣省宜蘭縣。1971年，臺灣大學農業工程系畢業；1986年，美國芝加哥大學經濟系博士；他的主要研究領域是：發展經濟學、農業經濟學、制度經濟學，主要作品有《制度、技術和中國農業發展》、《中國的奇蹟：發展戰略與經濟改革》、《中國農業科研優先序》、《充分資訊與國有企業改革》、《中國的奇蹟：發展戰略與經濟改革》、《再論制度、技術與中國農業發展》等。

受政府保護的小本產業
——支持價格

支持價格又稱最低限價，是政府為了扶植某一行業的發展而規定的該行業產品的最低價格。支持價格高於市場均衡價格。

1802年，有三個剛剛失業的美國人從一個政府官員手裡得到了1美元的施捨，於是他們做出了不同的投資決定：一個人害怕風險，買了黃金最保險；一個人買了有風險但又不太大的債券；另一個人買了風險很大的股票。到了1992年後，三份原始票據與實物被發現，三個投資者的後裔成了這些財產的受益人，但受益結果卻有天壤之別：1美元黃金值13.4美元；1美元債券值6620美元；1美元股票值3005000美元。

1美元投資股票，竟然變成三百多萬美元，是什麼造成這個神話的呢？是企業！企業的魔鏡一旦被轉動起來，任憑什麼想像力也追不上它的軌跡。

美國前總統柯立芝曾說：「我們的事業是企業。」透過這位總統的話足見企業在美國的重要性，正是美國的企業，才造就了今天的美國。於是，美國人說：「詩人將自己交給了詩歌，女人將自己交給了愛情，美國人將自己交給了企業。」

然而不管是什麼樣的企業，不管是國營還是私營，都離不開政府的支持。就一個小城鎮來說，如果要發展，必須抓住本鎮的優勢來創辦適合當地發展的產業，但這種產業的發展必須要有成本的投入。按照本地的生活水準來說，能拿出這樣一筆資金來經營這一產業，應該說是相當不容易的。

所以政府為了加快落後地區經濟的發展，就必須對這些產業給予一定的保護。比如對它們的產品給予最低的價格，以確保產品、貨物不積壓。一旦出現

產品積壓現象政府會主動收購，進而確保這些小企業的繼續運轉。經濟學上把政府給予弱勢企業的這一保護稱作支持價格。

支持價格又稱最低限價，是政府為了扶植某一行業的發展而規定的該行業產品的最低價格。支持價格高於市場均衡價格。如圖所示，該行業某商品由供需關係所決定的均衡價格為Po，均衡數量為Qo，政府為了扶植該行業的發展而制定的支持價格為P1，P1>Po，此時供給量為QS，需求量為QD，供給量大於需求量，產品出現過剩。為了防止價格下跌，政府就要收購剩餘產品，因而支持價格政策的實施增加了政府財政支出。

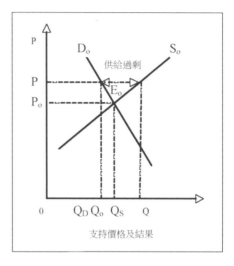

支持價格及結果

支持價格的作用可以用農產品支持價格為例來說明：許多經濟和自然條件較好的國家，由於農產品過剩，為了克服農業危機，往往採取農產品支持價格政策，以調動農民生產積極性，穩定農業生產。農產品支持價格通常採取兩種形式：一種是緩衝庫存法，即政府或其代理人按照某種平價收購全部農產品，在供大於求時增加庫存或出口，在供小於求時減少庫存，以平價進行買賣，進而使農產品價格由於政府的支持而穩定在某一水準上。

另一種是穩定基金法，即政府按照某種平價收購農產品，在供大於求時維持一定的價格水準，供小於求時使價格不致於過高。但不建立庫存，不進行存貨調節，在這種情況下，收購農產品的價格是穩定的，同樣可以達到支持農業生產的作用。

美國根據平價率來確定支援價格。平價率是指農場主銷售農產品所得收入與購買工業品支付的價格之間的比率關係。按照平價率來調節農產品的支持價

格。法國是建立政府、農場主人、消費者代表組成的農產品市場管理組織來制定支持價格。歐共體1963年成立歐洲農業指導委員會和保證基金，用於農產品的收購支出和補貼出口。

供大於求的情況下，如果不使用支持價格政策，將導致這樣的結果：

一是存貨調節。當市場供大於求，價格低時，生產者把部分產品作為庫存貯藏起來，不投入市場，進而不形成供給，這就會使供給減少，價格上升。反之，當市場上供給小於需求，價格高時，生產者把原來的庫存投入市場，這就在產量無法增加的情況下增加了供給，進而價格下降。這種自發存貨調節，對市場的穩定發揮作用，但卻為投機者提供方便。

二是地區套利。在現實中，市場往往是地區性的。這樣在總體上供需平衡時，也會出現地區性不平衡。這種地區間供需不平衡所引起的價格差就產生了跨地區套利活動。這種活動就是把供大於求，進而價格低的地區的產品運到供小於求，進而價格高的地區。只要這種價格差大於運輸費用，這種投機活動就不會停止。這種投機活動有利於市場機制更好地發揮作用，也有利於經濟穩定，是市場經濟本身的一種「內在穩定器」。

支持價格的運用對於經濟發展的穩定和制止投機活動有著及其重要的意義。其作用是：第一，穩定生產，減緩經濟危機的衝擊。第二，透過對不同產業產品的不同的支持價格，可以調節產業結構，使之適應市場變動。第三，實行對農產品生產的支持價格政策，可以擴大農業投資，促進農業勞動生產率的提高。但支持價格會使財政支出增加，政府背上沉重的包袱，降低政府對宏觀經濟的調節作用。

　　不論是限制價格還是支持價格，都是政府利用國家機器的力量對商品供需實行的價格管制，限制價格是遠遠低於均衡價格的商品最高價格，支持價格通常是高於均衡價格的最低價格。

　　前者的長期實行會造成商品持續的嚴重供不應求，後者的長期實行會造成商品的持續的供過於求，二者都會對市場供需關係的正常實現造成不利的影響，政府為了在實行價格管制的條件下，維持社會穩定，就必須對社會商品供需實行管制，因此就導致經濟學上一個基本定理的產生與存在：實行價格管制的國家必然導致對商品供需實行數量管制。

鄒恆甫（Zou Heng Fu）

出生於湖南省華容縣，武漢大學經濟系畢業，獲得經濟學學士，美國哈佛大學經濟學博士學位，世界銀行政策研究司經濟學家，武漢大學經濟學教授，武漢大學經濟科學高級研究中心主任。對鄒恆甫教授的評價是：最低調的經濟學大師。主要學術成績、創新點及其科學意義：鄒恆甫教授在國外主要雜誌上發表了40多篇有影響力的論文。由於他在宏觀經濟學領域所做的突出貢獻，在全球10多萬名經濟學家和5500名著名經濟學家的排名中名列世界第247位。

驢子的壞主意——信用經濟

信用是市場經濟的產物，市場經濟可以說是信用經濟。從市場經濟信用機理的經濟學來分析，信用缺失的產生與市場的不確定性、人的機會主義傾向和有限理性有關。在市場經濟中，個體在追求收益最大化的過程中會產生道德風險，即信用缺失。

有個商人在鎮上買了很多鹽。他把鹽裝進袋子裡，然後裝載於驢背上。

「走吧！到市集去！」商人拉動韁繩，可是驢子卻覺得鹽袋太重了，便心不甘情不願地走著。主人看見牠這麼吃力也很心疼，便把一半的鹽倒出來，自己一手牽著驢一手扛著半袋鹽往前走。

驢很感動，牠對主人說，您對我這麼好，等我長大一些後，我會背負很多鹽讓您獲得很多利潤。城鎮與村子間隔著一條河。在渡河時，驢子東倒西歪地跌到河裡。鹽袋裡的鹽被水溶掉，全流失了。

「啊！鹽全部流失了。唉！多麼笨的驢子呀！算了，走吧！」驢子雖然很抱歉，但也非常高興，因為行李減輕了。過了一年，小毛驢長大了很多，商人又帶著驢子到鎮上去。這一次不是鹽，而是棉花。棉花在驢背上堆的像座小山。

「走吧！回家了！今天的行李體積雖大，可是並不重。天色還早，如果累了的話，我們還可以在路邊休息。」

「多麼好的主人啊！」驢子感動得眼淚都掉下來了。就在此時，牠看見一匹馬馱著很多貨物經過，牠呼哧呼哧打著響鼻，已經非常累了，但是牠的主人縱身一躍又騎到馬上，並拿出皮鞭拍打著馬屁向前奔去。驢子非常慶幸自己有這麼好的主人，牠心想：我一定要報答主人。

不久他們來到上次讓驢子跌倒的那條河邊，驢子突然想到一年前的經歷，

自己一身的輕鬆多好啊！於是，驢子故意滾到河裡。至於對主人的承諾早已拋到九霄雲外去了。

「順利極啦！」這時驢子雖然想站起來，但突然覺得沒辦法站起來。因為棉花進水之後，變得更重了。驢子邊哼哼的嘶叫著，邊載著浸滿水加重的行李，走回村子。

有句話說：「天作孽，猶可違，人作孽，不可活。」驢子的投機心理，最後導致的結果是自作自受。因為投機心理和信用缺失，最後導致了負重回家的結果，這也是牠活該。

經濟個體追求自身利益最大化是市場經濟的內在驅動力。這是一個重大的思想解放，也是符合客觀經濟規律的。但有些人為了追求利益最大化，做出很多信用缺失的舉動。信用是市場經濟的產物，市場經濟可以說是信用經濟。作為驢子，為了讓自己輕鬆，卻忽視了自己的本職，透過投機心理獲得自身的滿足。這也是牠對自己主人不忠的表現，是信用缺失。

從市場經濟信用機理的經濟學來分析，信用缺失的產生與市場的不確定性、人的機會主義傾向和有限理性有關。在市場經濟中，個體在追求收益最大化的過程中會產生道德風險，即信用缺失。

驢子希望的是輕鬆，而主人希望的是更多利潤，在這種情況下，就會造成資訊的非對稱，這也是信用缺失的根源。

從交易成本論角度來分析信用缺失原因，交易成本論認為若失信行為不能夠產生足夠的經濟損失，失信行為就會繼續下去；相反，如果失信的成本大於失信產生的收益，則失信行為將因失去利益驅動而減少甚至消失。如果主人因為鹽的流失而痛打驢子，驢子會顧及自己的疼痛而減少自己的投機心理。其實這不僅是對驢子心理的分析，在市場經濟中，很多大企業或小公司，也是吃軟不吃硬的，如果施加一定壓力，或建立一定的約束機制，可能人的失信度就不

會高度飆升。

市場經濟信用制度是指為了改善市場交易中的資訊不對稱狀況，約束市場主體在交易過程中的機會主義行為而制定的一系列法律、法規和規範的組合，是降低市場交易費用的有力保證。針對失信帶來的危害，我們建立和完善市場經濟信用制度勢在必行。

我們如何建立這一體制呢？首先要建立和完善市場信用法規體系；其次，加強和完善資訊的披露，盡可能減少資訊的不對稱，增強信用資訊的透明度，建立公開、公正、公平競爭秩序。三，加強輿論宣傳效果，引導企業加強信用管理和防範意識，強化個人特別是各級政府公務員、企業主要經營管理者和仲介服務機構從業人員的信用觀念。

吳敬璉（Wu Jing Lian）

吳敬璉，1930年1月出生於江蘇省南京市；畢業於金陵大學經濟系。1955年～1956年跟後來在柯西金時期成為著名改革派經濟學家的前蘇聯專家阿‧畢爾曼學習，研究企業財務和國家財政問題；1979年開始，把研究的重點逐步轉向關於社會主義經濟制度和經濟發展的歷史和現實的比較研究方面。在這種研究的基礎上，逐步形成了對中國經濟發展戰略和體制改革的目標模式的想法。吳敬璉的主要研究領域是理論經濟學、比較制度分析、中國經濟改革的理論和政策等。其主要著作有《社會主義經濟建設和馬克思主義的政治經濟學》、《經濟改革問題探索》、《中國經濟的動態分析與對策研究》、《論競爭性市場體制》、《通向市場經濟之路》等。

小偷也懂經濟學
──成本效益

成本效益分析就是將投資中可能發生的成本與效益歸納起來：利用數量分析方法來計算成本和效益的比值，進而判斷該投資項目是否可行。成本效益是一個矛盾的統一體，二者互為條件，相伴共存，又互相矛盾，此增彼減。

小偷甲是個累犯，偷小件物品手到擒來。很多個晚上他都活動在自行車庫外，只要撬動一下扳子，拇指和食指輕輕一動，一輛嶄新的自行車就到手了。如果第二天哪個倒楣鬼看見自己的車不見了，毫無疑問準是他幹的。這種偷竊讓他也小攢了一筆財富，而且從未失過手。小偷乙也是個累犯，不過他專偷銀行和大商場，他有槍支、有彈藥，每次作案都會跟他的妻子道別，跟他的兒女說再見。因為銀行不是任何人都能偷的，他要承擔的風險很大。不過只要得手一次，足夠他半年足不出戶舒舒服服過日子。不過法網恢恢，作案的累犯最終難逃法網。小偷甲被判了5年，小偷乙被判了15年。

自行車被竊已經是司空見慣的事情，也成為一種公害。自行車被竊不是新聞，但銀行失竊卻是媒體的重大新聞。相對於屢見不鮮的偷車現象，銀行被盜的情況畢竟要罕見許多。這是為什麼呢？

這裡涉及到了成本。成本是指企業為生產產品、提供勞務而發生的各種耗費，簡言之就是指取得資產或勞務的支出。成本由產品成本和期間成本構成。它們都是生產經營的耗費，都必須從營業收入中減除，但減除時間不同。產品

成本是指可計入存貨價值的成本，期間成本是指不計入產品成本的生產經營成本，直接從當期收入中減除，包括減除產品成本以外的一切生產經營成本。

任何人，包括小偷，做事總要想一想是否划算，也就是要比較一下收益和成本。並對成本效益進行分析。所謂成本效益分析就是將投資中可能發生的成本與效益歸納起來：利用數量分析方法來計算成本和效益的比值，進而判斷該投資項目是否可行。成本效益是一個矛盾的統一體，二者互為條件，相伴共存，又互相矛盾，此增彼減。從事物發展規律來看，任何事情都存在成本效益。成本大致可劃分兩個層次：一是直接的、有形的成本問題；二是間接的、無形的成本。效益也包含兩個層次：一是直接的、有形的效益；二是間接的、無形的效益。偷銀行的收益高，但成本也大。由於銀行的保全措施嚴密，行竊時被抓的可能性很大，一旦失手遭受的懲罰也更重。就算得手了，刑事單位也不可能善罷甘休，而是會竭盡全力，因此破案的可能性很大。基於對這些成本的評估，小偷通常不會輕易向銀行下手。

而偷自行車雖然收益小，但成本也低許多。小偷幾乎不需要什麼作案工具，頂多帶把鉗子就行了。自行車的防盜性能極差，作案機會也多，很容易得手。即使被抓住，小偷所受到的處罰也輕很多。如此低廉的成本，使得自行車失竊現象層出不窮。

張維迎（Zhang Wei Ying）

1994年～1997年為北京大學中國經濟研究中心教授；1997年9月至今為北京大學光華管理學院經濟學教授，北京大學工商管理研究所所長；1998年被聘為博士班導師；1999年開始任學院副院長。並到日本、澳洲、韓國等大學講學。張維迎教授的企業理論及有關中國國營企業改革的研究成果在國內外學術界、中國政府有關部門和企業界有廣泛影響，被公認為中國經濟學界企業理論的權威。主要著作有《企業的企業家──契約理論》、《博弈論與資訊經濟學》和《企業理論與中國企業改革》等。

明星織毛衣的機會成本
──機會成本

機會成本又稱擇一成本，是指在經濟決策過程中，因選取某一方案而放棄另一方案所付出的代價或喪失的潛在利益。

有一個人，行走在一條河邊，他非常饑餓，極待找些食物充饑。這時他看到河邊一個水窪裡圍困著兩條魚，非常高興，正準備下河抓魚時，卻看見一隻熊從他身旁邊經過。熊掌多貴、多好吃啊！這真是難得一見的好事，如果捕抓到牠，可以賣更多的錢。於是他拿了幾塊尖石，轉身去獵熊。等他費了九牛二虎之力終於把熊獵到並取到熊掌後，已經精疲力竭滿身血污。他步履蹣跚的來到河邊，企圖再抓那兩條魚時，河裡的魚卻已被別人抓走了。為了得到魚，這個人只好拿熊掌去換魚。

這個故事告訴我們，兩樣美好的東西不可能在同一時間內得到。因為利用一定的時間效益做好兩件事情是不可能的，因為時間有限。如果僥倖熊掉到河裡，你同時釣到了魚和熊，還要考慮釣魚竿夠不夠結實的問題。就拿織毛衣來說，一個人用一定的時間織一件毛衣可以賣100元，如果她拿織毛衣的時間去做另一件事，可以得到50元的回報，那對於這個人來說，織毛衣更划算。

為了進一步說明這個問題，首先我們來假設一下，王菲在編織毛衣方面頗有天賦，同樣編織一件毛衣，她可能比別人編織得更快、更好，那麼，她是否應該自己編織毛衣呢？如果她編織一件毛衣需要兩小時，同樣，她也可以利用這兩個小時為某一品牌化妝品拍攝廣告，這個廣告所得的酬勞是100萬。那麼她編織一件毛衣的機會成本就是100萬元。與她相比，一個編織廠的女工小紅編織一件毛衣需要4小時，小紅也可以利用這4個小時去給別人做臨時工，並因此獲得40元的報酬，那麼，小紅編織一件毛衣的機會成本就是40元。

對於不懂經濟學的王菲和小紅來說，我們有必要先讓她們瞭解一下什麼是機會成本。機會成本又稱擇一成本，是指在經濟決策過程中，因選取某一方案而放棄另一方案所付出的代價或喪失的潛在利益。企業中的某種資源常常有多種用途，即有多種使用的「機會」，但用在某一方面，就不能同時用在另一方面，因此在決策分析中，必須把已放棄方案可能獲得的潛在收益，作為被選取方案的機會成本，這樣才能對選中方案的經濟效益做出正確的評價。

再舉一個例子，某企業準備將其所屬的餐廳改為三溫暖，預計三溫暖未來一年可獲利潤70000元，A.應考慮機會成本後再決策；B.可以直接做出決策；C.應改為三溫暖；D.不應改為三溫暖，在這四種情況下，老闆肯定會選A。由此可見，機會成本在決策中不容忽視，優選方案的預計收益必須大於機會成本，否則所選擇的方案就不是最佳方案。

針對這種情況，儘管王菲在編織毛衣上有絕對優勢——因為她只需要更短的時間就能完成一件毛衣的編織，但小紅在編織毛衣上卻有比較優勢，因為小紅的機會成本低許多。借助貿易，明星只需付給小紅40元就可以得到一件毛衣，而無需放棄報酬100萬的廣告拍攝工作。同樣，小紅也得到了好處，因為編織一件毛衣比4個小時的臨時工要輕鬆許多。

李稻葵（Li Dao Kui）
李稻葵，清華大學經濟管理學院教授，清華大學世界與中國經濟研究中心主任，曾任教於美國密執安大學、香港科技大學。清華大學經濟管理學士（1985年），美國哈佛大學經濟學博士（1992年）。主要研究和教學領域：轉軌經濟學、公司金融、國際經濟學、中國經濟。

誠信是最好的競爭手段
──誠信與長遠利益

「商業的善」之所以存在，不僅是因為人性和道德，還因為理性。當「誠實是最好的競爭手段」時，只有守信才是理性的選擇而不是做騙子。

對於不信任市場的人來說，市場是非人性的化身，是不道德的化身，市場經濟所到之處，人們對於利益的追求會將仇恨的戰神召喚到戰場上來。但也有人說：「商業不是一個冷漠、抽象的東西，而是具有人性的。」，「商業的目的是要創造幸福，而不僅僅是財富的累積。」到底如何，我們先來看一個故事。

在一個古老的鄉村，張林向李軍借了10塊錢，他們之間無須書面的合約或借據，甚至沒有說清還款的日期。但李軍並不擔心張林會賴帳，因為，如果張林真的不還錢的話，李軍就會把此事張揚給全村，張林就不可能再借到錢。為了能繼續借到錢，張林一定會信守承諾按時還錢。

這就是「有借有還，再借不難」。退一步，即使張林並不打算繼續借錢，他也會擔心，破壞了名聲，做人就難了，自己再遇到困難就沒人幫助了。所以，李軍認為張三的承諾是可信的，而對於張林來說，信守承諾則是最好的選擇。

小村裡的人們信守承諾，張維迎教授對此做了三點解釋：第一，借款的人有追求長遠利益的動機，不會為了短期的利益而損害自己的聲譽。農民不僅關心自己的未來，也關心後代的福利。他要世世代代在這個村莊生活下去，要與其他村民進行無數次的重複博弈，就一定要講信譽。

「父債子還」是農村幾千年傳統，如果父親賴帳，兒子就難借到錢。因此，在農村，出現這樣的情景也就絲毫不奇怪：父親在臨終前把兒子叫到面前，告訴他還欠誰家的債。反過來，農村人不大願意借錢給「單身漢」也是有道理

的，就是怕「一人吃飽，全家吃飽」的單身漢不在乎名聲。第二，一個人不守信用的消息很快會被全村人知道。社會學家的研究顯示，在鄉村社會，「閒言閒語」是儲存和傳播資訊的重要手段，對維持信譽機制具有關鍵的作用。如果一個人做了壞事不能被其他人知道，他就更可能做壞事。第三，人們有積極性懲罰違約者，辦法是不再與他交易、往來。如果受損害的人沒有積極性或沒有辦法懲罰騙子，騙子就會盛行起來。

　　「小村的故事」其實是一個簡化的市場模型。理解「小村的故事」，我們會明白，在福布斯給我們講述的市場的故事中，「商業的善」之所以存在，不僅是因為人性和道德，還因為理性。當「誠實是最好的競爭手段」時，只有守信才是理性的選擇而不是做騙子。為什麼是這樣？首先，在真正的市場經濟中，大部分的人還是要考慮長期利益，對於「跑了和尚跑不了廟」的企業來說就更是如此。第二，市場經濟有一套「看護」信譽的機制，其中包括媒體報導的作用。如詹姆斯所言：「媒體可以幫助保持、提高行業標準、企業的運作標準，可以保證企業的正常運作。」

約翰‧納什（John Forbes Nash. Jr.）

約翰‧納什，1928年6月13日出生於美國西維吉尼亞州勃魯費爾，1950年獲得美國普林斯頓高等研究院數學博士學位，1951年至1959年在麻省理工學院（MIT）數學中心任職。現任普林斯頓大學數學系教授，美國科學院院士。1994年諾貝爾經濟學得主。國際公認的博弈論創始人之一。發表論文有：《N——人對策的均衡點》、《討價還價問題》、《非合作對策》。這非合作對策理論以及合作對策的討價還價理論奠定了堅實的基礎，同時為對策論在50年代形成一門成熟的學科做出創始性的貢獻。

請兌現你的承諾
──誠信與發展

誠信是衡量國家發展狀況的標準。如果國民的誠信度低，導致經濟行為具有不確定性和不可預期性，投資的機會成本和商品的交易成本高昂，經濟運行效率低下，社會資源和人力資源嚴重浪費。

　　忙了整整一年，年終結算，有一位年輕的業務員按照原定計劃，他可以拿到三萬塊的銷售獎金，這位業務人員得意地規劃著如何利用這筆錢，並希望自己能過個好年。

　　可是到了年底，當他要求公司兌現時，老闆卻一直搪塞。後來問的次數多了，老闆很不耐煩地說分紅比例的百分點算錯了，他不應該拿那麼多。目的很明顯就是不想兌現業務人員應得的那份酬勞。剛好此時公司有一筆貨款要他去收，差不多也是三萬塊。

　　這位業務員心想，反正自己的銷售獎金是無法兌現了，不如將這筆錢據為己有算了，所以拒絕交出收到的錢。於是他和老闆由原來的爭吵，最後發展到武力相向，並鬧到了警察局。

　　年輕的業務人員因私自侵吞公司的貨款，按照有關法律條文，被法院判了有期徒刑，而這位說話不算話的老闆的行為，使他在員工心目中的形象一落千丈，員工的工作積極性也嚴重受創，公司的生意一落千丈，很快就倒閉了。

　　真可謂：「言而無信，兩敗俱傷。」本來一個好好的公司，因為老闆的失

信和業務人員對法律的無知，區區三萬塊，造成這樣的後果實在是可惜。如何預防這種情況在企業中出現呢？

首先，業務人員在進入公司從事銷售工作，就應該和公司簽訂勞動就業合約、分紅報酬合約等。以便今後如果發生糾紛，有事實依據。而不能憑藉自己的衝動，做出對自己和今後非常不利的事情。

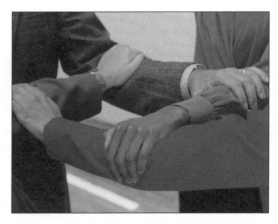

其次，身為老闆在員工為公司創造了一定效益的時候，不但要給他應得的酬勞，還應當實施一定的獎勵機制。如果言而無信，不僅失去了優秀的銷售人才，忠實的員工，還會失去客戶與市場，利潤空間大大縮水。

企業如此，國民經濟中的誠信更不可缺少。誠信是衡量國家發展狀況的標準。如果國民的誠信度低，導致經濟行為具有不確定性和不可預期性，投資的機會成本和商品的交易成本高昂，經濟運行效率低下，社會資源和人力資源嚴重浪費。

國民經濟中誠信水準下降的根本原因在於人們追逐不當得利，以及追逐不當得利被發現和受到懲罰的機會成本小之又小，甚至沒有。如何減少和消除因國民不誠信行為給社會經濟所造成的不利影響進而提高整個社會經濟的運行效率呢？這就要求政府必須建立與現代市場經濟相適應的誠信機制，特別是要設置科學的誠信標準。

誠信的標準包括兩方面內容：一是誠信的道德標準。誠信的道德標準主要指人們在為人處事當中，能夠誠實守信的行為規範，主要包括：做官要有官德，經商要有商德，為師要有師德，從醫要講醫德，做百姓要遵守社會公德…

…等等。

　　二是誠信的規則標準。誠信的規則標準主要是指為了使人們在社會政治、經濟等事務中必須遵守誠信原則而制定的一系列政策法規，主要包括：政治規則、經濟規則和法律規則……等等。

　　誠信的道德標準是人文的、內在的、多樣的和易變的。它對人們的約束是軟性的；它是構成市場經濟的道德基石。誠信的規則標準是科學的、外在的、單一的和固定的，它對人們的約束是硬性的；它構成市場經濟的法制基石。

　　當前，我們要切實加強誠信的標準、特別是誠信的規則標準的建設，使誠信的兩個標準在提高國民誠信水準過程中發揮應有的作用。

阿維納什‧K‧迪克西特（Avinash K. Dixit）
迪克西特（Avinash K. Dixit）教授是美國當代最負盛名的經濟學家之一，現任普林斯頓大學經濟學講座教授。研究領域廣泛，在博弈論、國際貿易理論、機制設計、產業組織、公共經濟學與經濟發展等多個領域有重要建樹，近年來研究政策制定中的政治經濟學。著有：《美國經濟評論》、《經濟學季刊》、《政治經濟學雜誌》、《經濟研究評論》、《經濟理論中的最優化方法》等。

偷瓜的成本──個人信用

信用是指遵守諾言，實踐成約，進而取得別人的信任。不同的研究角度對信用有不同的解釋。從經濟學的觀點看信用是指採用借貸貨幣資金或延期支付方式的商品買賣活動的總稱；從社會學研究角度上看信用是指對一個人（自然人或法人）履行義務能力尤其是償債能力的一種社會評價。

武漢有一幢由外國人設計建造的大樓，人們猜測，該樓大約建於20世紀初期。1998年，突然有一封奇怪的信寄到這幢大樓的用戶手裡。信中說：該大樓建於1917年，工程保固期80年，現在時間到了，以後再出什麼問題，本公司概不負責。落款是英國一家建築公司。

權責要清晰。中國古代也有這樣的例子，比如長城上的磚，上面都有工匠的名字，如果出了問題，該工匠就要負責任。所以萬里長城屹立至今依然那麼堅固。產權清晰只是現代企業制度的一個特點，要建立真正的現代企業制度，不能只具有形式，應該具有實質的精神，就像那個英國的建築公司，隔了80年，隔了幾場戰爭，依然對自己在中國建造的房子負責到底一樣。

信譽對於一個人來說是至關重要的，無論是在建造一座大樓中，還是在為人處事中，只有講求信譽，才能讓人們尊重你、支持你，同時也不會惹上不必要的麻煩。英國建築公司對自己80年的承諾負責到底，這為公司樹立了很好的口碑，有些相關的行業得知後，可能跟他們合作的機會更多，這種信譽也可能會給公司帶來意想不到的效益。同樣的問題，出現在不同的地方，換來的也是斐然迥異的結果。

　　有個年輕人生活在一個民風淳樸的村莊裡。有一次欠了別人一些債，正發愁時，他外面的朋友唆使他，讓他趁天黑偷鄰居老趙家裡種的西瓜。

　　年輕人經不起他們的遊說，便前去偷瓜，往村外偷運時卻被老趙逮個正著。從此，這個年輕人就背上了「偷瓜賊」的惡名，村裡人教育小孩都說：「千萬別學誰誰誰，把家裡的臉都丟光了。」

　　這就是信用和破壞信用付出的代價。所謂的信用是指遵守諾言，實踐成約，進而取得別人的信任。不同的研究角度對信用有不同的解釋。從經濟學的觀點看信用是指採用借貸貨幣資金或延期支付方式的商品買賣活動的總稱；從社會學研究角度上看信用是指對一個人（自然人或法人）履行義務能力尤其是償債能力的一種社會評價。西方國家從純經濟學對信用定義為：因價值交換的滯後而產生的賒銷活動，是以協議和契約保障的不同時間間隔下的經濟交易行為。要維護經濟秩序的自覺性，還要有法律做保障。如果沒有法律保障，經濟秩序就會破壞。

　　身為年輕人，他偷別人東西，不僅破壞了本村淳樸的民風，而且在人們心中的形象流失。對於借錢給他的人來說，就當年輕人還錢，以後別人也不會再借錢給他了。

　　個人信譽的流失會造成這樣嚴峻的後果，對於一個企業來說信用更加不可輕視。企業之所以能不斷發展，在產品上不斷開拓，重要的是與其他企業建立了長期的、穩定的良好關係，企業產品才有銷路。有人說：「誠信是企業的生命和靈魂。沒有誠信，企業就像得了軟骨病，沒有凝聚力和號召力，猶如行屍走肉一般。」

　　判斷一個企業的實力，並不是看固定資產有多少、機構是否龐大、人員是否眾多，而是看是否有適銷對路的產品、是否有穩定的客戶群、是否有無形的資產品牌，而這一切都離不開企業的信譽。

　　過去的社會相對封閉，人們抬頭不見低頭見，偷一次瓜的後果就是一輩子被叫做「賊」。偷竊的成本如此之高，以致於很少有人敢這麼做。現代社會流動性大，一些人就想要偷機取巧做「無本生意」，社會信用體系已經不再安全。信用低導致企業行為如履薄冰，影響了市場主體的正常營運，非常不利於市場經濟發展。

讓‧梯若爾（Jean Tirole）

讓‧梯若爾，1953年8月9日出生於法國，獲得美國麻省理工學院經濟學博士學位，現擔任法國圖盧茲大學產業經濟研究所科研所長。在1990年～2000年世界經濟學家排名中，位居第二，被譽為當代「天才的經濟學家」，其研究領域幾乎涉及經濟學所有領域。在1991年至1998年這一時期，梯若爾先後發表了《對策論》（合著）、《經濟組織中的串謀問題》、《不完全契約理論》等經典論文。另有著作《金融危機，流動性與國際貨幣體制》，強調了市場失靈問題在國際金融危機討論中的重要性。

三個女郎和邊際量
——邊際成本和邊際效益

成本指生產活動中投入的生產要素的價格。「邊際」這個辭彙可以解釋為「增加」的意思，「邊際量」也就是「增量」。說的確切一些，引數增加一單位，因變數所增加的量就是邊際量。邊際成本是增加最後一單位產品的生產成本。

一個男人要在三個女人中選一個作為結婚對象，於是他給了每一位女郎五千元美金，並觀察她們如何處理這筆錢。

第一位女郎從頭到腳重新打扮了一番：她到一家美容沙龍設計了新的髮型，畫了美麗的妝，還買了新首飾，為了那位男士把自己打扮得漂漂亮亮。她告訴他，她所做的一切都是為了讓他覺得她更有吸引力，只因為她是如此深愛著他。男人非常感動。

第二位女郎採購了許多禮物給那個男士，她為他買了整套的高爾夫球球具，一些電腦的配件，還有一些昂貴的衣服。當她拿出這些禮物時，她告訴他之所以花這些錢買禮物只因為她是如此地愛他。男人也大為感動。

第三位女郎把錢投資到證券市場，她賺了數倍於五千美金的錢。然後把五千美金還給了那個男人，並將其餘的錢開了一個兩人的聯名

帳戶。她告訴他,她希望為兩人的未來奠定經濟基礎,因為她是如此地愛他。當然,那男人再度大為感動。

他對三位女郎的處理方式考慮了很長的時間,最後決定跟第三個女郎結婚。因為,他只投資了五千美金,這個女郎卻幫他賺回了無數個五千,也就是說幫他增加了N個五千的邊際量。

「邊際」這個辭彙可以解釋為「增加」的意思,「邊際量」也就是「增量」。說的確切一些,引數增加一單位,因變數所增加的量就是邊際量。比如說,生產要素(引數)增加一單位,產量(因變數)增加了2個單位,因變數增加的2個單位就是邊際產量。或者更具體一些,運輸公司增加了一些汽車,每天可以多運200多名乘客,這200名乘客就是邊際量。邊際分析法就是分析引數變動一單位,因變數會變動多少。

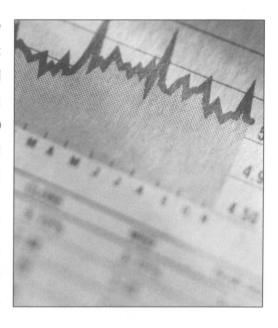

對於這位男士來說,結婚是要考慮成本的,結一次婚花費的成本通常是無法收回,如果娶一個有經濟頭腦且能給自己帶來邊際效益的妻子,往往要比娶一個只知道花錢不知道賺錢的人要划算許多。

很多情形下,考慮邊際量有助於人們制定最佳決策。這裡再舉一個例子來說明:航空公司應該收取等退票的乘客多少錢?假定一架有兩百個座位的飛機飛行全國,需要十萬美元的成本,那麼平均下來每個座位的成本就是500美金。人們很自然會被誘導認為航空公司絕不會賣低於500美元的票。但實際上,航空

公司透過考慮邊際量能提高其利潤。

　　想像一下，一架有十個空座位的飛機準備起飛，而一個在門口等退票的旅客願意支付300美元得到一個位置，此時，航空公司當然會賣票給他。如果飛機有空座位，則增加一個乘客的成本是微不足道的。

　　儘管運送一個乘客的平均成本是500美金，但邊際成本僅僅是那個增加的乘客所消費的一包花生和一瓶汽水而已。得到的邊際量就是300美元減去邊際成本剩下的量。對於航空公司來說只賺不賠。也就是只要等退票的乘客願意付出超過邊際成本的錢，賣票給他就可以獲利。

　　從這個例子可以看出，無論個人還是公司，考慮邊際量都能夠使他們做出更好的決定。如果行動的邊際效益超過邊際成本時，理性的決策人就會採取行動。

弗・馮・哈耶克（Friedrich August Von Hayek）
弗・馮・哈耶克（1899年～1982年），澳洲人，20世紀西方著名的經濟學家和政治哲學家，當代新自由主義思潮的代表人物。他在政府干預、社會主義制度下的經濟核算、社會結構的演化等領域做出了突出貢獻。主要著作有：《貨幣理論和商業盛衰週期性》、《價格與生產》、《貨幣民族主義與國際穩定》、《利潤、利息和投資》、《資本的純理論》、《通往奴役之路》、《個人主義與經濟秩序》等。鑑於哈耶克在經濟學界自亞當・斯密以來最受人尊重的道德哲學家和政治經濟學家至高無上的地位，1974年被授予諾貝爾經濟學獎。

開寶石加工店的米開朗基羅
——經濟中的風險與防範

風險是蒙受損失的可能性，出現的可能性可以用機率來衡量。機率是從0到1之間的某個數。機率越大，某種結果出現的可能性越大。許多事件風險的機率可以根據歷史資料或有關資訊來估算。

西元1500年，義大利的佛羅倫斯採掘到了一塊質地精美的大型大理石，它的自然外觀很適合雕刻成一個人像。大理石在那裡放了很久，遲遲沒有人敢動手。後來一位雕刻家只在後面打了一鑿，就感到自己無力駕馭這塊寶貴的材料而住手了。

後來大雕刻家米開朗基羅用這塊大理石雕出了舉世無雙的傑作大衛像。沒想到先前那位雕刻家的一鑿打重了，傷及了人像肌體，竟在大衛的背上留下了一點傷痕。

有人問米開朗基羅這個人是不是太冒失了。

米開朗基羅告訴他說：「沒有，如果沒有這位雕刻家的這一鑿，也許就沒有大衛像的流傳。因為他的冒險給了我更多的勇氣。」

其實做任何事都有風險，就看我們敢不敢冒這個險，並且少走冤枉路。在經濟領域，風險的作用和危害尤為重要。因為世界上的事情瞬息萬變，今天還在持續飆升的股票市場，明天可能大跌，致使無數人瞬間傾家蕩產。因為未來是不可預知的，雖然氣象專家能預知明天的天氣，但他不能保證後天會怎樣。

這種特點稱為不確定性。

人們在不確定的條件下從事經濟活動，這句產生了風險。經濟學家把不確定性和風險聯繫到一起，但強調了這兩者之間的區別。不確定性是可能出現一種以上的結果，但無法知道是哪一種結果。風險是蒙受損失的可能性，出現的可能性可以用機率來衡量。機率是從0到1之間的某個數。機率越大，某種結果出現的可能性越大。

許多事件風險的機率可以根據歷史資料或有關資訊來估算。像米開朗基羅的例子來說明預期收入的計算。假設米開朗基羅因為雕鑿了大衛像被國王獎賞了10萬元。他把這些資金用於無風險投資——開設一家雕塑專賣店。每年可獲利3萬元。從事有風險的寶石雕刻加工貿易，可獲利10萬元，而一旦失手，玉碎石爛就會虧損10萬元。所以獲利的機率為0.7，遇風險的機率為0.3，則預期收入為：10萬元×0.7＋（－10萬元）×0.3＝4萬元。一般人都是厭惡風險的。要鼓勵人們承擔風險，有風險時的預期收入要大於無風險時的預期收入，兩者之差成為「風險貼水」，即風險報酬。米開朗基羅從事寶石加工雕鑿貿易正是為了獲得這1萬元的風險貼水。

預期收入是從事風險活動時長期平均的收入，但具體到每一次，實際收入可以是10萬元，也可能虧損10萬元。社會還提供了其他迴避風險的方法。一種是透過投機活動轉移這種風險。從別人手裡低價收購雕鑿品充當米開朗基羅作品。這樣就避免雕鑿時破碎之險。但這種做法多少有些不光彩。

轉移風險的另一種辦法是購買保險。保險的作用在於分攤風險。把一個人

承擔的風險分攤給更多人，每個人承擔的風險就小了。保險是透過保險公司來進行的。保險公司存在的基礎是公司與投保人都有利。一個人遇上風險的機率不大，而一旦遇到損失很大。所以，他希望以一定的保險費來換取遇險時得到賠償權利。

從古至今經濟活動都有風險。風險管理是一個重要問題。其原則是不要把雞蛋放在同一個籃子裡，而是要進行多元化投資。即分佈於各個籃子，以免藍掉蛋破，賠本到底。

綱納‧繆達爾（Gunnar Myrdal）
（1898年～1987年）瑞典人。綱納‧繆達爾深入研究了貨幣理論和經濟波動，並深入分析了經濟、社會和制度現象的互相依賴，進而獲得1974年諾貝爾經濟學獎。主要著作有：《自由秩序原理》、《通向奴役之路》等。

解決污染的辦法
——科斯定理成立的條件

科斯定理的核心內容是：在產權明確界定，而且可以自由交換的條件下，如果產權交換的交易成本為零（或很低），則產權的原始分配對資源的最佳配置沒有影響。

　　儘管科斯定理已成為新制度經濟學的理論核心，但是科斯本人並沒有給所謂的科斯定理下過明確的定義，這大概與科斯討厭黑板經濟學的抽象思考，而追求真實生活的經濟學有關，這種思考風格尤其體現在科斯的這種娓娓道來的故事闡述中。實際上，科斯定理就蘊含在科斯所闡述的一個關於山洞的故事。

　　新發現的山洞是屬於發現山洞的人，還是屬於山洞入口處的土地所有者，或屬於山洞頂上的土地所有者，無疑取決於財產法。但是法律只確定誰是想獲得山洞使用權的人必須與之簽約的人。至於山洞是用於貯藏銀行帳簿，還是作為天然氣貯存庫，或養殖蘑菇與財產法沒有關係，而與銀行、天然氣公司、蘑菇企業為使用山洞而付費多寡有關。

　　可見，科斯定理的核心內容是：在產權明確界定，而且可以自由交換的條件下，如果產權交換的交易成本為零（或很低），則產權的原始分配對資源的最佳配置沒有影響。由於在現實經濟中，產權明晰且可自由交換通常可以實現，因此交易成本為零（或很低）似乎就成了科斯定理能

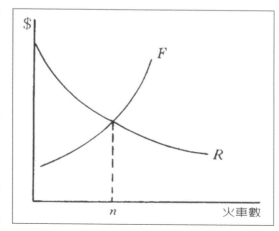

否成立的關鍵。

但是，經過對科斯定理的認真分析，我們就會發現，交易成本為零（或很低）並不構成科斯定理成立的必要或充分條件。這裡我們可以借助事例來分析：有一個工廠，它的煙囪冒出的煙灰使得5戶居住於工廠附近的居民所曬的衣服受到損失，每戶的損失大概為為75元，進而5戶損失的總額為375元。為了不讓這種損失繼續下去，住戶們一定會找工廠理論，而工廠也必須為它造成的污染負責。

要想解決這一受污染之害的狀態具體該怎麼處理呢？假設只存在兩種治理的辦法：第一是在工廠的煙囪上安裝一個除塵器，其費用為150元；第二是給每戶提供一個烘乾機，使他們不需要曬衣服，烘乾機的費用假設為每戶50元，因此第二種辦法的成本總和是250元。顯然，在這兩種解決辦法中，第一種是比較節約的，它的成本較低，代表最有效率的解決方案。

按照科斯定理的含義，上述例子中，不論給予工廠煙囪冒煙的權利，還是給予8戶居民曬衣服不受煙囪污染的權利（即上述的財產所有權的分配），只要工廠與5戶居民協商時其協商費用為零（即上述的交易費用為零），那麼，私有制的市場機制（即私人之間自由進行交易）總是可以得到最有效率的結果（即採用安裝除塵器的辦法）。

為什麼如此？按照科斯等西方學者的解釋，如果把排放煙灰的財產所有權給予工廠，即工廠有權排放煙灰，那麼，5戶居民便會聯合起來，共同給工廠義務安裝一架除塵器，因為，除塵器的費用低於5架烘乾機，更低於曬衣所受到的

煙灰之害（375元）。

如果把曬衣服不受煙灰污染的產權給予5戶居民，那麼，工廠便會自動地給自己安裝除塵器，因為，在居民具有不受污染之害的產權的條件下，工廠有責任解決污染問題，而在兩種解決辦法中，安裝除塵器的費用較低。

實際上，在這個例子中，交易費用為零完全是不必要的假設。這一點是顯而易見的。為什麼經濟學家要一再奢談「交易費用為零」，實在是令人大惑不解。那麼，在產權明晰且可以自由交換時，科斯定理成立的條件是什麼呢？那就是科斯本人在《社會成本問題》中反覆強調過的，這種產權交易對交易各方來說是「有利可圖的」。除此之外，並不需要其他條件。

丹尼爾·卡尼曼（Daniel Kahneman）
丹尼爾·卡尼曼，1934年出生於以色列的特拉維夫，1961年獲得美國加利福尼亞大學伯克利分校博士學位。2002年諾貝爾經濟學得主。卡尼曼的突出貢獻在於，將來自心理研究領域的綜合洞察力應用在經濟學當中，特別是研究了在不確定狀態下人們如何做出判斷和決策。其研究成果挑戰了正統經濟學的邏輯基礎——理性人假定，並提出了著名的「前景理論」。

養狗與擾民罪——交易成本

交易成本指的是一項交易所需花費的時間和精力。有時這種成本會很高，比如當一項交易涉及處於不同地點的幾個交易參與者時。高交易成本會妨礙市場的運行，否則市場是會有效運行的。

李先生養了一條哈巴狗，狗的狂叫干擾了他的鄰居張小姐，於是張小姐要求李先生將狗趕走。但李先生對於花了800元買的哈巴狗，當然不肯輕易放棄。如果張小姐願意支付1000元，李先生可能會接受建議趕走哈巴狗。但這裡還存在一個問題，李先生是一位無兒無女的孤獨老人，養隻小狗的目的是使自己不那麼孤獨。

對於張小姐提出的建議，他當然不會接受，於是張小姐便有理由告他擾民罪。為了能夠持續養狗，又不至於被起訴，李先生可以每月向張小姐支付20元的精神賠償費，在這種情況下，張小姐便開始考慮得失，覺得自己可以額外獲得20元的收入，也不至於因自己的堅持讓老人孤獨。最終張小姐接受了這一條件，兩人又可以繼續相鄰為伴了。

此類情況，我們在報上隨處可見，比如某住宅社區的一家海產店，因其價廉物美天天都吸引一大批食客。海產店的老闆、員工和消費者都從中獲益，但周圍的居民卻倍受油煙和各種汽車聲、人聲的困擾，既影響第二天的工作效率，又損害了身心健康。要解決這個問題，當然可以採取報警的辦法，依靠法律手段強制性命令海產店遷走或停業，除此之外，還可透過私人方法解決。

私人主體在解決他們之間的外部性問題時可以私下達成一種協定，在這種協定中各方面的狀況都可以變好，這就是經濟學中著名的科斯定理。

經濟學家們認為，除了交換自由之外，還必須具備一些其他條件，才能使市場有效地配置資源。條件之一是關於交易成本的含糊但不可或缺的概念。狹

義上看，交易成本指的是一項交易所需花費的時間和精力。有時這種成本會很高，比如當一項交易涉及處於不同地點的幾個交易參與者時。高交易成本會妨礙市場的運行，否則市場是會有效運行的。對於張小姐來說，狗的吠聲擾亂了她的正常生活，如果李先生不把狗趕走，就有理由去告他擾民；對於李先生來說，狗是花費一定代價買來的，考慮其中成本後，他不願意將狗趕走，所以二者僵持不下。

從廣義上看，交易成本指的是協商談判和履行協定所需的各種資源的使用，包括制定談判策略所需資訊的成本、談判所花的時間，以及防止談判各方欺騙行為的成本。上例中，李先生如果接受張小姐的賠償將狗趕走，或者每天支付張小姐20元精神損失費，然後繼續養狗，那事情就息事寧人了。

不過在這一談判中，他們彼此都花費了時間，而且兩個人都會承擔對方是否按照談判支付賠償的風險。科斯定理強調了「交易成本論」，如果李、張二人的問題都解決了，可以被認為說的是：法定權利的最初分配從效率角度看是無關緊要的，只要交換的交易成本為零。

弗農‧史密斯（Vernon L. Smith）
美國人，1927出生於美國堪薩斯州，畢業於哈佛大學。自2001年起，史密斯擔任美國喬治‧梅森大學經濟學和法律教授。皇家科學院說，史密斯為實證經濟學奠定了基礎。他發明了一系列的實驗方法，進而為對經濟學進行可靠的試驗確立了標準。並於2002年成為諾貝爾經濟學得主。

「大長今」為何作假
——建全市場體制

在市場經濟條件下，一些追逐名利者，為了自身利益，不惜放棄道德準則，違背法律，破壞市場經濟。道德良心與金錢進行交換乃是一些暴發戶的發財訣竅，也是假冒偽劣商品氾濫成災的根源。

一個5歲喪父的苦孩子，從小幫母親照料病牛，看到那些被病痛折磨的病牛，他立志要當一名有用的獸醫。獲得博士學位後，未能順利在首爾大學獲得教職，於是賣屋買牛，進行人工授精實驗，因為在實驗方面的小成績，使他終於圓了進入首爾大學的夢。

黃禹錫，一個在韓國曾響噹噹的名字，1993年在韓國首次培育出「試管牛」，1995年培育出「超級乳牛」，1999年在世界上首次培育成功體細胞克隆牛，2003年又首次在世界上培育出「抗瘋牛病牛」。他成了韓國人的驕傲，人們對他的崇拜勢不可擋，而他也不負眾望，於2004年，在美國《科學》雜誌上發表論文，聲稱自己成功克隆了人體胚胎，這更讓他聲名大噪，成為韓國的「民族英雄」和偶像級人物。

然而，讓人始料未及的是，2005年末，黃禹錫的「人體胎盤」這一研究卻被人們質疑，然後被揭露為「造假」。這一變故不僅讓黃禹錫個人身敗名裂，更讓韓國人的民族自尊心受到了重創。

從黃禹錫的經歷和個性而言，他從小孤苦，長大勤勞，專心一意的做事，努力鑽研著一個研究者該做的事情，應該說他是韓劇中「大長今」式的人物，如此之人讓人不可思議的卻會作假。

其實現實生活，「假冒偽劣」無處不有，無物不有，無事不有。據中國前

些時日報載，連農民娶媳婦也有假冒者。一位山東老區的農民，省吃儉用數十年，才累積了幾千元準備為兒子找對象。這位老農萬萬沒想到，娶回家的竟是一個為了騙取錢財的「男媳婦」。

中國從計劃經濟到今天的市場經濟，從產品的假冒偽劣上升到人的造假，不知道是社會的進步還是悲哀。假美女、假歌星、假運動員比比皆是。

一則資料顯示，某行政執法部門自去年10月以來，查處各種違法、違規案件2100件，立案查處1500多件，查處假冒偽劣商品案值近4000萬元，搗毀製售假冒偽劣產品據點320多個，其中萬元以上案件有180多個。

資料中假冒偽劣產品的數量真是讓人嘆為觀止，假冒偽劣給人民帶來的不僅僅是金錢的損失，其中的很多東西危害到人們的生命。像目前被禁止銷售和使用的假藥事件，讓人們的生命處在岌岌可危之中。多年來，工商、技術監督等有關部門年年在作假，儘管這些部門層層把關，可是，假冒偽劣商品卻無時無刻騷擾著我們的生活，問題到底出在哪裡呢？

追根求源，興風作浪者，首先是那些唯利是圖的貪財者。在市場經濟條件下，一些追逐名利者，為了自身利益，不惜放棄道德準則，違背法律，破壞市場經濟。道德良心與金錢進行交換乃是一些暴發戶的發財訣竅，也是假冒偽劣商品氾濫成災的根源。

「籬笆紮得緊，野狗鑽不進。」假冒偽劣商品之所以屢禁不止，與一些地方受地方利益驅動，搞地方保護主義，有法不依行為有直接關係；有的以「振興地方經濟」為由，明知當地生產假冒偽劣產品卻聽之任之；有的甚至搞行政壟斷，搞地方封鎖，一些不法商人在行業壟斷中暗箱操作，欺行霸市，大肆製假售假，搞非法經營。

從顧客這邊來說，他們的自我保護意識不強，加上一些人貪圖廉價的心理，也給製假售假者可乘之機。這如同人們明明知道人妖不是美女，卻依舊對

他的美色垂涎三尺一樣，這似乎給了造假者一個暗示：這假我就喜歡。到了這一境界似乎假作真時真亦假了。

市場經濟也是法制經濟，它透過法律形式規範各種經濟利益主體之間的利益關係和行為準則，使市場經濟運行和管理規範化和制度化。然而，有地方搞地方保護和地方封鎖，排斥市場競爭。這樣，在交易行為混亂，行政管理、執法不規範中，非法經營甚至製假售假在所難免。為此，當務之急是要理順體制，以保證市場的自由度；建立一個健全的法律體系，加強監督；建立一個充分競爭的市場體系，用市場本身的力量抑制違法經營行為。

邁克爾·斯賓塞（Michael Spence）
1948年出生於美國的新澤西，1972年獲得美國哈佛大學博士頭銜，現兼任美國哈佛和斯坦福（Stanford）兩所大學的教授。從七○年代開始，他們就致力於「不對稱資訊市場」理論的研究，即分析不同數量的資訊代理是怎樣對各種不同類型的市場產生影響。它也解釋了那些熟知科技產業資本運作的人是怎樣取得對其他投資者的優勢的，以及近年來科技股的泡沫問題。斯賓塞的理論被認為是過去五十年來經濟學領域的一個里程碑。基於這一貢獻，2001年榮獲諾貝爾經濟學獎。

從石頭到稀世珍寶
——價格的決定

需求的增加固然會使價格上升，但供給的增加會使價格下降。一旦供給不變，價格就只取決於需求，取決於購買者的購買欲望和購買能力。

有個院長交給一個男孩一塊石頭，說：「明天早上，你拿這塊石頭到市場上去賣。記住，無論別人出多少錢，絕對不能賣。」第二天，男孩蹲在市場角落，意外地有許多人向他買那塊石頭，而且價格愈出愈高。回到院裡男孩興奮地向院長報告，院長笑笑，要他明天再拿到黃金市場去叫賣。在黃金市場，竟有人開出比昨天高出十倍的價錢要買那塊石頭。

最後，院長叫男孩把石頭拿到寶石市場上去展示。結果石頭的身價比昨天又漲了十倍，由於男孩怎麼都不肯買，這塊石頭竟被傳為「稀世珍寶」。後來院長以1億美金的價格終於售出了這塊石頭。

為什麼一塊普普通通的石頭竟然被人叫出天價，還被封為「稀世珍寶」呢？其實用經濟學中的一些原理很容易解釋這種現象。價格取決於供需，想要控制價格，必須控制供需。也就是說，如果這只是一塊普普通通的石頭，大街上到處都是，人們用不著花高價購買；但寶石就不一樣了。它在市面上很少見，人們可以拿它做成各種漂亮的首飾等，所以它的價格也相當高。但是院長的這種作法既影響需求，又影響供給。

先來看需求。人們購買寶石源自於兩種需求：收藏和投資。將一顆價值連城的珠寶佩戴在自己身上或收藏起來，供自己觀賞都能給人愉悅的感覺。在為了收藏而購買這塊寶石時，需求取決於購買者對寶石的主觀認知。

比如一塊石頭被抬高價格的次數多了，自然被人們認為是無價之寶。別人的評論也深深地影響了購買者。一塊普通的石頭，被主觀判斷的人們一吹捧，就會引起人們的關注，提高了購買者的主觀評價。從眾心理在評價藝術品中相當明顯。在這個石頭變寶石的故事中，先讓石頭充滿神秘感，然後引起人們的懷疑和猜測。

這樣的話，無疑會引起人們對這個原本是一塊普普通通石頭的東西強烈的關注，重新審視它的價值，給予比較高的主觀評價，進而對這塊石頭的需求增加了。需求的增加會使價格上升。

寶石的另一種需求是投資。許多人購買這塊寶石並不是為了收藏，而是為了保值和升值。在各種投資物品中，有價值的東西升值的速度最快。投資的收益在未來，所以，出於投資動機買這塊寶石的欲望取決於對未來升值的預期。對這塊石頭的這種投資有很大的投機成分。

對於院長來說，出售這塊石頭只是想為孤兒院籌到更多資金。動機是善良的。對於黃金市場和珠寶市場的人來說，他們絕大多數的人的動機是為了讓這塊「稀世珍寶」升值，然後以比購買價格高出幾倍的價格出售。這其實跟凱恩斯的最大笨蛋理論相吻合。

　　因為人們已經將這塊普普通通的石頭當成一塊寶石，所以高價格的趨勢使許多人對這塊石頭充滿了猜測和幻想，所以花巨額買下這塊石頭的人當他檢測到這只是一塊普通石頭後，他也不用擔心會虧本，因為他預料到，肯定還會有一個更大的笨蛋來購買這塊石頭。

　　需求的增加固然會使價格上升，但供給的增加會使價格下降。一旦供給不變，價格就只取決於需求，取決於購買者的購買欲望和購買能力。

羅伯特‧默頓（Robert Merton）

1944年出生於美國紐約，曾就讀於哥倫比亞大學、加州理工學院。現為哈佛大學的資深教授。他與已故的布萊克（Fischer Black）博士一起於1973年的《政治經濟學》雜誌上發表第一個期權定價模型，是現代金融學的一座輝煌里程碑。他提出的金融交易的核心技術是對所交易的金融工具（或稱有價證券）進行正確的估值和定價，期權定價理論成果與金融市場的實際操作有非常緊密的關聯，被直接應用於金融交易實踐並產生了巨大的影響，推動了全球衍生金融市場的迅速發展。這是經濟學界對期權定價理論巨大意義的充分肯定。基於這一貢獻，他於1997年獲得諾貝爾經濟學獎。

生命的價值──效用理論

消費者購買物品是為了從消費這種物品中得到物質或精神的滿足。經濟學家把這種滿足稱為效用。雖然效用不等於價格，但是對於社會中的人來說，當他索取的效用趨於無窮大時，所需的價格應當也是趨於無窮的。人的生命價值是無窮的，不可度量的。

有一個故事：在一次討論會上，一位著名的演說家沒講一句開場白，手裡卻高舉著一張20美元的鈔票。面對會議室裡的200個人，他問：「誰要這20美元？」一隻隻手舉了起來。

他接著說：「我打算把這20美元送給你們其中的一位，但在這之前，請准許我做一件事。」他說著將鈔票揉成一團，然後問：「誰還要？」仍有人舉起手來。

他又說：「那麼，假如我這樣做又會怎麼樣呢？」他把鈔票扔到地上，又踩上一腳，並且來回踐踏。爾後他拾起鈔票，鈔票已變得又髒又皺。

「現在誰還要？」還是有人舉起手來。

其實，無論演說家如何對待那張鈔票，還是有人想要的，因為它並沒貶值，它依舊值20美元。這使我們想到了人的生命，在任何時候，任何場合，任何群體中，人的生命永遠都不會貶值的，沒有人願意拿著自己的生命跟別人說，你給我五百萬，我就把我的命給你。然而在社會不斷發展的今天，面對屢禁不禁的礦難事故，有人發出人的生命到底值多少錢的疑問？

在曼昆的經濟學基礎第二版中寫道：評價人的生命價值的一種較好的方法是，觀察要給一個人多少錢他才願意從事有生命危險的工作。曼昆認為，透過觀察一種職業的危險程度以及人們對於這種職業的索取報酬的多少，大致可以得出一個人的生命價值是1000萬美元

這樣的分析表面上看起來似乎有點道理，以礦難為例，礦主在礦工下井前都會簽署一個生死協定，內容就是自願合作，出現死亡概不負責。這是礦主為了保證自身利益最大化和推卸自身責任與礦員簽訂的不合理協議。

在這種情況下喪生，似乎生命一文不值。其實不然，因為一個人假設能活60歲，如果他在礦坑工作足夠幸運沒有受到傷害，那麼他可以為國家、為礦主創造30年的利潤，這三十年的利潤再投資到其他行業裡面又會創造更多財富，這樣就像滾雪球一樣，財富越滾越大，國民生產總值就會不斷增加。所以生命依舊無價。

曼昆所謂的生命價值1000萬美元，實際隱含著一種假設，即人的生命價值，隨著生命危險機率的增加，呈現一種線性遞增的關係。而這種假設在實際中是跟我們的一般常識互相背離的，即隨著危險程度的增加，索取的報酬並非呈現一種線性遞增，而是一種指數遞增。為了更好的闡釋這個問題，我們將引入一個圖形來輔助說明。該圖形代表社會中一個典型人對於生命價值的反應，橫軸表示可能失去生命的機率，縱軸表示效用。

曼昆的闡述，顯然認為u與p的關係是一條直線，因此，由（u_1，p_1），

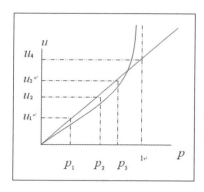

（u2，p2），（u3，p3）三點（或者更多）擬合成直線，再令p＝1，求出u4，這樣忽略了一個事實，即隨著p（生命受到危險程度的增加），效用的增加呈現一種指數遞增的關係，即p的細微增加，u大幅度的增加。因此，須擬合的是一條指數曲線，理論上當p＝1時，u的值應當趨近於無窮。

雖然效用不等於價格，但是對於社會中的人來說，當他索取的效用趨於無窮大時，所需的價格應當也是趨於無窮的。因此，當人的生命面臨著喪失的時候，他所需的價格是無窮大。簡而言之，人的生命的價值是無窮的，不可度量的。曼昆所說的人的生命價值，只能是在一定的p條件下（p可能很大）所需的價格，並非真實的生命價值。

邁倫・斯科爾斯（Myron S. Scholes）
邁倫・斯科爾斯，1961年獲得Mc Masler大學工程學士學位，1864年獲得芝加哥MBA學位，1969年獲得芝加哥大學經濟學博士學位。現執教於斯坦福大學。邁倫・斯科爾斯和羅伯特・默頓一樣，是1997年度的諾貝爾經濟學獎得主，邁倫・斯科爾斯和羅伯特・默頓在期權定價理論方面做出了傑出貢獻。諾貝爾經濟學獎的獲得體現了經濟學界對他的期權定價理論巨大意義的充分肯定。

死比活更值錢
——消費者剩餘

消費者剩餘是買者為了購買一種商品，願意支付貨幣量減去買者實際支付量的節餘部分。

男孩Jim從城裡搬到鄉下，並花了100美元從一個農民那裡買了一隻驢子，這個農民收了錢後，同意第二天把驢子帶來給他。

第二天，Jim卻發現他得到的是一隻死驢。Jim很不高興，但是農民拒絕把錢還給他，他說：「我並沒告訴你這是一隻活的驢子呀！」

一個月以後，農民遇到了Jim，農民問他：「那隻死驢後來怎麼樣了？」

Jim說：「我靠牠賺了500美元」。

農民覺得很驚訝。

Jim說：「我舉辦了一次幸運抽獎，並把那隻驢子作為獎品，我賣出了600張票，每張1美元，就這樣我收了600美元」。

農民好奇地問：「難道沒有人對此表示不滿？」

Jim回答：「只有那個中獎的人表示不滿，所以我把他買票的錢還給了他，最後扣除成本100元，我賺了499美元。」

許多年後，長大了的Jim成為安然公司的總裁。

Jim的這種賺錢方式，我們可以解釋為迎合消費者行為的低價策略，人們知道只花一美元就有可能獲得一隻驢子，這裡存在著一定的風險，但是如果不

買，可能根本沒有機會獲得那隻驢子；如果花一美元去買，那將有1／600的希望。在這種投機心理的驅使下，人們都願意花一美元來冒這個險。

類似情況在我們的生活中比比皆是，如某家商場經常有一些活動，買一送一，或者打折扣，原價為200元的一件毛衣透過打折後，你可以以100元得到它。或者拿出200元買兩件。不可否認這樣的誘惑是巨大的。如果你想買一件150元的毛衣，正好這件符合你的要求，而且比你預期要支付的少50元，那消費者都願意買的。經濟學稱這50元為消費者剩餘。

消費者剩餘是買者為了購買一種商品願意支付貨幣量減去買者實際支付量的節餘部分。

就舉買電腦的例子吧！假設蜀漢公司的電腦品質和性能不錯，但是，願意支付的價格是有差異的。孫權富甲一方，願意出9000元的價格買天想電腦；張遼覺得關羽不會騙他，願意出8700元；周瑜願意出8300元；曹操只願意出8000元成交。假如現在蜀漢公司只有1台電腦可賣，由4位買者競價，最後的勝出者肯定是孫權，當他以8750元買到這台電腦的時候，他的額外收益是多少呢？比起他願意出的9000元來，他還得到了250元的「消費者剩餘」。假如現在有4台天

想電腦出售，為了使事情簡單化，就統一以8000元的相同價格賣出，結果會是怎樣的呢？

我們可以發現，除了曹操沒有得到消費者剩餘之外，其他幾個人都或多或少地得了消費者剩餘。其中最多的當然是孫權，他獲得了1000元的消費者剩餘，張遼獲得了700元的消費者剩餘，就連周瑜也獲得了300元的消費者剩餘。

　　這樣算來，4台天想電腦的消費者剩餘之和是2000元。實際上曹操雖然沒有獲得消費者剩餘，也並沒有覺得自己吃虧，因為他沒有以高於自己願意支付的價格去買。

　　對於Jim來說，他花了100美元買了一隻死驢，但最後他不但沒有虧本反而賺了499美元，這在經濟學上稱為生產者剩餘。生產者出售一種商品得到的收入減去成本就是生產者剩餘，也就是企業賺的利潤。這裡的關鍵問題是各家的成本，誰的成本低，誰就能夠獲得較多的生產者剩餘。

　　在大多數市場上，消費者剩餘反映了經濟福利。由此我們不難理解，同樣一件商品，當其價格越低的時候，產生的消費者剩餘越多，也就是有更多的人會參與這個購買行動，並從中獲得大小不等的收益。

詹姆斯・莫里斯（James Mirrlees）
詹姆斯・莫里斯，蘇格蘭人，亞當・斯密的同鄉。1957年，畢業於愛丁堡大學數學系，並進入劍橋大學，拿下了博士學位。後近30年的時間裡，莫里斯一直執教於牛津，現在是劍橋大學和香港中文大學的經濟學教授。1996年，莫里斯由於在資訊經濟學理論領域做出了重大貢獻，尤其是不對稱資訊條件下的經濟激勵理論的論述，獲得了諾貝爾經濟學獎。1997年，莫里斯教授還被英國女王授予「爵士」爵位。

乞丐的三代祖宗
——經濟流動性

經濟流動性表現在同一家庭的幾代之間。有資料顯示，如果父輩比同輩人的收入高20%，那麼子輩則只比同輩人的收入高8%。在美國的百萬富翁中大多數是透過自己的努力賺到錢，只有1／5是繼承了父輩的財產。

從前，在一條繁華的街上，有兩個十五、六歲的小乞丐，一個在街西，一個在街東乞討。因為每天有許多有錢人從這裡走過，所以他們總能得到幾個銅板，足以解決他們的溫飽。

那時，有一位富人經常從這條街上經過，每次都會給這兩個小乞丐一人一個銅板，從沒有例外過。所以小乞丐們非常感激他，每次都連連致謝。

就這樣，三年過去了。小乞丐們都長大成人。那個富人仍從這裡走過，每次還是給他們一人一個銅板。

有一天，有位衣著得體的男士經過街西那個乞丐身旁，看見他全身髒兮兮的，非常厭惡地說：「多麼髒的孩子啊！」並將一個銅板隨手丟進他的碗裡。低著頭的男孩就在這位男士將要走遠的時候，突然抬起頭來說道：「我的祖宗三代都比你有錢，而且有一天我會比你更富有。」

正在這時，富人又從這裡經過。當他把一個銅板放在他的碗裡後，乞丐突然抬起頭說道：「親愛的先生，我知道您是本市有名的富翁，而且我還知道您是位非常善良的人。不過我想您絕不希望一輩子都把用汗水賺來的錢施捨給我這種人吧？我不想再做乞丐了，我想做像您一樣的富人。因為我發現眼前有一條賺錢的好門路，但需要本錢。所以我想向先生借50個大洋。將來我會連本帶利一起還您的，請相信我。」富人想了一會兒，於是從錢包裡取出了50個白花

花的銀元放在了乞丐手裡。

街東處的那個乞丐遠遠看見了，也向富人索取更多的錢，富人問：「你也想做富人嗎？」乞丐說：「想呀！連作夢都想做像您一樣的人。」富人毫不猶豫地又從錢包裡取了50個銀元。

結果，第二天這條街的兩個乞丐都不見了。

大概過了一年，一天早上，人們奇怪地發現曾在街東的那個乞丐又回到了老地方。原來他拿了富人的50個銀元，整天吃香的、喝辣的，還沒過足富人的癮，就把所有的錢揮霍光了，現在他又成了十足的窮光蛋，只好又回來乞討。

而此時，那個曾經在街西乞討的人，已經擁有了自己的一個店面，做了小老闆。

姑且不論乞丐是否飛黃騰達，並還了富人的錢，而是去關注一下乞丐對那位男士說的話：「我的祖宗三代都比你有錢。」現代社會根據每個家庭年收入的不同被劃分為不同的階層，這是經濟學研究中的一個重要方法。少數的富人和窮人，加上大多數的小康家庭構成了社會的全部。

值得注意的是，某些家庭在不同的收入階層之間變動，也就是具有經濟流動性。有些人憑藉個人的勤奮或機遇，使得家庭的收入狀況迅速改善，進入富裕階層。而有的人卻因為工作的懈怠或天降厄運墜入貧窮階層。

因此，貧困與富裕都是暫時的。因彩券中特獎而一躍進入富裕階層的人有之，街西、街東的兩乞丐受到富人的救濟，算是彩券中獎之二吧！因染上賭癮而使百萬資產化為烏有的例子也不少見，雖然街東的乞丐並未擁有百萬家產，但50個大洋夠他去創造一片天地的，可是他好逸惡勞，吃喝嫖賭，因此只能回歸到他一無所有的起點上。

同樣擁有50個大洋的街西乞丐，卻憑藉自己的雙手讓自己終於擺脫了乞丐

的身分，並向輝煌的未來邁進。

這不能不說是勞動和勤勞造就了他，也體現了經濟學裡一個普遍的現象：經濟流動性。美國在一個有代表性的十年中所做的調查顯示，只有不到3%的家庭在8年或更長的時期內始終處於貧困。暫時的貧困可以透過努力或機遇改善，而持久的貧困往往暗示一些個人無法改變的因素，如生產力水準低下、土地資源貧瘠、教育水準落後、人口盲目生育，以及觀念意識陳舊等，這也是那些持續貧窮的人和地區極待解決的問題。

經濟流動性還表現在同一家庭的幾代之間。有資料顯示，如果父輩比同輩人的收入高20%，那麼子輩則只比同輩人的收入高8%。在美國的百萬富翁中大多數是透過自己的努力賺到錢，只有1／5是繼承了父輩的財產。

威廉・維克瑞（William Vickrey）
威廉・維克瑞，美國人。由於他在資訊經濟學、激勵理論、博弈論等方面都做出了重大貢獻，獲得1996年諾貝爾經濟獎。他與詹姆斯・莫里斯（James A. Mirrlees）建立並發展了非對稱資訊條件下的經濟刺激理論，進而使資訊經濟學成為世人矚目的焦點。維克瑞首先從經濟增長的角度研究稅制，發現資訊在國家和納稅人之間的不對稱分佈，因而提出國家對個人收入實行累進稅率，將對納稅人的工作動機產生負面影響，進而提高稅收的社會成本。

老太太買菜
──資訊與搜尋成本

如果把多尋找一點資訊所增加的成本稱為邊際搜尋成本，把多獲得這點資訊所增加的收益稱為邊際搜尋收益，那麼，尋找資訊應達到邊際搜尋成本等於邊際搜尋收益。這時就實現了經濟學家所說的最大化。

　　小五和王媽都住在同一社區裡，王媽獨自一人住在3樓，每天傍晚她都會到就近的菜市場去買菜，偶爾也會遇到剛下班也是獨居的小五。雖然都是來買菜的，但他們買菜的方式卻有著天壤之別。老太太買菜通常是先把菜市場逛一遍，察看不同攤位的蔬菜品質和價格，最後擇優而買，有時甚至不惜走一段路到其他市場去買。

　　小五則簡單得多，就近碰到合適的則買，很少花時間去逛菜攤和進行比較。王媽的這種做法是否比小五的實惠呢？不見得，從經濟學的角度看，他們的行為方式都是理性的。

　　經濟學家認為，資訊是人們做出決策的基礎。信息是有代價的。獲得資訊要付出金錢和時間，這是尋找資訊的成本，稱為搜尋成本。資訊也會帶來收益。有更充分的資訊可以做出更正確的決策，這種決策會使經濟活動的收益更大。這就是搜尋收益。老太太逛菜攤就是一種尋找資訊的活動，所用的金錢（如磨損鞋子所需的支出）和時間就是搜尋成本。由於對各個攤位蔬菜品質與價格資訊瞭解而買到更好、更便宜的菜就是搜尋收益。

人不可能得到完全資訊，因為得到完全資訊的成本高到不可能實現。所以，人無法做出完全理性的決策。正常情況下，人都是以有限資訊為基礎做出有限理性的決策。如果做出決策時不去尋找資訊，作為隨機決策，決策失誤的機率很大，這是一種非理性行為。

但如果用過多的金錢與時間去尋找資訊，搜尋成本大於收益，其行為也是非理性的。如果我們把多尋找一點資訊所增加的成本稱為邊際搜尋成本，把多獲得這點資訊所增加的收益稱為邊際搜尋收益，那麼，尋找資訊應達到邊際搜尋成本等於邊際搜尋收益。這時就實現了經濟學家所說的最大化。

不同的人買菜方式不同是因為他們的搜尋成本不同。如前所述，搜尋成本包括實際支出（鞋子磨損或坐車費）和時間。假設實際支出可以忽略不計，搜尋成本可以用尋找資訊的機會成本代表，機會成本是為了尋找資訊而消耗的時間的其他用處，或這種用處帶來的收入。

假設老太太已退休頤養天年，無事可做，她尋找資訊的成本為零，即為了尋找資訊而花的時間並沒有其他用處。當然，如果花的時間太多，影響了做家務事、其他活動或引起疲勞，則搜尋成本不為零了。所以，在一定合理的範圍

內，老太太逛菜買到物美價廉的菜是一種理性行為。也許逛菜攤、討價還價還會給她帶來無限樂趣呢！

上班族則不一樣了。假設一個記者每小時寫文章可收入20元。如果他逛菜攤買到的菜比不逛菜攤買到的菜便宜20元（把品質也折合為價格），那麼，多逛一小時菜攤，邊際搜尋成本為20元，邊際搜尋收益為20元，他用一小時逛菜攤尋找資訊就是理性的。但在一般情況下，逛一小時菜攤的收益如果沒能這麼多，他逛菜

攤就是非理性的（當然，如果他把逛菜攤作為休息或被老婆逼著去逛，那又另當別論）。所以，他總是在就近菜攤隨便買一點。所省下的時間能帶來的收益大於逛菜攤的收益，當然也是理性的。

也許老太太和記者都不懂得經濟學，也並沒有去計算逛菜攤尋找資訊的邊際成本或收益。但他們都在不自覺地按照經濟學的原理辦事。這說明了人天生是理性的。當然，如果學會經濟學，自覺地按照經濟學原理做出決策，就會更加理性。

傳統古典經濟學一個暗含的假設是資訊是充分的、無代價的。現代經濟學否定了這一假設，這就是資訊經濟學的產生。比較獲得資訊的成本與收益是我們做出任何決策的基礎。個人要為自己的消費與投資尋找資訊，企業要為自己的生產與行銷尋找資訊，政府也要為做出正確的政策尋找資訊。

資訊不充分是決策失誤的主要原因。許多投資錯誤正是事前沒有去尋找資訊。連老太太都知道買菜要逛菜攤尋找資訊，做出十幾億投資的人卻不懂資訊的重要性，豈非怪事？

芬恩‧吉德蘭德（Finn E. Kydland）
吉德蘭德1943年出生於挪威，是挪威公民。1973年從匹茲堡的卡內基梅隆大學獲得博士學位。他現在是卡內基梅隆大學和加利福尼亞聖巴巴拉校區的教授。2004年他與亞利桑那大學、聯邦儲備銀行明尼阿波利斯分行的普萊斯考特，因為在經濟政策的時間連貫性和商業週期的驅動力量方面的貢獻獲得諾貝爾獎。

孔融讓梨
——收入分配與經濟發展

保證收入公平的原則是要保證過程的公平，即保證人人有平等競爭的機會。

孔融小時候聰明好學，才思敏捷，巧言妙答，大家都誇他是奇童。4歲時，他已能背誦許多詩賦，並且懂得禮節，父母親非常喜愛他。

一日，父親買了一些梨子，特地挑了一個最大的梨子給孔融，孔融搖搖頭，卻另挑了一個最小的梨子說道：「我年紀最小，應該吃小的梨，你那個梨就給哥哥吧！」父親聽後十分驚喜。孔融讓梨的故事，很快傳遍了曲阜，並且一直流傳下來，成了許多父母教育子女的好例子。

然而人總會長大的，長大後的孔融還會將最大的梨讓給哥哥嗎？假設長大後，孔融和哥哥共同經營家裡的那片果園，當然裡面種植最多的還是梨樹。哥哥身體比較羸弱，腦子也不是很靈活，果園的大部份工作，比如挑水澆灌、施蟲藥、鋤草、剪枝等都是由孔融完成的。秋末豐收，父母摘了最新鮮、最大的梨打算分給他們兄弟。孔融知道，當地的人們最喜歡剛收成的碩大果實，如果把這些又大又甜的梨拿到市集上出售肯定能賣個好價錢。孔融考慮到這些，並想想自己付出的勞力比哥哥多後，還會把最大的讓給他嗎？答案肯定是不會。就算孔融依舊懂禮節，把大的讓給哥哥，但心裡還是痛苦的。所以身為他的父母這個時候應該把大梨分給誰呢？

這個假設中涉及了經濟學中的收入分配問題。收入分配不是一個孤立的問體，不能脫離對生產的影響來評價某種收入分配格局是否公平。

首先，沒有梨就談不上分配，沒有生產的發展就無法奢談分配的公平與否。因此，考慮問題的著眼點首先是如何種植果樹，獲得更多果實，而不是分

梨。社會上各個人擁有的生產要素和能力是不同的。為了鼓勵把梨樹栽培好，並結出更多、更大的果實，應該有一種把貢獻與收入聯繫起來地激勵機制。也就是為果園付出勞力最多、貢獻最大的人應該分到最大的那個梨。如果一開始孔融的父母就確定好了無論貢獻大小，都會將同樣大小的梨分給他們，或著秉持長兄為大的原則，將大梨分給勞力付出最少的哥哥，那下一年的果樹肯定結不了多少有品質的果實。因為誰也不希望自己付出勞力換回的成果讓別人據為己有。可見，判斷一種經濟制度優劣的標準首先不是平等而是效率。

保證收入公平的原則是要保證過程的公平，即保證人人有平等競爭的機會。不少人對當前收入差距拉大的不滿主要在於有些人不是勤勞致富。不是由於對果園多付出一份進而多得點好處，而是利用權利或其他不正當的手段，其實也是國家制度不完善給了這些人可趁之機。

如果孔融的父母以為長兄為大，且憐憫他老實木訥，不分青紅皂白就將豐收的大梨全部分給孔融的哥哥，用這種「劫富濟貧」的方法來減少他們兄弟間的差距，這必定會事倍功半。一旦助長了哥哥好逸惡勞的性格，而且挫傷了孔融的積極性。其實，最好的辦法是，在加快經濟發展的同時，給低收入者更多的能力培養和教育機會。如孔融教他怎麼做買賣，他的父親教他怎樣增加果樹產量的知識等。這樣，整個果園才會興旺起來。國家經濟發展指日可待。

克萊夫‧格蘭傑（Clive W. J. Granger）

格蘭傑於1934年出生於英國的威爾士，目前是美國加利福尼亞大學經濟學教授。瑞典皇家科學院宣稱他的貢獻將用於研究「財富與消費、匯率與物價水準，以及短期與長期利率之間的關係」。格蘭傑為研究經濟規律做出了巨大貢獻，基於這一主要成就他於2003年獲得諾貝爾經濟學獎。

曾子殺豬的原委
——外部性消除

任何一種經濟活動都會對外部產生影響，比如說，汽車運輸必然會產生廢氣污染的環境，而植樹造林發展林業就會形成改善環境的結果。這就是經濟的外部性。

孔子有個學生叫曾子。有一次曾子的妻子要上街，兒子哭鬧著非要跟著去，妻子就哄兒子說：「你在家好好等著，回來我給你殺豬燉肉吃。」兒子信以為真，果然不再哭鬧。

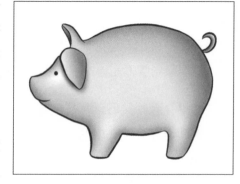

妻子回來，見曾子正在磨刀準備殺豬，趕忙阻攔說：「你真的要殺豬給他吃？我是跟他說著玩的。現在我都回來了，還用得著殺豬嗎？」

曾子認真地說：「對小孩怎麼能欺騙呢？妳沒有聽說隔壁的小五是因為受他舅舅作姦犯科的壞行為影響，才被關進大牢的嗎？父母的一言一行對孩子都有影響。我們說了不算數，以後孩子也會效仿。」於是，曾子果然把豬殺了。

言必行，行必果。無論是一個人還是一件事都會對我們的生活產生重大的影響。這種影響在經濟領域尤其明顯。

任何一種經濟活動都會對外部產生影響，比如說，汽車運輸必然會產生廢氣污染環境，而植樹造林發展林業就會形成改善環境的結果。這就是經濟的外部性。如果說前者是「負外部性」的話，後者就應該被稱作是「正外部性」。外部性扭曲了市場主體成本與收益的關係，會導致市場無效率甚至失靈，而負外

部性如果不能夠得到遏制，經濟發展所賴以存在的環境將持續惡化，最終將使經濟失去發展的條件。而這恰恰是當前中國經濟發展所不得不面對的殘酷現實：中國生產了世界上最多的鋼鐵，消耗了世界上最多比率的原物料，被污染了的環境持續多年難以得到根本的改善，換來的卻是僅占世界生產總值4%的比率。久而久之，中國的持續發展將難以為繼。

仔細分析造成這一局面的主要原因，應解決以下幾個方面問題。

首先是認識問題。長期以來，尤其是在計劃經濟年代，中國經濟發展處於一個較低的水準，經濟的外部性無論是正外部性還是負外部性，都不是很明顯，局限在環境所能夠承受的範圍之內。在這種情況下，對於經濟的外部性沒有深刻地認知自然順理成章。改革開放之後，中國認知到了經濟發展的重要性，開始了一個以經濟建設為中心的時代。但由於認知上的原因，錯誤地把經濟建設以為是經濟增長，甚至與GDP的增長畫上了等號。在這種認知的指導之下，經濟的負外部性得不到有效遏制也就不足為奇了。

其次是政策性偏差問題及現有政策難以得到執行的問題。2002年1月，中國開始實施《防沙治沙法》，禁止砍伐生態林。牛玉琴所種下的每一棵樹，也就成了「生態林」的一個組成部分，眼看著這些林木長大成材，一棵也動不得。而另一方面，她所欠下的銀行貸款越積越多，所有到期的貸款本息都不能歸還，也就只好每天白菜馬鈴薯，負債度日了。舊貸款還不了，新貸款當然沒有著落。缺少了資金來源，縱然有萬般綠化雄心，除了哀聲嘆氣，牛玉琴還有什麼辦法？這顯然是一個政策偏差或者說至少是一個政策不配套的問題。而關於如何防治污染、污染之後如何懲處，其實是有一整套相關的規定的。問題是，這些規定大多只停留在紙上。違反政策的成本幾乎為零，污染的收益卻唾手可得。在這種情況下，不污染反而成了一種奇怪的現象。

最後是體制問題。所有的問題都能夠從體制上找到原因，經濟外部性問題也不例外。早就有論者指出，以前的幹部考核機制、地方政府考核機制有問

題，過分關注經濟增長而忽略了環境等經濟外部性問題，應該改採「綠色GDP」等類似的考核辦法。此論不謬，理應成為全社會的共識，但仍有以下兩點需要補充：第一，政府應當加快從不應該介入的經濟領域退出的步伐，這既包括國營企業要建立現代企業制度，也包括要根治政府對經濟的不正當干預，如各種名為管理或服務實質上卻是收費或地方保護的行為。因為只有這樣，才能夠切斷政府與經濟的不正當聯繫，從社會利益上找到政府的正確定位，使之能夠從正確的立場出發，更加深切地關注經濟外部性問題，更加公正地處理經濟外部性問題。第二，要強化糾錯機制，對於有令不行、有錯不糾的行為，必須嚴加懲處。

經濟的外部性問題與我們每一個人都密切相關，與我們的可持續發展密切相關。關注經濟的外部性，維護市場的公平與效率，是政府重要的職責所在。一句話，經濟的外部性問題得不到解決，科學的發展觀就不可能得到最終落實。

羅伯特·希勒（Robert J. Shiller）
早年於麻省理工學院獲得經濟學博士學位。現任耶魯大學Cowles經濟學研究基金會研究員，計量經濟學會（Econometric Society）資深會員以及紐約聯邦儲備銀行學術顧問小組成員。希勒教授在金融市場、行為經濟學、宏觀經濟學、不動產、統計方法，以及市場公眾態度、意見與道德評判等方面著作頗豐。著作有對投機市場的價格波動做了數學分析和行為分析《市場波動》；《宏觀市場：建立管理社會最大經濟風險的機制》（此書獲得1996年美國教師保險與年金協會——大學退休證券基金（TIAA-CREF）薩繆爾森獎項）；另一本《非理性繁榮》被紐約時報評為非科幻類最暢銷書籍。

為什麼生產煤的人沒有煤燒
──相對過剩與供需平衡

真正的生產過剩是指生產超出了消費需求而產生的產品過剩問題。相對的生產過剩，是由於生產結構不合理或者價格等因素造成的過剩。

在一個寒冷的夜晚，一個穿著單薄的小女孩蜷縮在屋子的角落，問她的媽媽，天氣這麼冷，為什麼不生火？母親告訴她家裡沒有煤，他的父親失業了，他們沒有錢買煤。小女孩又問道：「爸爸為什麼會失業呢？」母親告訴她說因為她的父親是一名礦工，他們生產的煤太多了，所以失業了。這是發生在本世紀三〇年代初、一個美國煤礦工人家的場景。與此同時，在密西西比河畔，農場主人們正把一桶桶的牛奶倒入河水，把一車車的大肥豬倒進河中，僅1933年一年，就有640萬隻豬被活活扔到河裡淹死，有5萬多畝棉花被點火燒光。

這是一種多麼奇怪的現象，對於小女孩來說，既然爸爸努力工作生產了很多煤，為什麼他還會失業呢？既然已生產了那麼多煤，那自己家裡為什麼就沒有煤來生火呢？對於她來說這是一個非常難理解的問題。廣大百姓衣食無著，受凍挨餓；而生產者卻將大桶大桶的牛奶倒掉，將活豬淹死。難道真的是「生產過剩」，東西太多了嗎？

其實這不是真正「過剩」。真正的生產過剩是指生產超出了消費需求產生的產品過剩問題。這是一種相對的生產過剩，是由於生產結構不合理或者價格等因素造成的過剩。現代的房地產市場就存在這一現象。房地產市場由於價格太高老百姓買不起導致房子大量空置，看起來好像房子是過剩了，實際上老百姓的住屋需求並沒有得到滿足。對於生產者來說，他們追求的是高額利潤，生產大量產品為的是獲得更多利潤。但很多時候，大多數人都沒錢購買這些產品，產品對相對有能力購買的人來說產生「過剩」，但廣大勞動者和貧民依舊需要這

些產品。不過生產者追求的是高額利潤，「過剩」產品必須毀掉，才能保證產品高價，保持高額利潤。

這種情況，對於很多平民大眾來說，是殘忍和不人道的。但對於國民經濟來說，這也是一種調整和促進手段。1973年，美國經濟學家Robertson對戰爭的結果研究顯示，在美國，從1940年到1945年GDP翻了兩番，實際收入增加，並消除了失業。經濟史學家Michael Bernstein也認為，在20世紀五、六〇年代，在冷戰中，對共用品和其他物品的巨大支出，是美國經濟成功的原因。2000年1月11日《揚子晚報》的一篇題為《南海一日倒掉牛奶兩噸》的報導宣稱，「南海市水牛奶研究開發公司對目前挫傷奶農的收購價表示已是硬著頭皮支撐。據反映，該公司的鮮奶日處理能力是4噸，市場清淡，銷路不暢，除了固定供奶農戶外，許多零售奶農也轉將鮮奶銷往該公司，使公司每天的收購量高達8.9噸，4個冷庫全部儲存滿。賣不出去的鮮奶儲存超過7日則變質，於是幾乎每天都要傾倒變質牛奶，有時一日倒掉2噸多。」也就是說，因為滯銷，商家無法儲存，牛奶壞掉了，不得不倒掉。

顯然，把牛奶倒進海裡有一大部分是出於保護生產者利益的考量。如果不銷毀送給消費者，生產者的利益就會受到很大的損害。所以為了維護必要的供需平衡和必要的價格，就得限產，讓一部分人先失業，這樣平衡供需關係。這是一個不以人們的意識形態、人們的主觀願望為轉移的客觀規律。當生產達到一定程度，市場跟不上的時候，就得調整生產，就得開拓市場，兩方面共同努力搭就這個平衡。

佳林‧普曼斯（Tjalling C. Koopmans）

佳林‧普曼斯（1910年～1985年），出生於荷蘭格來夫蘭，1931年畢業於烏特里特大學。佳林‧普曼斯將數理統計學成功運用於經濟計量學，對資源最佳分配理論做出了貢獻，進而獲得1975年諾貝爾經濟學獎。

拉麵經濟——勞務輸出

農業勞動力數量相對過剩，是中國二元經濟發展階段的突出矛盾，勞務輸出成為中國工業化、現代化過程中伴隨的一個顯著特徵，同時也是中國西部農村地區解決「三農」問題的一個重要舉措。

中國上海一家青海拉麵館裡，年輕人賈某在廚房裡忙碌著，他的法國太太正在往煮好的麵條裡加湯，小店裡坐滿了人，門外還有很多人排隊等候。

賈某是典型的青海人，國中沒畢業就外出謀生，後來積攢了一定的資金，便在上海開了這家拉麵館。他的太太是來自法國的留學生，來店吃麵的時候認識了賈某，因為欣賞其手藝便嫁給了他。他們現年的收入不在10萬以下。本村人眼見賈某的日子一日勝過一日，非常羨慕，都蠢蠢欲動來上海開餐館。到目前為止類似這種規模的餐館在上海不下十家。

其實除了上海外，廣州、深圳、北京、武漢等各大城市均有青海拉麵館出現，據統計，從2001年～2005年，短短4年時間，青海一個縣的農民在全國各地開辦的拉麵館超過了8000家，4年淨增6000家。目前政府還大力鼓勵本省農民走出去，並每年拿出一定資金資助農民開餐館。除開餐館外，進入工廠、企業，跨出國門的人也日益增長，年底年輕人們還帶著外地太太回家，有學者開玩笑說：「青海拉麵經濟不僅拉動了本省經濟，還引進了外資。」

自1985年鄧小平提出「一部分地區、一部分人可以先富裕起來，帶動和幫助其他地區、其他的人，逐步達到共同富裕。」以來，中國西部經濟有了突飛猛進的發展。讓一部分人先富裕起來的目的，是為了帶動大家共同富裕。

然而對於西北部地區來說，由於交通、環境、氣候等方面的原因，發展一直非常緩慢，而且這些地區都是在東部城市發展到一定基礎上後才開始起步的，所以東、西部之間形成的差距不能說幾年或幾十年就能拉近。為此西部各

省政府，為摘掉貧困和落後的帽子，多管道因勢利導，農村人口向城鎮轉移，加大勞務輸出，加強技術引進，並採取退耕還林等舉措，希望把農民從農業中徹底脫離出來。

勞務輸出作為勞動力空間流動的一種形式，可以適時解決西部勞力過剩問題，西部本地區難以全部容納農村人口到城鎮來的問題。勞務輸出通常包括國際勞務輸出和國內勞務輸出。對於國際勞務輸出的人員來說，不僅可以學到新型技術加快脫貧而且還可以改變中國國際勞務輸出底子薄的面貌。

國內勞務輸出主要集中到中東部發達地區，將西部剩餘勞動轉移到中東部發展需求中來，加大發展力度，同時拉動西部經濟發展。勞務輸出是實現勞動力資源合理利用的重要形式，對解決鄉村多餘勞動力的出路，滿足勞動力不足地區的需要，加速基本建設的過程和經濟全面發展，以及加強國內外交流等具有重要意義。大力發展勞務輸出已成為必然趨勢。

萊因哈德・澤爾騰（Reinhard Selten）
萊因哈德・澤爾騰，德國波恩大學教授，數學家、經濟學家，世界語者。主要致力於人類實驗性的經濟行為、致力於事物本質的研究，探索人類在面對限制的時候如何思考經濟問題、如何行為、如何做決定。他認為人類的思維能力有時會受到限制，博弈論或許會提供一種方式來觀察人的經濟行為。

倒賣火車票的該與不該
——自由市場

自由市場的信條是：當由價格調整來滿足需求時，買者與賣者都將從中獲益。

春節到了，整個車站車水馬龍、人山人海。為了能買到25號的火車票，王先生19號下午五點就跑到火車站排隊買票，等到晚上十點，38號窗口的售票員告之凌晨售票。他又來到39號窗口，發現前面已陸續排著7、8個人，大家都是在等待25號的直達車票。時間一分一秒地過去了，每個窗口都排滿了人。他注意到在他前、後面排隊的人中，大都是農民、工人模樣的，他們大包小包，滿臉的倦容。

由於等的時間太久，王先生不得不拿出報紙跟其他人一樣坐在冰冷的水泥地上，這時黃牛適時出現了。很多人其實對今晚能否售票並未抱太多希望，包括王先生在內，大家似乎都是來碰碰運氣的。為了在黃牛身上獲得一點希望，人們便向黃牛打聽著。黃牛告之有票，但價格要比平常車票高出3倍。這個價格對於那些希冀早點回家過年的有錢人來說的確不算貴，他們掏了腰包拿著票走了，但大多數數著手指頭過日子的人，只能對這長龍前的窗口抱一絲希望了。終於到了售票的時間，然而令王先生惱怒的是25號的直達車票全部售完，不論去哪裡都買不到了。急需回家的王先生只能大出血本，買了一張比原價高4倍的票。只一分鐘時間，黃牛手中的票又漲了一倍，而且還有繼續增長的趨勢。

這是大多數回家過年的人，都會碰到的問題。大家可能都很奇怪，為什麼自己排了一個晚上或幾個晚上都買不到票，黃牛哪來那麼多票呢？其實這跟部分人的投機行為不無關係。站在政治和道德的立場上看，投機似乎是一種很不光彩的行為。然而在市場經濟的今天，競爭意識的增強，使很多人能適時抓住商機。在年節假日，正是人們外出旅遊、探親的絕好時機，而對於商人來說，

這也是他們獲利的關鍵期。由於人們趁著這個假日有足夠的時間出去散心或探親，這時的人數超過了任何時期，所以火車票便出現了短缺現象。這就給一些黃牛提供了投機的機會。黃牛們以高出原來成本的價格賣出這些車票，透過收取市場可以承受的高價，保證了那些渴望回家或旅遊的人得到這些車票。

類似情況在我們生活中也是屢見不鮮。譬如糧食大豐收，米價下跌，部分農民便會在明年少種稻米多種蔬菜。有的投機者看準了市場的趨勢，低價時購入，等明年稻米產量減少而價格上漲後賣出，他們便能從中大賺一筆。

從社會學的角度來看，這種倒賣行為可能是違法的，因為它擾亂了買者的消費者剩餘。但從經濟學的立場分析，由於需求在現行價格水準上嚴重超過了供給，因此往往要排幾天的隊才能買到平常票價的門票，實際上浪費的時間早已增加了車票的成本。如果說允許買高價票對那些有時間排隊而無錢買高價票的人不公平，那麼禁止倒賣門票，對於那些有能力買高價票而沒有時間排隊的人又公平嗎？自由市場的信條是：當由價格調整來滿足需求時，買者與賣者都將從中獲益。

約翰‧海薩尼（John C. Harsanyi）
約翰‧海薩尼，美國人，由於他與另外兩位數學家約翰‧納什、萊因哈德‧澤爾騰在非合作博弈的均衡分析理論方面做出了開創性的貢獻，對博弈論和經濟學產生了重大影響，因此獲得諾貝爾經濟學獎。

鎘污染「造就」女兒國
──排污權交易

所謂排污權交易，就是把排污權作為一種商品進行買賣。這種交易目前在歐盟國家中已正式營運。

在中國福建省清流縣的高阪村，過去總共有10戶人家，計49人，其中男20人，女29人，他們是1965年泉州興建「惠女水庫」時遷入的。在落戶的20多年時間裡，全村只生女嬰，不見一個男嬰降世。1975年連生7個女嬰，村民們哭笑不得，人們戲稱「七仙女」下凡。高阪村因此成了遠近弛名的「女兒村」。村民們由千古流傳的「風水」奧秘，想到生兒生女可能與村中三口水井的水質有關。一戶生男孩心切的村民首先把家搬到了溪邊，改飲溪水，第二年果然生了一個男孩。1989年，在政府的支援下，群眾集資安裝自來水管，把山泉引進各戶，從此，「風水」開始轉向，村中降生了三男一女。後據有關部門鑑定，原先的井水受了鎘污染，造成人體染色體紊亂。難怪村裡幾十年生不出男孩。

類似污染情況在我們的生活中屢見不鮮：水污染引起的物種滅亡、溫室效應使全球氣溫變暖、汽車廢氣排放破壞臭氧層、食物污染引起的中毒……我們賴以生存的地球「病」得不輕，「病因」主要是人為因素造成的。怎麼辦，面對一系列的污染現象，人們不得不採取杜絕環境污染的措施，在這種情況下排污權交易就適時出現了。

所謂排污權交易，就是把排污權作為一種商品進行買賣。這種交易目前在歐盟國家中已正式營運。2005年歐盟國家在廢氣排量方面的交易量估計達1.5億噸二氧化碳，交易額約14億～15億歐元。《聯合國氣候變化框架公約》締約方簽訂的《京都議定書》已於今年2月16日正式生效，簽署的國家和地區目前已有140多個。《京都議定書》規定，發達國家在2008年～2012年間須將溫室氣體的

排放量在1990年的水準上降低5.2%。這是有約束力的法律文件，對全球環境的改善有重大意義。

排污權已成為一種搶手的資源。美國、歐洲等西方國家非常看好這一市場。歐洲、美國已經成立了多家廢氣排污權交易所，每天發佈排放額度的最新牌價。例如，最近每噸二氧化碳排放權的交易價格是8.5歐元左右。據交易所估計，2007年歐盟內部的排放貿易額將達500億歐元，比今年增加30多倍。

排污權交易是一種前所未有的新事物。它不僅可以推動企業治污積極性的提高，進而有效控制環境污染，保證經濟可持續發展，而且還具有超出經濟利益的更重要的意義。世界各國已充分認知到，氣候問題是人類面臨的一項長期挑戰，人類必須在未來要付出更大代價的風險和為長遠利益而放棄部分眼前利益之間做出選擇，在發展與環保之間選擇科學的結合點。當然，作為新生事物，排放權交易也難免遇到很多問題，諸如排污總量如何確定，排污權指標的分配是否科學、公平，交易價格是否合理，排污權交易政策和法律還不太完善……等等。但是，不管有多少「煩惱」，作為解決環境問題的一個有效途徑，它已經受到越來越多國家的重視與歡迎。

道格拉斯・諾斯（Douglass C. North）

道格拉斯・諾斯，出生於美國馬薩諸薩州。現任華盛頓大學經濟系盧斯講座教授。他對經濟學的貢獻主要包括三個方面：用制度經濟學的方法來解釋歷史上的經濟增長；重新論證了包括產權制度在內的制度的作用；將新古典經濟學中所沒有涉及的內容——制度，作為內生變數運用到經濟研究中，特別是將產權制度、意識形態、國家、倫理道德等作為經濟演進和經濟發展的變數，極大的發展了制度變遷理論。主要著作：《美國過去的增長與福利：新經濟史》、《制度變化與美國的經濟增長》、《經濟史中的結構與變遷》等。鑑於他建立了包括產權理論、國家理論和意識形態理論在內的「制度變遷理論」，1993年獲得諾貝爾經濟學獎。

用誠實換來國王寶座
──誠實的價值

經濟學認為誠實不僅是一種道德素質，也是一種能與金錢、名譽等進行配置的經濟資源，並且這種資源與其他物品之間存在某種替代彈性。

從前有一個國王，年紀大了，眼睛花了，耳朵也有點聾了，走起路來跌跌撞撞。

國王心想：我就快要死了，我死了以後，讓誰來當國王呢？

有一天，國王告訴全國的老百姓，他要挑一個人做這個國家將來的國王。怎麼個挑法呢？他給所有的人每人發了一粒花籽，看誰拿這粒花籽種出最美麗的花來，就讓誰當國王。

有個人叫宋金，他帶著一粒花籽回到家，把它種在一個花盆裡，天天澆水，他希望那花籽趕快長出芽，發出枝，開出最美麗的花兒來！

可是，日子一天一天地過去了，花盆裡什麼也沒長出來。他換了一個花盆，又換了一些土，把那粒花籽種上，可是兩個月過去了，到了大家送花去比賽的日子，花盆裡還是空空的，什麼也沒長出來。

這一天，全國各地的人一齊來到王宮裡，他們每個人都捧著一盆花，有紅的，有黃的，有白的，都很美麗。

國王出來看花，他在人們的面前走過去，可是一直皺著眉頭，一句話也不說。忽然他看見一個人手裡捧著一個空花盆。

國王走到宋金面前，問他：「宋金，你怎麼捧著一個空花盆來呢？」

宋金哭了起來，他說：「我把花籽種在花盆裡，用心澆水，可是花籽怎麼也不發芽，我只好捧著空花盆來了。」

國王聽完宋金說的話，高興得笑了起來，他說：「找到了，找到了，我要找一個誠實的人當國王。你是誠實的人，將來我會讓你做國王。」

原來國王發給大家的花籽是煮過的，怎麼會發芽、抽枝、開花呢？宋金種不出花來，別的人也種不出花來。別的人是換了好的花籽才種出花來的，可是宋金選擇作一個誠實的人，所以他成了國王。

經濟學認為誠實不僅是一種道德素質，也是一種能與金錢、名譽等進行配置的經濟資源，並且這種資源與其他物品之間存在某種替代彈性。有人曾用「掉錢包」試驗來隨機檢測人們的誠實程度，結果發現了三種結果：一是少部分人拾到錢包之後便歸為己有，不再交還失主；二是有相當比例的人將錢包交還給失主，並拒絕失主給予任何酬勞；三是少部分人在交還錢包的同時接受失主的部分餽贈。還有一個有趣的現象是，當「掉」的錢包中的現金增加時，錢包返還的比例便隨之下降。因此，經濟學認為誠實在許多人眼裡是有價的。

誠實的價格取決於每個人心中對誠實行為的評判。如果認為再多錢也不能改變自己的誠實行為，那麼在這種人眼裡誠實是無價的。就像宋金一樣，雖然

「未來國王」這一頭銜誘惑夠大，但他卻放棄了它，而選擇了誠實，這一誠實給他帶來的回報是他變成了國王需要的未來國王。

言歸到「掉錢包」上，當錢包內的現金不變時，不誠實的代價上升（被人們發現的可能性增加等）會使不誠實的行為減少。相反，當不誠實的代價相同時，不誠實的收益越高，誠實的行為也就越多。

在那個古老的「狼來了」故事中，牧羊童撒謊的收益十分可笑（僅僅勾引別人上當），而為此付出的成本卻極高（最終被狼吃掉了）。由此可見，誠實與不誠實都需要付出代價，誠實的收益或許正是不誠實的成本，不誠實的收益或許正是誠實的成本，二者的收益與成本恰好相反。

托斯丹・邦德・凡勃倫（Thorstein B. Veblen）
凡勃倫（1857年～1929年）偉大的美國經濟學巨匠。1857年7月30日出生於康斯威辛州，是挪威移民後裔。凡勃倫提出了「商品價格定得越高越能暢銷」。它是指消費者對一種商品需求的程度因其標價較高而不是較低而增加。它反映了人們進行揮霍性消費的心理願望。主要著作有：《有閒階級論》、《營利企業論》、《德帝國與產業革命》、《近代不在所有制與營利企業》。這些作品中所提出的大量命題，奠定了制度學派的基礎。

為什麼汽車都是你們的
——仇富與原罪

經濟學上有一個增量和存量的關係，在改善以往經濟存量狀態的同時，不斷增加現代的企業制度，完善的法律、監督機制，公正的競爭條件，那麼真正創造有益財富的企業將獲得更好的經濟環境，仇富的人將停止仇富。

一乞丐來到一富裕山村行乞，村民們古道熱腸，對他施捨大方。半年過去，那乞丐小斂財富。後來村裡不斷有摩托車、小汽車的輪胎被人故意刺破……歹徒竟是那乞丐。憤怒的村民們質問他為何恩將仇報。不料那乞丐竟振振有辭：你們憑什麼這麼富有？我也是人，為什麼這麼窮？憑什麼你們出門坐車？我卻拄拐挪步，舉步維艱！我風吹雨淋、低聲下氣也只能艱難度日，你們豪宅、冷氣，頤指氣使卻財源不斷，難道公平嗎？我就是要在身上放一把修鞋錐子，夜裡見一輛刺一輛，我才能解氣消恨！

這是典型的仇富心理，當前很多人都存在著這種心理，其原因多半與一部分人致富手段不正當有關。可以說目前存在的仇富心理，是經濟發展特定階段的產物。投機取巧、鑽漏洞的人越來越富有，老實的人卻越來越窮困。所以隨著部分人的日益富有，那些付出很多但依舊貧窮的人的仇富心理越來越嚴重。

有一些經濟學家表示，要向前看，而不是糾纏於過去的恩恩怨怨；要理性

地看待過去，赦免這些富人的原罪。只有這樣，才能讓所有人都得到好處。

然而仇富心理能善罷甘休嗎？並不如此簡單，應該說它有著充分的心理因素和文化的基礎，帶有社會快速變化的特有邏輯。

當一些人還在學校接受教育時，他們其中的一些同齡人就已經在市場經濟裡摸爬滾打，得到了第一桶金，並且在不規範的市場經濟中佔據先機。而那些莘莘學子拿著辛苦換來的文憑進入社會時，發現自己老闆的學歷並不比自己高。經濟發展太快了，社會變化太快了，以致於把時間用於讀書的人還來不及去賺錢，早早跌入市場浪潮的人已經發跡致富，其結果是有知識的人贏得了清高的聲譽，但有錢的人卻進入了被仇恨的行列。

透過乞丐的行為，我們可以看出，仇富心理是貧富差距越拉越大的情況下，人們心理極度不平衡的產物。

我付出的比你多，我文憑比你高，我的智慧並不比你差，但憑什麼你就比我富有；憑什麼你能吃香喝辣、衣著光鮮，我卻在烈日下奔波看盡白眼？我正當工作，卻貧窮潦倒，你們投機取巧，走法律漏洞，卻能高枕無憂，財源廣進……這不僅讓弱勢群體難以接受，只要有貧富心的人都是難以接受的。不過我們也不可否認，對於財富生活中種種血腥與醜惡現象的敏感與嫉惡如仇恰恰是值得宣導的社會進步因素。

對於富豪階層的原罪問題，我們從來也不要求一定要追根究底，但是對於造就財富原罪的溫床是應該格外警惕的。土地、金融裡的權錢交易，權利掩護下的非法經營，出臺的各種法律依然屢禁不止。這樣造成的罪惡與血腥是沒有理由要求人民坦然接受。對於原罪的善意放行不能成為原罪新生的藉口，也不能單純說明是社會進步的表現。如果累積這種原罪，那麼財富帶來的只有懷疑與災難。

財富的累積需要一個正當的手段，如果以不正當的手段去聚斂財富，那麼

歷史的罪惡需要有人承擔責任。仇富不是原罪,原罪是社會給了人們仇富的理由。

對原罪者而言,他們的第一桶金已經得到了承認,社會對他們也必須附加兩個條件:一是集中在個人手中的資產要進行有效運作,必須產生就業和利潤。只要能給國家增加稅收,證明個人擁有運作這部分資本的能力,資本的來源就不再追究,這是一種妥協的做法;二是在運用財富的同時要承擔法律責任,不要奢侈炫耀性使用個人財富,以免引起所有者的道德氣憤。事實證明,妥協的方案不僅能夠使富豪有效運用已經控制在手的個人資產,而且能為社會提供盡可能多的稅收。

經濟學上有一個增量和存量的關係,在改善以往經濟存量狀態的同時,不斷增加現代的企業制度,完善的法律、監督機制,公正的競爭條件,那麼真正創造有益財富的企業將獲得更好的經濟環境,仇富的人將停止仇富。

羅伯特・福格爾(Robert W. Fogel)
羅伯特・福格爾,美國人,1926年出生於紐約。曾經任教於美國的羅徹斯特大學、劍橋大學和哈佛大學。福格爾教授的研究領域是:北美死亡率的經濟解釋,營養、勞動福利、勞動生產力的長期變化,對美國的經濟增長進行長期觀察,對兩代人不同的家庭行為資料的分析。透過運用經濟學理論及數量的方法來解釋經濟發展和制度變遷。由於他用經濟史的新理論及數理工具重新詮釋了過去的經濟發展過程,所以獲得1993年諾貝爾經濟獎。

從玉箸看亡國
──棘輪效應

棘輪效應，又稱製輪作用，是指人的消費習慣形成之後有不可逆性，即易於向上調整，而難於向下調整。

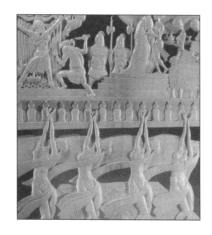

商朝時，紂王登位之初，天下人都認為在這位精明的國君治理下，商朝的江山一定會堅如磐石。

有一天，紂王命人用象牙做了一雙筷子，十分高興地使用這雙象牙筷子就餐。他的叔父箕子見了，勸他收藏起來，而紂王卻滿不在乎，滿朝文武大臣也不以為然，認為這本來是一件很平常的小事。

箕子為此憂心忡忡，有的大臣莫名其妙地問他原因，箕子回答說：「紂王用象牙做筷子，必定不會再用土製的瓦罐盛湯、裝飯，肯定會改用犀牛角做成的杯子和美玉製成的飯碗；有了象牙筷、犀牛角杯和美玉碗，難道還會用它來吃粗茶淡飯嗎？大王的餐桌從此餐餐都要擺上奇珍異品、山珍海味；吃著這些，自然穿著也要綾羅綢緞為主，住的就更要富麗堂皇，還要大興土木建築樓臺亭閣，以便襯托自己身分的尊貴，那人民的苦難將橫空出世。物極必反啊！」

僅僅5年時間，箕子的預言果然應驗了。嚴刑桎梏下的人民怨聲載道，以賢德著稱的周武王取而代之了商紂的五百年江山。

在上面的故事中，箕子對紂王使用象牙筷子的評價，運用了現代經濟學一種消費效應──棘輪效應。

所謂棘輪效應，又稱製輪作用，是指人的消費習慣形成後有不可逆性，即易於向上調整，而難於向下調整。尤其短期內消費是不可逆的，其習慣效應較大。這種習慣效應，使消費取決於相對收入，即相對於自己過去的高峰收入。

這一效應是經濟學家杜森貝提出的。古典經濟學家凱恩斯主張消費是可逆的，即絕對收入水準變動必然立即引起消費水準的變化。針對這一觀點，杜森貝認為這實際上是不可能的，因為消費決策不可能是一種理想的計劃，它還取決於消費習慣。這種消費習慣受許多因素影響，如生理和社會需要、個人的經歷、個人經歷的後果等。特別是個人在收入最高期所達到的消費標準對消費習慣的形成有很重要的作用。

從個人的角度來說，我們對於欲望既不能禁止也不能放縱，對於物質過度的奢求，必須加以節制。如果對自己的欲望不加限制的話，過度地放縱奢侈，不能培養儉樸的生活習慣，自然會使自古「富不過三代」之說成了必然，並出現「君子多欲，則貪慕富貴，枉道速禍；小人多欲，則多求妄用，敗家喪身。是以居官必賄，居鄉必盜」的情況。

希歐多爾・舒爾茨（Theodore W. Schultz）

希歐多爾・舒爾茨（1902年～1998年），美國經濟學家。1930年畢業於威斯康星大學，獲得博士學位。在1960年提出了人力資本投資理論，認為人力資本投資是促進經濟增長的關鍵因素；他還基於非均衡方法對農業的發展潛力展開分析。1972年榮獲美國經濟學會最高榮譽——法蘭西斯・沃爾克獎。主要著作有：《改造傳統農業》、《不穩定經濟中的農業》、《農業生產和福利》、《農業經濟組織》、《教育的經濟價值》、《改造傳統農業》、《經濟增長和農業》等。由於在經濟發展研究領域中所做出的貢獻，特別是對發展中國家的經濟問題所做的首創性研究，1979年獲得了諾貝爾經濟學獎。

經濟學中的木桶定律
——利潤與風險防範

企業的生產目的最終是為了獲得最大的剩餘價值。如果生產（或服務）成本增加了，產品市場售價沒有緊跟著上揚，就意味著利潤率在下滑萎縮。要均衡相對的利潤，就必須以管理、創新、網路、品牌建樹、服務等為手段，強化企業抗風險能力。

一個木桶盛水的多少，並不取決於桶壁上最高的那塊木板，而恰恰取決於桶壁上最短的那塊木板。任何一個組織的各個部分往往是優劣不齊的，而劣勢部分往往決定整個組織的水準。

在希臘神話中，有一位著名英雄——戰神阿喀琉斯。阿喀琉斯是希臘神話中的頭號英雄，他的母親是海神的女兒忒提斯。傳說他出生後，母親白天用神酒塗抹他的身體，夜裡在神火中煆燒，並且將他的腳跟浸泡在冥界的斯得克斯河中，使他獲得了刀槍不入之身。

但是因為在河水中浸泡時他的腳跟被母親握著，沒有被冥河水浸到，所以留下全身唯一致命的弱點。阿喀琉斯長大後，在特洛伊戰爭中屢建功勳，所向無敵。

後來特洛伊王子帕里斯知道了阿喀琉斯這個弱點，就從遠處向他發射暗箭。帕里斯是位神射手，很多希臘英雄如克勒俄多洛斯等都死於他的箭下，因此這一箭正好射中阿喀琉斯的腳跟，這位大英雄瞬間斃命。

大英雄的死，緣於自身的唯一一點不足。但正是這一點點的不足卻成為導致悲劇的關鍵因素。感慨之餘，我們聯想到生活中一個著名的定律：木桶定律。眾所周知，一個木桶盛水的多少，並不取決於桶壁上最高的那塊木塊，而

恰恰取決於桶壁上最短的那塊木板。人們把這一規律總結為「木桶定律」或「木桶理論」。

根據這一核心內容，「木桶定律」還有三個推論：其一，只有桶壁上的所有木板都足夠高，那木桶才能盛滿水；如果這個木桶裡有一塊木板不夠高，木桶裡的水就不可能是滿的。其二，比最低木板高的所有木板的高出部分都是沒有意義的，高出越多、浪費越大。其三，想要提高木桶的容量，就應該設法加高最低木板的高度，這是最有效也是唯一的途徑。

無可否認，企業的生產目的最終是為了獲得最大的剩餘價值。也就是說，企業的生存和發展都離不開錢，所以企業最後的利潤非常重要，因為有絕大部分是重新又投入企業的營運的，它要靠這些來支撐，而維繫企業生存的利潤又透過產品銷售或提供服務來實現。如果生產（或服務）成本增加了，產品市場售價沒有緊跟著上揚，就意味著利潤率在下滑萎縮。要均衡相對的利潤，就必須以管理、創新、網路、品牌建樹、服務等為手段，強化企業抗風險能力，提升企業競爭力，確保適當的利潤空間，否則企業經營就會處於虧損邊緣，甚至生存無以為續。

簡‧丁伯根（Jan Tinbergen）

簡‧丁伯根（1903年～1994年），荷蘭海牙人，獲得萊頓大學物理學博士學位，現為荷蘭經濟學院教授。簡‧丁伯根發展了動態模型來分析經濟過程，被譽為經濟計量學模式建造者之父，於1969年和拉格納‧弗里希（Ragnar Frisch）共同獲得諾貝爾經濟獎。

可憐天下父母心
——機會成本

做出選擇或決策的原則是最大化，比較一種決策的成本與收益是確定是否最大化的方法。

中國廣州有一所著名的外語學校，教學品質和畢業生的前程都令人羨慕。但是想進這所學校卻相當困難：據說小學畢業生要經過語文、數學兩門學科的考試。考試題目常常比奧林匹克競賽題目還要困難。考試沒通過怎麼辦？就得花上5萬元～10萬元不等的贊助費。

喬在班上的成績還算不錯，他屬於那種「努力衝刺就可能考上，放鬆懈怠肯定會掉下來」的「中上階層」的成員；他父親在廣州算是「金領階層」。喬明的父母對孩子的教育投入毫不吝惜，在距離外語學校招生考試還有一個多月時，他們表態：上該校是最好的出路，喬一定要上，花10萬元也要上。

距離考試的日子越來越近了，可是喬的父母卻發現他越來越不用功了。問他是怎麼一回事，喬說：「你們不是說好準備花10萬元的嗎？」爸爸媽媽頓時啞口無言。

他們的本意是要堅定喬的決心，給喬打一針強心針，可是孩子卻如同打了一針鎮靜劑。結果可想而知：喬的父母果然花了10萬元！

可憐天下父母心，省吃儉用，積攢一筆錢，目的是等到某個時候一股腦兒地投入教育事業。其實除了這筆可觀的贊助費，據專家調查，很多父母從孕育

一個孩子到16歲在孩子身上投入的成本不低於25萬元人民幣。

調查顯示，以2003年的物價水準，0～16歲孩子的直接經濟總成本達到25萬元左右，如估算到子女上大專院校，家庭支出則高達48萬元，這個數字還未將親朋好友、社會資助及學校免費等的5～6萬元統計在內。

如加上懷孕期的平均13000元支出，以及孩子從孕育到成長過程中父母因停職、減少流動、升遷等自身發展損失的間接經濟成本，這一數字將更為驚人。

在孩子的總經濟成本中，教育成本僅低於飲食營養費，占子女費用的平均比率為21%。但這一比率在高中階段為34%，大學階段則為41%。而且學前教育的花費也顯著高於義務教育階段，幼稚園的年學雜費平均為4600元，占子女總支出的比率為30%。有少數家庭還支出了高額的擇校費與贊助費。

這些數字證明，做父母實在很辛苦，千方百計地賺錢，省吃儉用地存錢，目的只有一個，就是可以讓自己的孩子接受更高的教育。現在的頂客族們對他們的父母養育兩三個孩子感覺不可理解。因為從經濟學的角度來分析，父母為了培養一個孩子成才，除了他們付出的這些可預算的資金外，還有很多精神、精力上的投入。舉例來說，一個三十歲的母親，她在這個年齡階段還有足夠多的資本（青春、精力）投入到一項她喜歡的事業上，為自己、為社會創造很多的財富。但因為她有個兩歲的兒子，為了照顧他不得不放棄自己喜歡的事業，做一個全職太太。用經濟學的術語說，這也是她們為了撫育孩子所投入的機會成本。

知道了機會成本的概念，你就會明白扶養一個孩子的全部成本絕不僅僅是實際的貨幣支出25萬元，還應該包括父母為扶養孩子所放棄的東西，換言之，扶養孩子的全部成本等於實際貨幣支出和機會成本。這種機會成本包括父母所付出的辛勞，以及為了扶養孩子所放棄的收入。

如果說辛勞難以貨幣化，那麼，所放棄的收入還是可以計量的。例如，一

個母親為了孩子放棄了上大學的機會，有次一生中少收入了10萬元，那麼，這10萬元就是扶養孩子的機會成本。僅加上這一項，扶養孩子的成本就達35萬元了。如果把父母為扶養孩子放棄的各種機會、所受的辛勞、所放棄的享受都折算為貨幣，機會成本就非常大了。

經濟學家認為，資源是稀少的、有限的。把資源用於一種用途就要放棄其他用途。你要享受子孫滿堂、闔家歡樂的天倫之樂就必須放棄自己喜歡的工作，付出自己更多的時間和精力。也就是說你得到了其中某一樣，就必須自動放棄另一樣。世界上的任何事都是這樣的。

可憐天下父母心，他們付出這些，並不是求得回報。不過這種付出也是巨大的，難怪頂客族們只想把錢存到銀行裡，而不是生育小孩。但這也並非理性的決策。經濟學家說，做出選擇或決策的原則是最大化，比較一種決策的成本與收益是確定是否最大化的方法。如果父母花費這麼多的機會成本培養一個對社會有用的人才，將會為國家創造多少財富？

邁克爾‧E‧波特（Michael E. Porter）
邁克爾‧E‧波特，出生於1947年，著名管理學家和經濟學家、競爭戰略和國民經濟發展競爭力領域的權威，哈佛大學商業經濟博士，26歲即成為哈佛商學院教授，是哈佛歷史上最年輕的教授，領導著「戰略和競爭研究所」，曾任雷根政府「產業競爭力委員會」的委員。他是戰略管理理論的領導貢獻者，他的主要觀點是決定怎麼使一個公司或一個地區創建競爭優勢。主要著作：管理學領域堪稱經典的「競爭」三部曲——1980年《競爭戰略》，1985年《競爭優勢》，1990年《國家競爭優勢》。

日本人說了算
——控股權的時效性

企業控制權可以解釋為排他性利用企業資產，特別是利用企業資產從事投資和市場營運的決策權，大公司競爭的最後就是控股權之爭，誰掌握了控股權，誰就掌握了資源與市場，掌握了企業發展的未來。

日本人非常愛吃鰻魚食品，特別是一種有花紋的鰻魚，不過這種花鰻要比一般的鰻魚貴一倍，養殖起來也比較費神。有家日本公司看好這一市場，便找了中國溫州的某家企業，希望跟該公司合作在中國養花鰻，然後賣到日本去。條件是日本人提供種苗、飼養技術、飼料等，溫州老闆出人力、場地。

這次合作，技術、原料等都掌握在日本人手裡，飼料配方對中國人也嚴格保密。此外，花鰻的市場主要在日本。這樣一分析，雖然養殖場和所有的花鰻都在中國，看似溫州老闆對這一切有控制權，但這種控制權是沒有實效的。技術和市場都掌握在日本人手裡，溫州這邊實際上處於被動地位，都是按照日本老闆那邊的安排行事，這樣合作的結果可想而知。

這裡涉及到了控制權與實際有效性的問題。企業控制權可以解釋為排他性利用企業資產，特別是利用企業資產從事投資和市場營運的決策權，一般來說，在公司的權力分工體系中，董事會擁有公司的決策控制權。

由於各國公司法和大多數公司章程以一股一票和多數原則作為董事會的基本議事規則，因而公司的控股股東可以透過控制董事會進而獲得公司的控制權。對於溫州老闆來說，他雖然與日本老闆合作，名義上有控股權，但這種控股權沒有時效性。

因為一般來說，如果資源、技術、市場這些要素，合作雙方各佔有一部

分，他們就能處於相對平等的位置，但是溫州老闆其實只是提供了一塊場地給日本人，關於技術日本人對他保密，生產的產品都銷入日本市場，所以資源、技術、市場這三者都掌握在日本人手中，在這種狀況下，溫州老闆只是個為日本人籌備消費品的高級打工者。

控股權背後是對企業資源的支配權，進而主導企業的產品、管理、市場和未來，直至企業的存亡。當企業發展到一定規模，競爭深化到一定階段時，控股權顯得尤為重要和迫切。海爾董事局副主席武克松說：「大公司競爭的最後就是控股權之爭，誰掌握了控股權，誰就掌握了資源與市場，掌握了企業發展的未來。」

中國加入WTO後，外資對中國的態度正由觀望變為大規模的進入，中國境內、外企業間的競爭將越來越激烈。既然開放與競爭是中國擺脫不了的問題，那麼如何在開放與競爭的格局中使中國的企業和產業獲得發展，控股權就是不得不面對的問題。

然而，不管是在文中事例中，還是有關的調查發現，日商企業紛紛以各種方式不斷加大在合資企業中的股權比率，有的甚至進行股權「倒戈」，直接掌控了合資企業的控股權。當問及他們是否有意識地加大對中國境內合資企業控股權力度時，這些日商企業對此避而不談，顧左右而言他。

日商企業之所以有如此表現和態度，是因為控股權所牽涉問題高敏感度。用最通俗的解釋是，控股權直接涉及「誰說了算」，參股各方的爭奪自然激烈。

而中方企業在合資之初，或是因為急於要把國外的項目和資金引進來，只

能先「求其所在」；或是因為沒能掌握談判的技巧和交易的籌碼，或是迫於談判中的被動地位，因此在組建合資企業時，往往不敢理直氣壯地爭取控股權。這樣的結果是企業壯大之後，才發現原來中國對企業的控制力如此之弱。想要爭取時，已經是心有餘而力不足。

「當我們與對手實力懸殊時，我們在控股權問題上往往被動。但當我們在發展中擁有自己的核心技術時，就到了爭取控股權的時機。控股權能爭取時要盡量爭取。」一位中國企業老闆如此說。如果某一產業的控股權全部控制在外資手中，長久來看，可能這個產業就會完全控制在外資手中，而這恰是中國的一些企業家最為擔心的。

羅伯特・約翰・奧曼（Robert John Aumann）
羅伯特・約翰・奧曼（1930年6月8日出生），美國和以色列（雙重國籍）經濟學家，以色列耶路撒冷希伯來大學合理性研究中心教授。因為「透過博弈論分析改進了我們對衝突和合作的理解」與湯瑪斯・克羅姆比・謝林（Thomas Crombie Schelling）共同獲得2005年諾貝爾經濟學獎。他的主要成就是：第一個定義了博弈論中的相關均衡概念，這是一種非協作型博弈中的均衡，比經典納什均衡更加靈活。並使用博弈論分析猶太法典中的塔木德難題，解決了長期懸而未決的遺產分割問題。

稅收帶來的「無謂損失」
——資源配置與效率

經濟學認為，政府向某一產品徵稅，不管這項稅收是向生產者徵收還是向消費者徵收，最後都是由生產者和消費者分攤的——生產者得到的價格下降，消費者得到的價格上升，稅收在買者支付的價格和賣者得到的價格之間打入了一個「楔子」。

1974年的一天，經濟學家亞瑟‧拉弗西裝革履，緩緩走進美國華盛頓的一家豪華餐廳，圍在他周圍的是一大批記者和政治家，閃光燈不斷的定格出他的臉，他微笑著，因為今天他要將自己研究和捉摸了很久的一個理論，拿出來跟大家一起分享。

進入餐廳後，他拿出一張餐巾紙和一支筆在上面畫了一幅類似傾斜的拋物線的圖，人們都驚奇的看著他的這一舉動。畫完後他舉起那張紙向在座的人說道：「這就是稅率與稅收收入的關係：稅率高到一定程度，總稅收收入不僅不增長，反而開始下降。」

這便是著名的拉弗曲線。拉弗曲線問世二十多年來，並沒有多少國家的實踐證明拉弗的這一假設，但經濟學家們

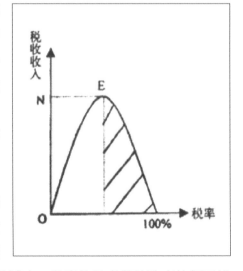

大都相信：稅收會造成社會總經濟福利的減少，過高的稅率帶給政府的很可能不是稅收增加的美好前景，反而降低收入。美國經濟學家曼昆把稅收造成的總福利的減少稱為稅收的「無謂損失」。

這裡所謂的「無謂損失」藉由案例可以來解釋。王先生想請一個幫傭，但他也是薪水階層，因此他最多願意支付每月430元（人民幣）的薪資給傭人。

王小姐以前每天賣書報每月僅有400元的收入，現在希望能找到有一份清閒而且不用風吹雨淋的工作，看到王先生的招募廣告，她非常願意嘗試。最後他們達成協議，王先生每月支付420元的薪資請王小姐做家傭。

這樣一來，從這份工作中，王先生可以節省10元，王小姐比她原先的工作多賺20元。

然而拿薪資是要報稅的。王小姐拿了420元的薪資，那她必須繳50元的所得稅，如果一計算，王先生至少要付給王小姐450元才能平衡她以前的收支。但王先生支付的底線是430元。權衡一下後，王小姐最終放棄了這份工作。王先生也不打算再雇用幫傭。對於政府來說，也徵收不到這50元的所得稅。這就是經濟學上稱得無謂損失。

新近發生在中國汽車市場上的新聞，也活生生地凸顯出加在汽車上的各種稅費的「無謂損失」。《中國經濟時報》透過一篇購車經歷報導了稅費和各種繁雜的手續對人們購車積極性的打擊。

這篇購車記中引述了一個銷售人員所做的一個自然人貸款買「富康」的詳細報價：車價97800元，頭期款10%，分期5年，月還款1514元，車損保險1414元，第三者險1170元，盜搶險978元，自燃險392元，貸款額78240元，購置稅8359元，驗車500元，保證保險金1721元，管理費4900元，其他20元，合計29234元。

其實，該文報導的令人眼花撩亂的收費項目，只是購車環節支付費用的一部分。以北京地區（市區）而論，購買一輛小汽車還要繳納停車泊位證明費1700元，車船使用稅200元／年，養路費1320元／年，牌照費174元，驗車費（免檢車）63元。還有一筆費用是汽車生產廠商代消費者繳納的：3%～8%的消

費稅。一系列名堂的稅收，使很多人對購車望而卻步。本來滋生的購車欲望被扼殺，進而造成無謂損失。

經濟學認為，政府向某一產品徵稅，不管這項稅收是向生產者徵收還是向消費者徵收，最後都是由生產者和消費者分擔的——生產者得到的價格下降，消費者得到的價格上升，稅收在買者支付的價格和賣者得到的價格之間打入了一個「楔子」。由於這個「楔子」，這種產品的銷售量低於沒有稅收時應該達到的水準，也就是說，市場規模收縮了。由於市場規模收縮，生產者和消費者受到的福利損失之和要大於政府得到的稅收。

為什麼會出現社會總福利減少的「無謂損失」？這是因為，人們會對各種激勵做出理性的反應。稅收提高了買者的價格而降低了賣者的價格，買者和賣者對這種負面的激勵的理性反應便是少消費和少生產。於是，市場規模縮小到其最佳水準之下，資源配置的效率降低了。

巴師夏（Frederic Bastiat）
巴師夏法國經濟學家。1801年6月29日出生於法國巴約訥附近的一個大商人家庭。巴師夏是自由貿易思想的熱情宣傳者，同時也是社會主義思潮的反對者。他讚美資本主義社會是一種和諧的社會，認為社會組織是建立在人類本性的普遍規律之上的。隨著社會進步，社會總產品中分配給資本的部分會減少，分配給勞動的部分會增加，人們的狀況會不斷改善，社會會更加和諧。著有《經濟詭辯》、《經濟和諧》等。

要風景還是要產權
——產權的重要性

產權，意指使自己或他人受益或受損的權利……產權是社會的工具，其意義來自於一個事實：在一個人與他人做交易時，產權有助於他形成那些他可以合理持有的預期。

德皇威廉一世在修建完無憂宮後，發現在無憂宮的西北角有一個水磨坊的風車擋住了無憂宮的視線。德皇讓侍從去跟磨房主人交涉，付他一筆錢，讓他拆掉磨房。磨坊主人不肯，他說，這是祖業，不能拆。德皇一怒之下，讓人把磨坊拆了。

磨坊主人並不惱怒，他想，皇帝也是人，也得遵守法律。他便把德皇威廉一世告上了法庭，法庭做出了判決，德皇必須完整地重建磨坊。磨坊於是重建起來。多年之後，磨坊主人去世了，他的兒子由於經營不善，瀕臨破產。無奈之下，他決定把磨坊賣給威廉一世的兒子威廉二世。

於是給威廉二世寫了一封信，把磨坊的情況與他們父輩的恩恩怨怨詳細地講了一遍。威廉二世收到信後，給磨坊主人的兒子回了一封信，他說：「親愛的鄰居，磨坊無論如何也不能賣掉，他不僅是你的祖業，而且象徵著德國法律的公正。現送上5000馬克作為維修費，期望能使磨坊得到保護。」於是這座磨坊保存至今。雖然它有礙於人們看到無憂宮全景，但因為它的存在，使更多人對德國法律有了更多的瞭解。

這一個故事告訴我們，磨坊屬於磨坊主人所有，他身為這一財產的所有者，其財產所有權和產權必須得到國家法律的相對保護。

所有權也稱財產所有權或資產所有權。是指所有人依法對自己的財產享有

佔有、使用、收益和處分的權利，它是一定時期的所有制式、形式在法律上的表現。所有權的主體是財產所有人，所有權的客體是財產，所有權的內容是財產所有人對其財產所享有的權利和非財產所有人負有不得侵犯的義務。

所有權的權能有四項：佔有權、使用權、收益權和處分權。對於磨坊主人來說，磨坊是財產歸他所有，其財產和其所享有的權利任何人不可侵犯，連國家的最高統治者威廉一世也不例外。

關於所有權的制度安排對於長期經濟增長有著至關重要的作用，一個國家、一個企業想要保持長期的經濟增長，除了技術創新外，最主要的任務就是要設計出一整套所有權結構、所有權的法律與其他制度安排。所有權的制度安排要充分體現個人的利益要求，在這一制度安排下，個人必然受到物質刺激的驅使去從事呵護社會需要的活動，使社會收益率和世人收益率近乎相等；所有權的制度安排需要實際的費用。

對企業和個人來講創造和實施所有權的費用可能超過收益，而這些所有權對經濟的長期增長卻十分關鍵，在這種情況下，所有權的制度安排需要政府支付相關的成本；有些制度創新由企業自己支付了成本，但會出現「搭便車」的行為，即其他的企業和個人可以模仿新的制度安排而不給予必要的經濟補償，這會妨礙制度創新的進行。對於「搭便車」行為，政府應當有必要的管理辦法。

故事中，法庭依法做出裁決：德皇應退還貧民的地產，並給予賠償。這也說明產權保護的重要性。關於產權，西方經濟學界具有不同的定論。德姆塞茨說：「所謂產權，意指使自己或他人受益或受損的權利……產權是社會的工具，其意義來自於一個事實：在一個人與他人做交易時，產權有助於他形成那

些他可以合理持有的預期。」強調了產權是界定各交易主體之間的權利的一個社會工具。

　　阿爾欽在其論文《產權：一個經典的注釋》裡給產權下了一個簡明的定義：「產權是一個社會所強制實施的選擇一種經濟品的使用的權利。」磨坊歸磨坊主人所有，任何人都沒有權利去拆除它，除非當事人願意。一旦這一權利受到傷害，所有者可以用法律手段來維護。因此磨坊之所以保存至今，是產權受國家保護的結果。

　　產權和所有權是產權理論的兩個基本範疇，在西方現代產權理論文獻中，產權和所有權是兩個出現頻率都同樣很高的名詞。在上例故事中磨坊主人的財產所有權和產權得到了應有的保護中可得知一二。

考夫曼（Kaufman）

考夫曼（1848年～1916年）俄國經濟學家。彼得堡大學教授。考夫曼是較早評述馬克思的政治經濟學的俄國經濟學家。1872年，馬克思的《資本論》第一卷俄文版在聖彼德堡出版，引起俄國學術界廣泛議論。考夫曼在《歐洲通報》第3卷上發表《卡爾·馬克思的政治經濟學批判的觀點》一文，在文章中概述了《資本論》的基本思想，評述了馬克思的研究方法。著有《卡爾·馬克思的政治經濟學批判的觀點》、《銀行業的理論和實踐》等。

另一隻看不見的手
——價格歧視

價格歧視，實質上是一種價格差異，通常指商品或服務的提供者在向不同的接受者提供相同等級、相同品質的商品或服務時，在接受者之間實行不同的銷售價格或收費標準。

　　有人斷了一隻手臂在大街上乞討，空袖子甩來甩去。人們都很同情他，大家可能以為是某種災難讓他失去了一隻手臂，於是我們將十塊、八塊的錢放到他的缽裡。不過後來有人告訴你，他的手藏在衣服裡，故意留出空袖子來裝可憐。我們忿忿不平，卻無法保證自己下次不上這樣的當。

　　因為我們對他們沒有歧視，只有同情、幫助。但市場經濟中有一隻更加隱蔽的手，它不用乞討，只需在幕後暗箱操作，就能賺個十萬、八萬的。不過這種假象總有水落石出的時候。2005年新年開始，這一隻看不見的手終於在廣大消費者面前顯露出來。

　　中國北京兩家剛剛開張的平價藥房都遭到了同行的暗算。A藥房的平價藥被同行惡意收購，廠家拒絕供貨，不得不從南方進貨。有同行揚言：「不漲價就別想在京城開店。」另一家受暗算的是B藥房。該藥房先是接到匿名恐嚇電話，接著櫥窗玻璃被不明身分的人砸碎。

　　這是一隻藏在市場背後的手：同行業有約定的，或者心照不宣的價格壟斷聯盟，聯合起來實行掠奪式經營，坑害消費者。

　　市場是一塊試金石。一種商品生產出來後是不是能被消費者接受，該定多高的價格才合適，這一切都是由市場決定的。這裡提到的市場是競爭市場。而在壟斷市場，由於壟斷者具有某種市場勢力，所以它能夠以不同的價格把同一

物品賣給不同的消費者，這種做法在經濟學中被稱為價格歧視。

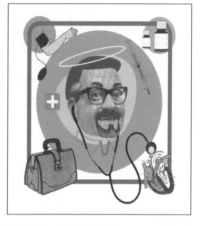

所謂的價格歧視，實質上是一種價格差異，通常指商品或服務的提供者在向不同的接受者提供相同等級、相同品質的商品或服務時，在接受者之間實行不同的銷售價格或收費標準。經營者沒有正當理由，將同一種商品或者服務，對條件相同的若干買主實行不同的售價，則構成價格歧視行為。價格歧視是一種重要的壟斷定價行為，是壟斷企業透過差別價格來獲取超額利潤的一種定價策略。它不僅有利於壟斷企業獲取更多壟斷利潤，而且使條件相同的若干買主處於不公平的地位，妨礙了它們之間的正當競爭，具有限制競爭的危害。

對於兩家藥店來說，如果任意調價，就打破了競爭市場的原有規律，危害了消費者；如果不調價，便要受到壟斷這隻看不見的手的危害，利潤空間無法保障，可能還會處於孤立無援而倒閉的狀況。這使他們處於兩難的境地。

科爾內（Kornai Janos）

科爾內，匈牙利經濟學家。出生於布達佩斯。1956年獲得匈牙利科學院理學碩士，1961年獲得卡爾‧馬克思經濟大學經濟學博士，1966年獲得匈牙利科學院科學博士。《短缺經濟學》是他的代表作。他認為短缺是社會主義常見的現象，其根源在於國家與企業存在「父子」關係，短缺影響生活品質的提高，是經濟體制改革要消除的目標之一。他還對不同社會制度的國家進行了研究，較早運用西方經濟理論和分析工具研究社會主義經濟體制。其他著作有：《經濟管理中的過度集中》、《結構決策的數學規劃》、《突進與和諧的增長》、《增長、短缺和效率》、《矛盾和困難，社會主義經濟和社會主義社會研究》等。

婚姻中的經濟學
——交易成本和機會成本

從經濟學角度來說，婚姻是一種社會行為，其中也包含著高昂的交易成本和機會成本。

梅的結婚證書上記錄著結婚日期：1973年5月1日。這個70年代的結婚證書上，還有一段中國毛主席語錄：「我們都是來自五湖四海，為了一個共同的革命目標，走到一起來了……一切革命的人都要互相關心、互相愛護、互相幫助。」梅當初嫁給他丈夫，因為看中他是司機。

這個嫁人的理由，對今天的青年男女而言，是無法理解的，然而，卻反映出那個時代年輕女子的普遍心態。在70年代，家有「三大件」的年輕男子最受青睞，此外，司機、醫生、廚師這三種職業的男子亦倍受歡迎。人們在60年代餓怕了，司機有一技之長，只知道嫁給司機就不會挨餓。

梅家裡還保存著一張婚禮的禮品清單：衣服2件，枕巾30條、熱水瓶8個、收音機2台、鬧鐘5個、臺燈10盞……如此簡單，也許現代的青年男女看到這個清單，都會驚訝地合不攏嘴。那時的結婚成本多低，而現在，很多青年男女游走在都市邊緣之所以不結婚，是因為結婚代價太大，這個代價不僅體現在物質方面還體現在精神方面。

就物質來說，2005年有人調查都市青年基本結婚費用的清單，足見這一物質成本之高。清單如下：結婚地點：四星酒店。結婚花費：買房子600000元（人民幣），裝修18000元，傢俱、家電10000元，婚紗照1500元，服裝、首飾、化妝品5000元，租婚車1000元，酒席7000元。婚禮共花了642500元。

這對於70年代的人來說，簡直是個天文數字。對於現在還沒有結婚的人來

說，只能望而卻步。其實除了物質和金錢上的開銷，還有精神和體力上的支出。有個笑話，孩子問父親結婚要付出多少代價，父親說我不知道，因為我現在還在還款。這種精力上的付出是無形的，誰也不知道到底自己投入了多少，但從戀愛開始就必須一直投入下去。

從經濟學角度來說，婚姻是一種社會行為，其中也包含著高昂的交易成本和機會成本。首先，你為了找到適合你的另一半，必須花費一定的時間和精力從人群裡去篩選，然後還要經過一段戀愛過程以增加相互之間的瞭解，在正式結婚時你幾乎要傾囊而盡辦理婚事，甚至舉債購屋，正因為交易成本如此之高，有些男女才不得不等存夠了錢再結婚。

其次，婚姻還有較大的機會成本，最主要的一點是你一旦決定與某個人結婚，你就失去了同時與其他條件相當的人結婚的可能，如果婚後你發覺對方並非你中意的人，你就為此支付了更高的機會成本。還有一項機會成本就是離婚的難度，離婚的難度越大，婚姻的機會成本就越高，經濟學稱之為鎖定。許多調查資料也顯示，如果某個國家或地區的宗教、風俗或婚姻法越是禁止離婚，那麼結婚率也就越低。因為誰都不願為「鎖定」支付高昂的機會成本。

西蒙·史密斯·庫茲涅茨（Simon Smith Kuznets）
西蒙·史密斯·庫茲涅茨，俄裔美國著名經濟學家，1901年4月30日出生於烏克蘭哈爾科夫，1985年7月8日卒於美國麻塞諸塞州坎布里奇。在研究人口發展趨勢及人口結構對經濟增長和收入分配關係方面做出了巨大貢獻。1971年諾貝爾經濟學得主。

老翁娶少女的經濟學分析
——商業交易

老翁與少女這種婚姻執行的交易，不僅不會減少任何一方的利益，還會使當事雙方的利益同時得到增進。

80歲的老人娶了18歲的少女，這個爆炸式新聞在社會上引起了轟動。很多人認為這絕對是權錢交易。經濟學家們馬上拿出筆來計算起老翁娶少女的代價成本。

也許對很多年輕漂亮的女人來說，嫁個有錢有勢的老翁，無可厚非。因為再笨的女人也會計算她投入的成本會以多少的比例收回來。

先看一個故事，報業集團的總裁，四十多歲，一次回家鄉度假，在田野巧遇一個十九歲的女孩，正在散步，她的美麗和清純一下子就吸引了報業總裁的目光。總裁首先花了很多的精力和金錢說服了女孩的父母。她的父母當然禁不住這樣的誘惑，勢利的他們要求女兒與報業總裁結婚。

女兒剛開始不同意這門婚事，但權衡一下後，覺得對自己還是有利的，最後同意嫁給報業總裁。新娘一直以為比起這個人來說自己更喜歡他的錢，可是等蜜月結束的時候，她發覺自己已經死心塌地地愛上了新郎。報業總裁帶新娘到了城裡，親手教導著這個鄉下來的女人進入商界，努力打拼。女主人四十五歲時，報業總裁患重病身亡，臨終留下遺囑將報業集團和總裁位置，傳給了他年輕貌美和比他更鐵腕的妻子。

如此完美結局在老翁和少女的婚約中似乎很少見，婚姻有極端的形態，其中一個極端是單純的婚姻，婚姻的當事雙方借助婚姻這一穩定的結構維繫彼此的愛情；另一個極端則是完全畸變的婚姻，男女藉婚姻之名組合在一起，就如

同成立一個商業性的公司，之後的事情就是等待獲利分紅，再之後就是關門大吉。介於極端形態之間的是中間形態的摻有雜質的婚姻，這種婚姻把情感的需求和物質的考量包含其中，既想兼而得之，同時兩頭都不過分。老翁娶少女的婚姻，多半屬於畸變婚姻的類型。

從經濟學的觀點來看，雖然變異的婚姻是完全空殼的婚姻，但作為交易它卻具有極高的效率。變異婚姻的婚約（相當於商業買賣中的合約），其達成不需要稍微多一丁點的協商和討價還價，要是誰人不慎多了隻字片語，失語者就會因為擔心自己的多慮暴露了自己的貪欲而深深自責。

同樣，交易的標準也不用進行質與量的規定，所有與交易有關的事宜皆不需要達成任何書面的或者口頭的協定，雙方只需有個默契，然後各自根據對方的預期行事就成。假如一方期許他方能為自己讓渡什麼，只需清楚他方擁有什麼就可以了。

凡是一方擁有的，不管是財物還是身體器官，就不能拒絕另一方佔有或者利用。如果一方希望另一方承擔義務，只需要瞭解另一方能做些什麼就行了，只要一方需要得到他方的幫助或者援助，另一方就應盡力而為。最後，交易有效期也是隨機的，除非一方提出解除婚約，否則有效期將會持續到任何一方死亡為止。

老翁與少妻的婚姻當然也有風險，而且風險主要集中在老人一邊。老之將至還要不失時機地風光一把，饕餮美色，這不免會引發爭議，任由別人指指點點，使自己的聲譽和形象受損；名為老公，對妻子卻沒有真正的性趣，搞不好有人會紅杏出牆，讓丈夫蒙受恥辱，惹人譏笑。

　　少女是這筆交易中最大的贏家，所以對她來說似乎沒有什麼大的風險可言，充其量就是面對不開明社會褒貶不一的議論。由於要在一個不長不短的歲月裡和一位老人廝守，她只能暫時放棄和如意郎君朝暮相伴、生兒育女的打算。這種「付出」可以看作少女委身老翁的機會成本。

　　身處商品社會和市場經濟之中，人人都要接觸各式各樣的商業交易。老翁娶少女式的婚姻，在法律上是合法有效的男女結合，經濟學沒有理由去貶低它或者否定它。透過這種婚姻執行的交易，不僅不會減少任何一方的利益，還會使當事雙方的利益同時得到增進。如報業集團的總裁死了，但他的妻子是個比他更有經濟頭腦的人，在這種情況下，他的財富會一直累積下去，如果不出現什麼變異的情況下。經濟學的性格是有一說一，既要指出這種婚姻具有的商業色彩和交易性質，也要肯定婚姻當事人的圓通睿智和特立獨行的勇氣。

魁奈（Francois Quesnay）

魁奈（1694年～1774年）法國資產階級古典經濟學家，重農主義學派的創始人和領袖。出身於地主家庭。長期行醫。他把社會資本的生產表現為再生產過程，把流透過程表現為再生產過程的要素，把貨幣僅看作流通手段，觀察了各階級收入的來源、資本與收入的交換、商品與貨幣的交換、生產消費與生活消費的關係等。經濟表中有一些錯誤和缺點，但表現了他的最富創見和最有天才的思想。著有：《租地農場主論》、《穀物論》、《人口論》、《賦稅論》、《經濟表》等。

窮人經濟學——馬太效應

讓富有的人更富有，讓沒有的人更沒有。這就是發展經濟學中著名的「馬太效應」，用來形容正向回饋，即「富者越來越富，貧者越來越貧」。

對於大多數人來說，只要能充分利用自己的手腳和頭腦，應該說不會永遠處於貧困當中。然而還是有一些人，他們工作了一輩子卻依舊難脫貧窮。為什麼會這樣呢？

基督教《聖經》中說：「凡是有的，還要給他，使他富足；但凡沒有的，連他所有的，也要奪去。」《新約全書·馬太福音》說：「對已經富有的人還要給予，使之錦上添花；而對一文不名的人，即使有了一文，也要強行奪走。」由此衍生出強者愈強，弱者愈弱「馬太效應」。到底何謂「馬太效應」，首先讓我們來讀一則有趣的故事。

在美國鄉村住著一個老人，他有一個和他一起相依為命的兒子。 有一天，他的老同學基辛格路過此地，前來拜訪他。基辛格看到朋友的兒子已經長大成人，於是就對他說：「親愛的朋友，我想把你的兒子帶到城裡去工作。」

沒想到這個農民朋友連連搖頭：「不行，絕對不行！」

基辛格笑了笑說：「如果我在城裡給你的兒子找個對象，可以嗎？」

他的朋友還是搖頭：「不行！我從來不干涉我兒子的事。」

基辛格又說：「可是這女孩是羅斯切爾德伯爵的女兒（羅斯切爾德是歐洲最有名望的銀行家）。」

老農說：「嗯，如果是這樣的話……」

基辛格找到羅斯切爾德伯爵說：「尊敬的伯爵先生，我為你女兒找了一個

萬中選一的好丈夫。」

羅斯切爾德伯爵忙婉拒道：「可是我女兒太年輕。」

基辛格說：「可是這位年輕人是世界銀行的副總裁。」

「嗯，如果是這樣的話……」

又過了幾天，基辛格又找到了世界銀行總裁對他說：「尊敬的總裁先生，你應該馬上任命一個副總裁！」

總裁先生搖著頭說：「不可能，這裡這麼多副總裁，我為什麼還要任命一個副總裁呢？而且必須馬上任用？」

這個人說：「如果你任命的這個副總裁是洛克菲勒的女婿，可以嗎？」

總裁先生當然同意：「嗯……如果是這樣的話，我絕對歡迎。」

基辛格之所以能夠讓農夫的窮兒子搖身一變，成了金融寡頭的乘龍快婿和世界銀行的副總裁，根本的原因就在於他充分利用人們的一種心理：寧可錦上添花，絕不雪中送炭。這是中國的傳統說法，對這種現象，西方心理學家有另外一種更為哲理化的定義：馬太效應。

馬太效應出自《新約全書·馬太福音》中的一個故事：一個國王遠行前，交給三個僕人每人一錠銀子，吩咐他們：「你們去做生意，等我回來時，再來見我。」

國王回來時，第一個僕人說：「主人，您交給我的一錠銀子，我已賺了10

錠。」於是國王獎勵他10座城邑。

第二個僕人報告說：「主人，您給我的一錠銀子，我已賺了5錠。」於是國王獎勵了他5座城邑。

第三個僕人報告說：「主人，您給我的一錠銀子，我一直包在手巾裡，我怕遺失，一直沒有拿出來。」於是國王命令將第三個僕人的一錠銀子也賞給第一個僕人，並且說：「凡是少的，就連他所有的也要奪過來。凡是多的，還要給他，讓他多多益善。」

首先應該承認，窮人自己對貧困的形成和累積難辭其咎。市場經濟中弱肉強食、優勝劣敗是自然法則，貧困的一個重要原因是窮人自身素質的相對低下，包括知識水準、努力程度等等。而自身的貧困反過來又讓窮人缺少提高自身素質的能力，這其中的潛在邏輯就是窮人因為窮所以窮，陷入了納克斯所言的「貧困的惡性循環」。

但這種貧困循環很容易給人一種假象，即認為是市場競爭導致了貧困，貧困的形成是經濟學中「看不見的手」造就的。然而事實並不盡如此。經濟學中所言的市場是一個自由市場、公平市場，沒有「看得見的手」來潛在地控制生產和分配。但現實就是，窮人生來並不平等，而且在市場競爭中也不能擁有平等的權利。於是，《新約全書‧馬太福音》中發出了一句感嘆：「對已經富有的人還要給予，使之錦上添花；而對一文不名的人，即使有了一文，也要強行奪走。」

讓富有的人更富有，讓沒有的人更沒有。這就是發展經濟學中著名的「馬太效應」，用來形容正向回饋，即「富者越來越富，貧者越來越貧」。

所以說，貧困不是市場的產物，而是不公平的後果，富人對經濟資源配置的控制力是貧困的重要來源。正如1998年諾貝爾經濟學獎得主、有「經濟學良心」之美譽的印度發展經濟學家阿馬蒂亞‧森在《貧困與饑荒──論權利與剝奪》

中所言：「繁榮過程自身就有可能成為饑荒的誘因。」

經濟學的靈魂是自由和公平，這也是市場經濟蓬勃發展的內在動力。因此，只有去洞察窮人經濟學，還給窮人「起點公平」，才是經濟學家履行社會職責的方向。就像阿馬蒂亞‧森在《作為能力剝奪的貧困》開篇說的：「貧困必須被視為是一種對基本能力的剝奪，而不僅僅是收入低下。」

他的這一思想已經被聯合國機構接受並發展為人類貧困指數概念。所以，「劫富濟貧」的政策建議是對本不平等的窮人權利的再剝奪，這不僅有違人道主義的經濟學良心，也偏離了自由平等的經濟學主旨。

陳岱孫（Chen Dai Song）

陳岱孫，中國經濟學家、教育家。原名陳總。1920年畢業於清華學校高等科。1924年和1926年分別獲得哈佛大學文學碩士和哲學博士學位。歷任清華學校大學部經濟系教授、法學院院長，西南聯合大學經濟系教授、系主任。中華人民共和國建立後，歷任中央財政經濟學院第一副院長，北京大學教授、經濟系主任，校務委員會副主任委員，並任中國外國經濟學說研究會理事長、《中國大百科全書‧經濟學》編輯委員會副主任等。著有：《政治經濟史》（主編）、《從古典經濟學派到馬克思——若干主要學說發展論略》、《陳岱孫文集》等。

可怕的沉沒成本
──路徑依賴

路徑依賴，是指一旦人們做了某種選擇，就好比走上了一條不歸之路，慣性的力量會使這一選擇不斷自我強化，並讓你無法輕易走出去。

有一個老人特別喜歡收集各種古董，一旦碰到心愛的古董，無論花多少錢都要千方百計地買下來。

有一天，他在古董市場上發現了一件嚮往已久的古代瓷瓶，花了很高的價錢把它買了下來。

他把這個寶貝綁在自行車後座上，興高采烈地騎車回家。誰知由於瓷瓶綁得不牢，在途中不慎從自行車後座上滑落下來，摔得粉碎。

大家猜猜，這位老人是什麼反應？

這位老人聽到清脆的響聲後居然連頭也沒回。這時，路邊有位熱心人對他大聲喊道：「老人家，你的瓷瓶摔破了！」老人仍然頭也沒回地說：「摔破了嗎？聽聲音一定是摔得粉碎，無可挽回了！」不一會兒，老人家的背影消失在茫茫人海中。

如果換成一般人肯定會從自行車上跳下來，對著已經化為碎片的古董搥胸頓足、扼腕痛惜，有的可能會經過好長時間才得以恢復精神。

因為這項已經發生的投入，無論如何也無法收回時，這種投入就變成了「沉沒成本」。任何人都會痛惜的。再舉個例子來說，你花了200元買了一張今晚

的電影票，準備晚上去電影院看電影，不料出門時天空突然下起了大雨。

這時你該怎麼辦？

如果你執意要去看這場電影，你不僅要來回搭車，增加額外的支出，而且還可能面臨著被大雨淋濕、發燒感冒的風險。

每個人做任何事情總有一定的動機。同樣，當我們在日常生活中處理家庭問題時，也有明確的目的性。換句話說就是當我們決定做某件事情的時候，除了要考慮為什麼去做，還要考慮做這件事情到底划不划算，從經濟學的角度來看，則是判斷成本與效益。

然而每一次的選擇之後，我們總是要付諸行動，而每一次行動我們總是要投入，不管投入的是人力、物力、財力還是時間。在做出下一個選擇的時候，我們不可避免地會考慮到這些前期的投入，不管它還能不能收回，是否真的還有價值。

最終，前期的投入就像強力膠一樣，把我們黏在原來的道路上，無法做出新的選擇，而且投入越大，把我們黏得越緊。因此，可以肯定地說，「沉沒成本」是路徑依賴現象產生的一個主要原因！

這裡所說的路徑依賴，是指一旦人們做了某種選擇，就好比走上了一條不歸之路，慣性的力量會使這一選擇不斷自我強化，並讓你無法輕易走出去。怎麼會走不出去呢？首先我們來看一則故事：

有人將5隻猴子放在一個籠子裡，並在籠子中間吊上一串香蕉，只要有猴子伸手去拿香蕉，就用皮鞭教訓所有的猴子，直到沒有一隻猴子敢再動手。

然後用一隻新猴子替換出籠子裡的一隻猴子，新來的猴子不知道這裡的「規矩」，竟然又伸出手臂去拿香蕉，結果觸怒了原來籠子裡的4隻猴子，於是牠們代替人執行懲罰任務，把新來的猴子痛打一頓，直到牠服從這裡的「規矩」

為止。

試驗人員如此不斷地將最初經歷過懲戒的猴子換出來，最後籠子裡的猴子全是新的，但沒有一隻猴子敢再去碰香蕉。

起初，猴子怕受到「株連」，不允許其他猴子去碰香蕉，這是合理的。

但後來人和皮鞭都不再介入，而新來的猴子卻固守著「不許拿香蕉」的制度不變，這就是路徑依賴的自我強化效應。

我們因為怕浪費一張電影票而淋了雨，淋雨後又感冒了，感冒必須打針吃藥，打完針、吃完藥可能還存有後遺症的問題。所以無論是前期投入的金錢還是後期精神投入，都作為一種沉沒成本收不回來了。如果我們可惜前期的那些投入，花瓶碎了，下車扼腕嘆息，然後將碎片撿起來包好，然後心情沉重地回家。其實一點用處都沒有，而且你又投入了時間成本，搞不好撿碎片的時候割傷了手，還要包紮，不及時的話可能引起破傷風……一系列的投入讓我們似乎從原始損失的資本中走不出來了，而且後期越投越大。

威廉・亞瑟・路易斯（William Arthur Lewis）

威廉・亞瑟・路易斯（1915年～1991年），美國人，1937年獲得經濟學學士學位，1940年獲得經濟學博士學位。1955年他出版了《經濟增長理論》一書，對經濟發展的相關問題進行了廣泛而深入的分析，至今仍被認為是「第一部簡明扼要地論述了經濟發展問題的巨著」。其他著作有：《營運成本》、《經濟成長理論》、《經濟成長面面觀》、《國際經濟秩序之演化》。由於在經濟發展方面做出了開創性研究，深入研究了發展中國家在發展經濟中應特別考慮的問題，於1979年獲得諾貝爾經濟學獎。

主流經濟學家的消費
——效用最大與邊際效用遞減

這種效用理論造就了愛麗絲這樣的從高到低計價消費以達到「主流經濟學」的核心範疇是「效用最大化假設」和「邊際效率遞減假設」，重要分析工具是均衡概念和交易成本概念。

愛麗絲是個精打細算的女人，所以每次她到商場購物時，一邊往購物籃裡放東西，一邊數著口袋裡的錢，盤算著哪一元錢買的哪一份東西最划算。儘管商場裡每種商品的每一個單位都是按照同一個價格出售的，但是愛麗絲執意要將每一單位所價值的金額加以區分，因為她已經計劃好了回去以後先消費哪一件物品後再消費哪一件物品，而她覺得因為順序不同從中得到的效用是不同的。其中有一件是她最不想要的，因為那一件是準備最後消費的，它的效用是0，因此她往籃子裡放這個東西的時候痛苦萬分。

她認為在第一件物品上願意支付的價格必須足夠高，以便之後購買的東西價格逐漸遞減，直到為零。比如家裡需要牙膏，買五條，總共100元，那麼她所購買的第二件商品就不能再超過100元，以此類推到買完最後一件時，這最後一件商品的錢也是所有商品中最低的。

然而購買這些東西，並使價格依次遞減並不是那麼容易的。如果第一件願意支付的價格不是相當高，以後逐個遞減，到最後願意支付的平均價格肯定低於商場的標價，商場肯定是不會接受的，假如她按照商場的標價付錢，就會出現消費者剩餘為負值的情況，也就是說她實際支付的總金額總是高於她願意支付的總金額。這和她希望的消費者剩餘總是為正值矛盾的。為了避免這種情況出現，她每次進商場之前都對商品的價格做最保守的估計，寧高勿低，以便自己可以得到更多的消費者剩餘。

我們來分析一下她的這種行為。如果她需要購買兩種商品，而兩種商品不在同一個商場裡的話，她不像其他消費者那樣在一個商場裡買夠一種商品再到另一個商場購買另一種商品，而是會不停地奔波於兩個商場之間，因為她每次只花一元，然後計算出下一元該用在哪一種商品的購買上，以便使自己達到消費者均衡。她每次出來採購都不知道自己需求商品的數量，只是計算是否達到了均衡，如果均衡了她就停止購買，不論購物籃裡的量是多少。

她能夠對所買到的商品滿意那是萬幸，如果對其中的一項不滿意可就麻煩了。不過這些東西實在需要，不得不買，那她只能將就買回家。

當愛麗絲回到家中開始使用時，她也是一邊使用一邊計算著有多少錢已經被消耗掉了。對其他正常的消費者來說，何時使用是其需求的三要素之一，是計劃好的，買回來的物品是根據需求來使用。而愛麗絲面對物品時，她不是根據需要來消費它們（儘管她已經按照需要購買了），而是要看先消耗哪一個得到的效用更大，因此經常出現把早餐食品當作晚餐和洗澡洗到一半時又去吃飯的情況。這種效用理論造就了愛麗絲這樣的從高到低計價消費以達到「主流經濟學」的核心範疇是「效用最大化假設」和「邊際效率遞減假設」，重要分析工具是均衡概念和交易成本概念。

帕德瑪・德賽（Padma Desai）

帕德瑪・德賽，美國哥倫比亞大學教授、轉型經濟理論的奠基人之一。分別於1951年和1953年在印度孟買大學獲得經濟學學士和碩士學位，1960年獲得哈佛大學經濟學博士學位，1980年擔任美國哥倫比亞大學經濟系和哈里曼學院的經濟學教授。德賽教授在轉型經濟、經濟體系比較研究以及經濟發展理論方面造詣深厚。其長期致力於中央計劃經濟的追蹤觀察和研究，幾乎在轉型經濟的所有方面，都有著令人信服的理論研究和實證分析，是轉型經濟學當之無愧的重要奠基人。

消費換來享受還是債務
——住屋投資

美國老太太借款投資就是一種理性行為。方便的金融體系為她提供了貸款,所以,她在年輕的時候就借款買了房子然後慢慢償還。

一個中國老太太和一個美國老太太在天堂相遇。中國老太太說:「我找到工作後,就開始不停地儲蓄,一年到頭辛苦的忙碌,捨不得吃好用好,我存了30年的錢,晚年終於買到了一間大房子。」美國老太太說:「大學畢業後,找到了一份收入穩定的工作;然後,我就向銀行貸款買別墅,又買了許多高級生活用品,每月還利息,生活緊湊而充實。因為我有很好的居住條件,又可以車代步享受各種人生樂趣,等到我80歲臨終時,恰好把銀行的貸款都還完了。」

故事包含的意思很明顯:中國人觀念落後,不懂得提前消費,不知道提前享受。房屋是提前消費的代表,目前中國多數人都處於觀望狀態,除了跟人們的觀念有關外,還和高居不下的房價市場有直接的關係。

消費和投資是經濟學中兩個完全不同卻又息息相關的概念。投資的目的是滿足人的消費,但這種消費帶給投資者的是巨大的效益。但無論投資與消費都與個人的收入能力掛鉤。有再強烈的消費欲望,如果沒有足夠的資金是沒辦法實現消費的。但生產的東西總需要人來消費,這樣宣導提前消費的概念就呼之欲出。提前消費,就是拿明天的錢獲取今天的需要和享受,這的確是一種趨勢。就以房地產市場來說,尤其是發達城市的房地產市場,一間房屋,幾十、幾百萬的銷售價格讓一般大眾望而卻步;讓那些有錢的人去消費,他們也不需要買幾間或十幾間供自己居住。一般大眾是社會的主體,才是真正需要住屋的人。房地產業的發展不可能因為很多人買不起房屋而停滯不前,那最好的辦法就是鼓勵他們從銀行借貸,先買房屋,後還貸款。

一般來說，影響消費的主要因素是收入，但影響投資的主要因素是未來的收益率。當住屋投資收益率高時，美國老太太借款投資就是一種理性行為。方便的金融體系為她提供了貸款，所以，她在年輕的時候就借款買了房子然後慢慢償還。再從另一個方面仔細分析，可以得出一個結果：銀行賺了外國老太太一輩子的利息，而從中國老太太那裡似乎未能得到任何好處。

假設外國老太太提前還貸，那麼銀行獲得的利息就會打折扣，對於銀行來說他們更希望消費者能按期還貸。提前還貸，這個被多數人認為是信譽良好表現的行為，現在卻遭遇到了一些銀行的紅牌警告。對於突如其來的紅牌警告，各界眾說不一，是非難斷。對大多數的薪水階層來說，購屋仍需銀行的貸款支援。離開了貸款，購屋只能是一種奢望。由於種種原因，市民對收入和支出的預期往往難以掌握，例如企業突然效益不好；突發疾病；孩子教育費的支出不確定以及其他天災人禍等等。因而在簽訂借款合約時，盡可能地為自己留有餘地。一般情況，按時還款；一旦錢有多餘時，則可能提前還貸，以防不測。令很多上海市民不解的是，眾多銀行聯手懲罰，使廣大的購屋者面臨滯後和提前的雙重違約風險，與銀行處於不平等地位。

提前消費給人民大眾帶來了好處，而提前還貸又給銀行帶了負面效果，如何平衡二者之間的關係，還待國家發展一種有效的機制。

丹尼爾‧卡恩曼（Daniel Kahneman）
丹尼爾‧卡恩曼，1934年出生於以色列的特拉維夫，1961年獲得美國加利福尼亞大學伯克利分校博士學位。卡尼曼擁有以色列希伯來大學、加拿大不列顛哥倫比亞大學和美國加利福尼亞大學伯克利分校的教授頭銜。自1993年起，卡尼曼擔任美國普林斯頓大學心理學和公共事務教授。他把心理學研究和經濟學研究結合在一起，特別是與在不確定狀況下的決策制定有關的研究。

都是倒賣批文惹的禍
——求租行為

尋租行為的實質是權力和金錢的交易。這種行為的本身不創造任何財富，反而造成社會資源的極大浪費。批文的層層倒賣使得商品價格上揚，幼稚的市場經濟將受到嚴重傷害。

從前有一個天然牧場，裡面有著數百萬隻綿羊，上帝規定，牧場由這些綿羊共同享有。一個叫魏國的公僕對上帝說：「綿羊們不會管理牧場，草都白白蹧蹋了，而且羊群們吃的也不好，為了讓綿羊們生活的更好，請允許我管理牧場。」上帝答應了。

魏管家剛上任時，雖然財力有限，綿羊們住的勉強一些，但還能維生。忽然有一天要現代化了，上帝撥了一筆款項叫魏國好好利用，建設一個綿羊小康村。魏國信誓旦旦，發誓要讓所有的綿羊過小康日子，把牧場重新整理一番，以弄一個「政績工程」出來。

於是，魏國請來了另一個人，說要一起經營牧場。於是這個人佔用了部分牧場開發了一片羊圈，綿羊們看見了「小康羊圈」後個個都很興奮。可是當原來羊圈中的綿羊要搬回到新羊圈時，修建新羊圈的人卻說：「要住可以，先拿錢來。」綿羊們問：「上帝不是已經撥款了嗎？」建造者說：「我修建這些花的全是自己的錢，而且還給了你們的魏管家很多錢，不信可以去問他。」綿羊們質問魏國到底是怎麼一回事。魏國說：「我是求人家來給你們修建小康羊圈的，上帝給的那點錢我已投資到這項工程上了，投資後才發覺那點款項連一個

小角落都修建不了，所以新羊圈都是人家花自己的錢修建的，你們要住就得給他錢。」

綿羊們納悶了：「上帝不是給了魏國幾億嗎？怎麼連一個小角落都建不了？看來這房子的確很貴。」綿羊們被魏管家搞糊塗了。於是把自己的那一點點積蓄全拿出來了。可是開發商看了後冷笑，現在這個地方魏管家已經轉讓給我了，不僅新的羊圈是我的，連地也是我的了。想要住進來，至少再加上幾倍的銀子。一些富有的綿羊見此，連忙掏出所有的積蓄和借來的票子，爭相住進了「小康羊圈」。

原先羊圈中沒有資金能力的綿羊們不服氣，牠們到魏國抗議。魏國說：「你們可要辨證的看啊！我這麼做還不是為了我們牧場率先小康和現代化嗎？何況他們只是借我們的土地使用權，只有70年的時間。」見綿羊們垂頭喪氣，魏國話鋒一轉道：「上帝作證，這一切可是為了你們啊！我在這塊牧場以外還管了一些地，如果你們實在沒錢住小康羊圈，就到那裡去吧！雖然條件比現在的牧場荒涼一些，但也不錯，有些還是上帝特地批准建造的。」那些莫名其妙被趕出家門流浪的綿羊見又有羊圈了，反而很感激他。魏國說：「你們可別感謝我，還是上帝的政策好啊！我還要解放思想大幹一番爭取兩個率先，在上帝給予的5年任期內把這塊牧場的羊圈全部改造成『小康羊圈』。」

5年之後，這塊牧場全部小康了。魏管家挺著吃肥的肚皮，在這塊牧場裡呼風喚雨。那些建築者們，在綿羊身上攫取了不少好處，個個眉開眼笑。但是綿羊們卻個個負債住屋，為了還債，牠們不僅成天為開發商打工，而且終生也解脫不了。

這個故事，告訴我們倒賣批文給消費者帶來的危害。倒賣批文也稱為「官倒」，是經濟體制轉型期的一種社會現象。既不需要資本，也不冒經濟風險，只靠手中的權力和人際關係，將一紙批文倒來倒去便可從中謀取暴利。公共選擇理論認為，倒賣的利潤叫做租金，它的獲得是因為倒賣者透過特殊途徑得到了

某些特權。這種透過特權來尋找租金的行為就是尋租行為。

尋租行為的實質是權力和金錢的交易。這種行為的本身不創造任何財富，反而造成社會資源的極大浪費。批文的層層倒賣使得商品價格上揚，幼稚的市場經濟將受到嚴重傷害。

對於魏管家來說，他可以憑藉自己是管理者的特權把上帝批准的建造權高價賣給那個建造者，不僅得到了上帝撥給的那筆資金，而且還利用自己的特權將綿羊的土地開發權倒賣給了開發商，不費吹灰之力從中大賺一筆。開發商又透過綿羊（用戶）的需求，將原本綿羊的土地透過翻修後以高出付給魏管理員的價格出售給綿羊（用戶），從中又獲取暴利。魏管理者所擁有的這種特權指政府所給與的對某些稀有商品的經營權，或者政策允許的一種壟斷經營。

這種特權破壞了市場的公平性，使得在購買稀有商品的時候不得不支付更高昂的價格，同時它也潛在影響了生產者的利益，因為他們絕對可以用更低的成本生產出質優價廉的商品，但卻得不到允許。

羅拉爾‧德布魯（Gerard Debreu）
羅拉爾‧德布魯法籍美國人，概括了帕累拖最佳理論，創立了相關商品的經濟與社會均衡的存在定理，於1983年獲得諾貝爾經濟學獎。

第二章

宏觀經濟學

囚犯命運掌握在誰手裡
——最佳政策

最佳政策就是把經營者的特殊利益與企業的整體利益聯結起來，使兩者產生密切的關係。透過產權這一核心樞紐，把經營者的個人利益納入企業利益中，這樣一來，經營者在進行決策時必然會把企業利益放在第一位。

17、18世紀英國經常要把大量犯人運送到澳洲的監獄服役。起初國家啟用的押送工具是私人船主的船隻，並按照犯人的人數給私營船主付費。私營船主為了牟利，便不顧犯人的死活。本來只能容納幾十人的船隻，卻被他們裝進了幾百個犯人，通風條件不好的船艙因為人多造成生存環境的惡劣，加上船主克扣犯人的食物，使得大量犯人中途就死去了。

更為嚴重的是，只要一離岸，有些私人船主就把大量犯人直接丟進大海。英國政府極力想降低犯人的死亡率，但卻遇到兩大難題：如果加強醫療措施，多發食物，改善營養，就會增加運輸成本，同時也無法抑制船主的牟利私欲；如果在船上增派管理人員監視船主，除了大大增加政府開支外，也難以保證派去的監管人員在暴利的引誘下不與船主進行合謀，這樣一來政府賠了夫人又折兵。

怎麼辦？最後英國政府制定了一個新制度。他們重新規定「按照到達澳洲活著下船的犯人的人數給私人船主付費」，於是私營船主絞盡腦汁、千方百計讓最多的犯人活著到達目的地。後期運往澳州的犯人死亡率相當低，最低時只有1

％，而在此制度實施之前的最高時期死亡率竟達到94％。

由此看出，真正好的制度不僅能夠自動地「區別真偽」，而且能夠使決策者自動地修訂自己的決策軌道，避免「內部人控制決策」問題的發生。對於企業而言，正如一支箭不能射中幾隻鳥兒一樣，有時出臺的決策是無法實現多個政策目標的。要同時實現多個目標就需要一個強而有力的政策出臺，這個政策的出臺為的是滿足多種利益的需求，解決數個矛盾。

例如在企業中，既存在著經營者的特殊利益，又存在著企業的整體利益，這時政府就要制定出一種最佳政策來滿足兩大利益集團的需求，最佳政策就是把經營者的特殊利益與企業的整體利益聯結起來，使兩者產生密切的關係。透過產權這一核心樞紐，把經營者的個人利益納入企業利益中，這樣一來，經營者在進行決策時必然會把企業利益放在第一位。

不過，一種政策的出臺，必須有一個強而有力的法人治理結構和一個監管會監管，才能使這一更佳政策被更多的人遵守、履行。

一般來說，要協調好犯人生命安全保障，私人船主的利益要求，國家支出成本的均衡等問題間的矛盾，就必須制定出一個能化解這三者之間矛盾的最佳政策。不過「按照到達澳洲活著下船的犯人的人數給私人船主付費」這一政策在制定和出臺前後，都會出現有人反對、有人支持、有人觀望的局面，在這一情況下，政府必須有一個法人治理結構來協調這些矛盾。

對於企業來說，公司法人治理結構是公司制的核心。要明確股東會、董事會、監事會和經理層的職責，形成各負其責、協調運轉、有效制約的公司法人治理機構。董事會要對公司發展目標和重大經營活動統一決策。要規範董事會決策的程序、決策的責任，做到誰決策誰負責。

有了這樣一種法人治理結構，就可以把「內部人」的特殊利益約束起來，使個人的特殊利益不能對企業決策產生決定性影響。

　　監理會、監事會是監督機構，接受出資者的委託對企業的生產經營活動和經營者的行為進行有效的監督，並剔除工作建議。監事會的監督包括對企業決策的監督。監事會有責任建立企業重大決策的監督機制，把事關企業發展全局的決策納入監事會日常監督工作之中。有了這種制度，才能使企業發展有比較深厚的基礎，使企業的發展自動地找到自己的利益區域，避開各種陷阱。

　　英國政府制定出「按照到達澳洲活著下船的犯人的人數給私人船主付費」的政策作為解決三種矛盾的最佳政策，它的出臺，不僅需要有效的法人治理結構，而且也需要監事會發揮政府決策的監督與約束作用。除了政府，企業也不例外，只有將二者的作用充分發揮出來，才能使企業中出現的矛盾最小化。

如何分粥才公平
——制度的作用

分粥理論給我們的啓示就是要有一套好的制度，要勇於跳脫傳統的思維去尋找新的解決問題的辦法，一套好的機制對領導者來說比自己事無巨細、事必躬親要有效許多。

　　大鍋飯時代，在一個村莊裡，7個人組成一個小團體，分食一鍋粥。每個人都是平凡而平等的，但人類的私心依然存在於這個年代，如何分粥便成了問題。為了解決這個問題，在沒有秤量用具的情況下，大家試驗了不同的方法：

　　方法一：指定一個人負責分粥事宜。很快大家就發現，這個人為自己分的粥最多。於是又換了一個人，結果總是負責分粥的人碗裡的粥最多、最好。

　　方法二：大家輪流主持分粥，每人一天。雖然看起來平等了，但是每個人在一週中只有一天吃得飽而且有剩餘，其餘6天都饑餓難挨。大家認為這種辦法造成了資源浪費。

　　方法三：大家選舉一個信得過的人負責分粥。開始這位品德尚屬上乘的人還能公平分粥，但不久他開始為自己和逢迎拍馬的人多分。

　　方法四：選擇一個分粥委員會和一個監督委員會，形成監督和制約。公平基本上做到了，可是由於監督委員會常提出種種議案，分粥委員會又據理力爭，等分粥完畢時，粥早就涼了。

　　方法五：每個人輪流值日分粥，但是分粥的那個人要最後一個領粥。令人驚奇的是，在這個制度下，7個碗裡的粥每次都是一樣多。每個負責分粥的人都認知到，如果7個碗裡的粥不相同，他無疑將享用那份最少的。

看來制度至關重要。分粥理論給我們的啟示就是要有一套好的制度，要勇於跳脫傳統的思維去尋找新的解決問題的辦法，一套好的機制對領導者來說比自己事無巨細、事必躬親要有效許多。就像分粥一樣，很多事情不是沒有辦法，而是我們一時還沒有想到。

這套機制，在經濟學方面，是用以說明經濟系統像一部大機器或一個生物機體那樣，透過它的各個組成部分的互相作用，實現總體功能。因為國民經濟是一個有機的整體，具有內在的構造和特定的聯結方式。

在國民經濟這個大系統中，有物質生產部門和非物質生產部門，並存在生產、流通、分配、消費四個環節，各部門、各環節之間，不僅存在密切的聯繫，而且具有特定的功能。例如物質、資金和資訊的交換，各部門、各環節之間的協調平衡，以及相互聯結和調節的功能。如何使它們在運行過程中的功能和諧，發揮最佳的總體效應，使得社會經濟機體，具有自我組織、自我調節、自我發展的性能，這就是我們需要研究的經濟運行機制。

陳志武（Chen Zhi Wu）

陳志武出生於革命老區湖南茶陵，1983年獲得中南工業大學理學學士學位，1986年獲得國防科技大學碩士學位。1986年到美國留學，放棄了攻讀7年的電腦專業，轉而專研經濟，並於1990年獲得耶魯大學金融學博士學位。曾經獲得過墨頓·米勒獎學金。現在是美國耶魯大學管理學院金融學終身教授，北京大學光華管理學院特聘教授。他的專業領域為股票、債券、期貨和期權市場以及宏觀經濟。主要研究方向：市場監管、資本市場、證券投資管理、公司治理、公司財務與組織戰略、股票定價等問題。

花錢的藝術
——總需求決定理論

短期中決定經濟狀況的是總需求而不是總供給。也就是說，由勞動、資本和技術所決定的總供給，在短期中是既定的，這樣，決定經濟的就是總需求。總需求決定了短期中國人民收入的水準。總需求增加，國民收入增加；總需求減少，國民收入減少。

有一位傾國傾城的美貌少女，因一心迷戀錢財，貪圖安逸的生活，答應嫁給一個富商。這個富商跟她爺爺一樣大，整天只知道賺錢並像守財奴一樣守著它。不過有點奇怪的是他從不吝嗇他的妻子花錢。

朋友們看到美麗光鮮的少婦，很羨慕，但也為她的這種行徑感到不值。於是問她：「妳這樣年輕、漂亮，跟著一個又醜又老的老頭，不厭惡嗎？」

少婦回答說：「我為什麼要厭惡呢？我愛的是他的錢，如果他把它們全部存起來而不是投入更大的生產中，豈不是成了不動資產而無法流通了嗎？如果我用這些錢來買我想要的東西，比如化妝品、衣服、首飾、鞋帽，以及娛樂和享受上，它們就不會成為不動產了，可以在商品交換中很好的流通，進而促進國家經濟的發展啊！我是在為國家做貢獻，我為自己驕傲都來不及。」

從此以後，朋友們都會看到少婦將每天1／4的時間用在商品購買上，大量的化妝

品、衣服、首飾塞滿了屋子，在飲食和娛樂上她也相當奢侈，幾乎餐餐都是山珍海味。

也許對於這種為錢而結婚，並如此奢侈的生活，很多人都會嗤之以鼻。這正如18世紀初，一個名叫孟迪維爾的英國醫生寫的一首題為《蜜蜂的預言》的諷喻詩一樣成為眾矢之的。因為這首詩中也極度宣揚了「浪費有功」的思想。

然而偉大的經濟學家凱恩斯卻受這些故事的啟發，建立了現代宏觀經濟學和總需求決定理論。

凱恩斯認為，在短期中決定經濟狀況的是總需求而不是總供給。也就是說，由勞動、資本和技術所決定的總供給，在短期中是既定的，這樣，決定經濟的就是總需求。總需求決定了短期中國人民收入的水準。總需求增加，國民收入增加；總需求減少，國民收入減少。引起30年代經濟危機的正是總需求不足，或者說是有效需求不足。

凱恩斯把有效需求補足歸咎於邊際消費傾向下降引起的消費需求補足和資本邊際效率下降與利率下降有限度引起的投資需求不足。通俗點講，就是人們把應有的一些可流動資本存入銀行，不去投入到商品交換和流通中。比如一家餐廳一個月需要2桶沙拉油，但節省點用，1桶半也可以維持。於是老闆只買了1桶油，過更為「節儉」的生活，這樣餐廳就可以每年存更多錢。似乎這種做法更商業化，更有利於資本的累積。然而，如果長期下去，一家餐廳一年就會使產油廠12桶油積壓賣不出去。如果有10家、20家或更多的餐廳如此「節省」，勢必給產油廠造成危機：生意清淡，入不敷出，然後裁員，讓很多人失業。

解決這一問題的方法則是政府用經濟政策刺激總需求。包括增加政府支出的財政政策和降低利率的貨幣政策，凱恩斯強調的是財政政策。

在凱恩斯注意經濟學中，總需求分析是中心。總需求包括消費、投資、政府購買和經出口。短期中，國民收入水準由總需求決定。通貨膨脹、事業、經

濟週期都是由總需求的變動所引起的。當總需求不足時就出現失業和衰退。當總需求過大時就出現通貨膨脹和擴張。

從這種理論中得出的政策主張成為需求管理，其政策工具是財政政策與貨幣政策。當總需求不足時，採用擴長性財政政策（增加政府各種支出和減稅）與貨幣政策（增加貨幣供給量降低利率）來刺激總需求。當總需求過大時，採用緊縮性財政政策（減少政府各種支出和增稅）與貨幣政策（減少貨幣量提高利率）來抑止總需求。這樣就可以實現既無通貨膨脹又無失業的經濟穩定。

從凱恩斯的理論，以及美少婦的言論中，我們不難看出，消費是總需求的一個重要組成部分，消費減少就是總需求減少。總需求減少則使國民收入減少，經濟衰退。由此看出，對個人是美德的節儉，對社會卻是惡性。

田國強（Tian Guo Qiang）

田國強，1956年出生，湖北省公安縣人。1982年獲得中理工大學數學碩士學位；1987年獲得明尼蘇達大學經濟學博士學位，博士論文獲得全美斯隆博士論文獎；現任德州大學經濟系教授、民營企業研究中心高級研究員、清華大學特聘教授、中國國務院發展研究中心國際技術與經濟研究所顧問，同時也是華中科技大學、西北大學等大學的兼職教授。1990年～2000年全球著名1000名經濟學家的出版物與被引用次數排名，田國強在華人經濟學家中排名第4。

每天進步1%
——技術進步與經濟增長

經濟學家把經濟增長的原因歸為三類。一是制度，也就是經濟學家常說的「路徑依賴」。其主旨是只要有一套有效的激勵機制經濟才會迅速的增長。二是投入，主要指勞動與資本的增加。早期的經濟增張往往是由投入增加引起的，因此，早期經濟增長理論往往強調投入增加，尤其是資本增加的重要性。三是技術進步。這是現代經濟增長理論所關注的問題，也是經濟增長的中心。

1986年各國的體育尖端齊聚美國洛杉磯，進行一場各國特派籃球隊世界聯誼賽。雖說是聯誼賽，但也有冠亞軍之分，也是為國爭光，贏得聲譽的好幾會。大家都在為賽事緊張不已，壓力最大的是美國湖人隊。在前一年湖人隊有很好的機會贏得冠軍，當時所有的球員都處於顛峰，可是決賽時卻輸給了韓國的的蘭西爾隊，這使得教練雷利和所有的球員都極為沮喪。

雷利為了使球員相信自己有能力登上冠軍寶座，便告訴大家：「只要能在球技上進步1%，那個賽季便會有出人意料的好成績。」

1%的技術投入似乎是微不足道的，可是，如果12個球員都進步1%，整個球隊便能比以前進步12%，湖人隊便足以贏得冠軍寶座。

結果，在後來的比賽中，大部分球員進步不只5%，有的甚至高達50%以上，這一年居然是湖人隊奪冠最容易的一年。不僅為國家贏得了聲譽，而且還拿回了大筆獎金，可以說是旗開得勝，滿載而歸。

從故事中我們可以看出，雖然這僅僅是一場友誼賽，拿到的只是一個冠軍的獎盃和一筆不菲的獎金。但是從這場比賽致勝的初期我們可以看出技術進步才是導致這一結果的直接原因。我們可以把這一實例引用到經濟學中去分析。

經濟增長是人類社會生存與發展的基礎。自從經濟學產生以來，經濟學家就關注經濟增長問題。經濟學的奠基人亞當・斯密研究的國民財富的性質與原因就是增長問題。在這些年的研究中，經濟學家把經濟增長的原因歸為三類。一是制度，也就是經濟學家常說的「路徑依賴」。

其主旨是只要有一套有效的激勵機制經濟才會迅速的增長。二是投入，主要指勞動與資本的增加。早期的經濟增張往往是由投入增加引起的，因此，早期經濟增長理論往往強調投入增加，尤其是資本增加的重要性。三是技術進步。這是現代經濟增長理論所關注的問題，也是經濟增長的中心。

80年代之後出現的新增張理論把勞動、資本和技術都作為經濟增長模型的內生變數，進而深入分析了它們之間的關係，解決了一些重要問題。例如，根據傳統的理論，資本的邊際生產力遞減，即隨著資本的增加，產量在增加，但增加的比率越來越小。然而現實中並沒有出現這種現象。原因是什麼呢？

新增長理論解釋了這一點。簡單來說，資本增加不是量的簡單增加，而是質的改變。這種質的改變體現了技術進步。就球賽來說，如果國家投入大量金錢修建一個環境條件相當不錯的球場，方便他們練球，並為每個球員提供最好的訓練設備。但如果他們不尋求技術的突破，只是多練練、多跑跑，至於自己怎麼打才能更好發揮自己的水準這一問題都不考慮清楚，哪怕國家承諾如果湖人隊奪冠了，每個人將得到100萬元的獎金，結果還是失敗，而且前期投入都成了沉沒成本。

再拿一個工廠來說，一個工廠的資本從10萬增加到100萬，並不是從一台牛

頭刨床增加到10台，而是用了一台先進的數控機床。

　　如果僅僅是牛頭刨床數量的增加，當然會出現邊際生產力遞減，但再用了先進的數控機床時，邊際生產力不僅不遞減，反而還增加了。這就解釋了資本增加與技術進步的內在關係：資本增加是技術進步的條件，技術進步表現在資本質的變化上。同樣，勞動的增加也不是人數或工時的增加，而是人力資本的增加。人力資本的增加同樣體現了技術進步。

　　無論從理論還是實踐上說，技術進步是增長的中心已無可非議了。

加里·S·貝克爾（Gary Stanley Becker）
加里·貝克爾，是現代經濟學領域中最有創見的思想家之一，他的著述透過把廣泛可見的、但在外表上沒有聯繫的現象與某種單純的一般原則的作用相聯繫，而具有開闊經濟分析的新視界的獨特性質。在他的博士論文《歧視經濟學》中，他借助於將對歧視的「偏好」引入雇主和雇員的效用函數這種簡單方法，試圖使競爭的勞動市場模型與白人工人和黑人工人之間可觀察到的薪資判別事實相符。

氣象家的生財經
──預期的形成與作用

宏觀經濟學之父凱恩斯注意到了預期問題。他認為預期與人們對經濟未來的信心密切相關。樂觀的預期引起充分的信心，也就刺激了投資，帶動了經濟繁榮。悲觀的預期使人喪失信心，也就引起投資減少，導致經濟衰退。

　　一個氣象家預測到明年將會乾旱，於是他低價收購了一大批糧食。第二年果然大旱，很多農戶一無所獲，農民們都需要很多糧食來維生。這個氣象家將頭一年收購來的糧食，比原價高出很多倍的價格出售，於是賺了一大筆錢。很多人都很羨慕，以為他是個先知先覺的人，於是向他請教並以很高的價格收購了他多餘的糧食。他們以為這種乾旱還會繼續，農民對糧食的需求還會增加，糧食的價格自然也會不斷飆升。然而很不幸，就在第三年的時候，各地風調雨順，農民們個個大豐收，從氣象家手中收購糧食的那些人，虧的很慘，糧食都積壓在倉庫裡腐爛了。於是他們去找那個預測明年還會乾旱的氣象家，可是他已不知去向。

　　這種成功預測糧食漲價的行為經濟學上稱為預期，但預期不同於占卜。最早提出者是古希臘哲學家泰勒。西元前6世紀，古希臘哲學家泰勒精通天象，他在冬天時就預期了來年的橄欖豐收，並租下了丘斯和米利都（兩個地方）的所有橄欖榨油器。到橄欖收穫時他高價出租這些榨油器，賺了一大筆錢。泰勒成功的預期使他發了財，但對當時整個經濟的影響充其量是略微增加了橄欖油的成本而已。經濟中的每個人都有預期，他們的預期如何形成，又對經濟有什麼影響呢？這是宏觀經濟學家所關心的問題。

　　許多經濟活動是在今天耕耘，未來收穫。未來的情況如何變動影響今天人們做出某種經濟活動的信心和決策。但未來是不可知的、不確定的，不同的人

以不同的方式做出不同的預期。也就難以確定一般的預期形成方式及其對經濟的影響。預期困惑著經濟學。

宏觀經濟學之父凱恩斯注意到了預期問題。他認為預期是無理性的，受一種「動物本能」支配的，很難得出規律性的東西。但他注意到了預期的作用。他認為預期與人們對經濟未來的信心密切相關。樂觀的預期引起充分的信心，也就刺激了投資，導致經濟繁榮。悲觀的預期使人民喪失信心，也就引起投資減少，導致經濟衰退。他把經濟危機的發生歸結為資本邊際生產率（即未來預期利潤率）的突然崩潰，這種突然崩潰正來自於極其悲觀的預期。凱恩斯把預期歸結為一種心理上無法解釋的動物本能。也就無法探討預期形成的規則。但他重視預期對經濟的影響，這使以後的經濟學家更多地關注預期問題。

以後的經濟學家研究預期形成的方式，並把預期結合到宏觀經濟模型中。在早期，經濟學家們使用了三種預期方式：完全預期、靜態預期和適應性預期。完全預期假設人們對未來有完全地瞭解。使用這種預期方式的經濟學家並沒有解釋它是如何形成的，只是作為一種假設使用。一些經濟學家在分析非常長期的趨勢時運用了這種預期。當然，這種長期趨勢只是一種概括，談不上如何精確。靜態預期又稱外推式預期。這種預期方式假設未來將和現在完全一樣。換言之，人們是根據現在的情況來推導出預期的。這種預期只適用於靜態情況下極短期的情況。

這兩種預期方式實際上對分析宏觀經濟並沒有重要影響，有沒有這種預期對宏觀經濟分析無足輕重。

真正有意義的預期方式是貨幣主義者弗里德曼和費爾普斯提出的適應期預期。這種預期方式認為，人們不是簡單地根據過去推測未來，而是根據過去預期的失誤來調整對未來的預期。這樣就會使預期接近於正確。例如，如果預期通貨膨脹率為5%，結果實際通貨膨脹率為10%，而且這種通貨膨脹率持續下去，人們有一個根據過去預期失誤修改未來預期的新進過程。

　　貨幣主義者用這種預期的概念解釋了菲力浦斯曲線。也就是說，短期中人們的預期會有失誤，當預期通貨膨脹率低於實際通貨膨脹率，實際薪資下降，生產增加，就業減少，進而存在失業與通貨膨脹的交替關係。但在長期中人們會修改自己的預期，進而要求提高薪資。這時失業和通貨膨脹之間的交替關係就不存在了。這是對傳統菲力浦斯曲線的重要發展。

　　這種預期方式還解釋了中央銀行抑制通貨膨脹決心對降低通貨膨脹的重要性。當中央銀行表現出這種決心時，人們會修改自己的通貨膨脹預期。預期通貨膨脹率的下降會使短期菲力浦斯曲線向下移動，以較低的失業率代價換取低通貨膨脹率。80年代初沃爾克反通貨膨脹的勝利與他反通貨膨脹的決心相關正在於這種決心影響到人們預期的修改。在宏觀經濟學中真正有革命性意義的是理性預期的概念。這一概念是由美國經濟學家莫思提出，並由盧卡斯引入宏觀經濟分析的。

　　理性預期是根據所有能獲得的相關資訊所做出的預期。莫思給理性預期下的定義是：由於預期是對未來事件有根據的預期，所以它們與有關經濟理論的預期在本質上是一樣的。我們把這種預期稱為理性預期。也就是說，在正常情況下，人們在進行經濟決策時依據所得到的資訊能對有關變數的未來變動率做出正確估算，即主觀機率分佈的預期值與客觀機率分佈的預期值是一致的。

讓・雅克・拉豐（Jean Jacques Laffont）

讓・雅克・拉豐（1947年～2004年），出生於法國圖盧茲。1990年他創建了產業經濟研究所（IDEI），並擔任該研究所的所長至今。目前這個研究所已經成為世界上研究產業經濟最知名的學術機構之一。拉豐教授在微觀經濟學的許多領域都做出了傑出的貢獻，其中包括規制理論、激勵理論、公共經濟學、發展經濟學等領域。主要著作有：《政府採購與規制中的激勵理論》（與泰勒爾合著）、《電信競爭》（與泰勒爾合著）、《激勵和政治經濟學》等。

盧卡斯的輝煌與尷尬
——理性預期革命

理性預期學派的宏觀經濟理論包括甚廣，已成一個體系，包括總需求——總供給理論、貨幣理論、失業與通貨膨脹理論、經濟週期理論、經濟增長理論，以及政策分析。這個體系的中心是不變性命題。

　　1995年是美國經濟學家盧卡斯輝煌的一年，這一年由於他對理性預期理論的貢獻而獲得諾貝爾經濟學獎。但這件好事也使他有點尷尬。他與妻子1989年協議離婚，妻子理性預期他會獲得諾貝爾經濟學獎，提出如在1995年前獲獎，分享一半獎金。他預期1995年前不會獲獎，就答應了妻子的要求。結果理性預期大師的預期錯了，就在他們打賭的這年，他獲得了諾貝爾獎。因為以前的協議，他不得不給他的妻子50％的獎金，為此他損失了50萬美元。理性預期大師的這個失誤成為媒體爆炒的花邊新聞，的確令盧卡斯尷尬不已。

　　當然，我們不能根據盧卡斯這點軼事而否認理性預期對宏觀經濟學的革命性作用。這種作用在於：第一，科學地解釋了預期地形成，使預期在宏觀經濟分析中起到重要作用。以前對預期解釋缺乏科學性，進而使預期在宏觀經濟中沒有發揮應有的影響。理性預期以資訊為基礎解釋預期的形成，這也使預期成為一個可分析的概念。第二，使宏觀經濟學有了一個微觀基礎。在此之前，無論是凱恩斯主義也好，新古典綜合派也好，宏觀經濟學都缺乏微觀基礎。理性預期學派意識到了這一問題，把對個人行為的解釋作為宏觀分析的基礎。這是宏觀經濟學的巨大進步。

　　現在所有的經濟學家都承認這一點，就連堅持凱恩斯主義基本觀點的新凱恩斯主義也力圖在微觀基礎之上重建凱恩斯主義宏觀經濟學。第三，打破了宏觀經濟學中凱恩斯主義的主流地位。理性預期學派的前提是理性預期和市場出

清。理性預期堅持了新古典經濟學關於理性人的假設。市場出清堅持了新古典經濟學關於市場機制完善性的假設。市場出清是指價格自發調節現實供需相等的均衡。正因為如此，理性預期也被稱為新古典宏觀經濟學。他們的許多觀點受到理論界的重視，對政策也有某些影響。現在的宏觀經濟學正是這兩大流派平分秋色。

理性預期學派的宏觀經濟學派的宏觀經濟理論包括甚廣，已成一個體系，包括總需求——總供給理論、貨幣理論、失業與通貨膨脹理論、經濟週期理論、經濟增長理論，以及政策分析。這個體系的中心是不變性命題。也就是說，在理性預期時，產量總處於自然率水準，即潛在GDP的水準，失業總處於自然率水準，即使在短期中也不會背離。無論在長期還是短期中，產量與失業在其自然率遲遲不變時，無論採取什麼政策也無法改變，這就是不變性命題。

不變性命題有三點重要含義。第一，引起產量和失業率背離其自然率的預期失誤也許不可避免，但只能是短暫或偶然的，因為長期背離意味著預期的系統失誤，而這與理性預期的概念是矛盾的。第二，任何穩定經濟的政策都必然失敗。因為經濟主題會根據理性預期做出對策抵消政策效應。這就是我們常說的，「上有政策，下有對策」。第三，只有政府的資訊比公眾更多（即政府與公眾之間資訊不對稱時），才能使政策有效。這種情況短期內是可能的，但並不普遍，因為公眾可以擁有與政府相同的資訊。

可以用一個例子來說明這些含義。假設經濟處於衰退中，政府要用擴張性政策刺激經濟。政府的目的是增加總需求，進而使物價水準上升，實際薪資下降，企業增加生產，GDP增加，失業減少。但公眾擁有政府做出決策的資訊，能理性地預期到擴張性政策引起的總需求增加和物價水準上升，於是他們要求提高薪資作為對這種政策的對策。薪資提高使總供給曲線向上移動，企業名義成本增加（即貨幣成本增加），實際利潤不變。

因此，在採取了擴張性政策後，由於公眾根據理性預期做出的對策，儘管

物價水準上升，但產量水準和失業率仍在自然率時沒有變。

那麼，為什麼現實中政策有時也會起作用呢？這是因為政策隨即地採取了擴張性政策，這種政策違背了正常規劃，公眾事先並不知道。或者說政府比公眾擁有的資訊多。在採用這種擴張性政策時，公眾無法做出預期，也無法做出對策，進而物價水準上升，實際薪資下降，刺激了生產，使產量高於自然率，失業低於自然率。但這種情況只能是偶然的或暫時的，在長期中公眾不會犯系統的預期失誤。盧卡斯說：「你可以在一時欺騙所有人，也可以在長期欺騙一部分人，但你不能永遠欺騙所有的人。」從長期來看，這種政策不僅不能穩定經濟，反而會成為經濟不穩定的的外部衝擊之一。

由不變性命題可以看出理性預期學派是反對國家干預的。也就是說，在市場機制的自發調節之下，理性的經濟主體會做出理想預期，並以此為依據做出正確決策。這樣，市場機制就可以實現市場出清。政府應該做的不是用隨機性政策干預經濟，而是取信於民，把政府決策的規律告訴公眾，以便他們做出理性預期。這才是經濟穩定的人間正道。

亞瑟·林德貝克（Assar Lindbeck）
1963年獲得瑞典斯德哥爾摩大學經濟學博士學位，現為瑞典斯德哥爾摩大學國際經濟研究院國際經濟學教授。1996年獲得Frank E. Seidman 傑出獎（政治經濟學）；主要研究的領域：宏觀經濟與貨幣政策、公共經濟學、勞動經濟學、國際經濟學、經濟制度和經濟體制、經濟思想史與方法、瑞典經濟、收入分配與福利等。主要著作和論文：《失業與宏觀經濟》、《養老金管理的前景瞻望》、《通貨膨脹──全球、國際及國家層面》、《均衡經濟的財政政策──經驗、問題和前景》、《凱恩思主義和總體經濟活動》等。

宏觀調控不是筐
——宏微觀經濟政策的不同

宏觀調控是中央政府透過財政與貨幣政策以實現整體經濟穩定與增長的政策。微觀政策是實現公平與效率的各種政策，如限制價格政策、支持價格政策、反壟斷政策、收入再分配政策、社會福利政策等。

楚國有個人在一次打獵的時候捉到一隻猴子。回家後，他將猴子殺了並煮熟後，請他的鄰居來吃。他並沒有事先向他的鄰居說明，而他的鄰居以為是狗肉，吃得津津有味，不時地誇獎這肉真香。等吃完之後，這個人才告訴他的鄰居剛才吃的不是狗肉而是猴肉。他的鄰居聽了之後頓時嘔吐不止，差點把腸子都給吐出來了。他不住地埋怨這個人沒有將實情告訴他，他是不能吃猴肉的，這會讓他大病一場。

這個楚國人不解地回答：「我並不知道你不吃猴肉啊！再說猴肉和狗肉有什麼區別呢？還不都是肉。」

在這個故事中，不是想諷喻或講點什麼道理，只是想讓人們知道正確認知食物的重要性。不要犯不管猴肉、狗肉都是好肉的錯誤。雖然混淆概念會導致不良後果或鬧笑話，但在經濟領域，人們總是無法正確區分宏觀經濟政策和微觀經濟政策的概念。下面就是一個很好的例子。

記得中國前幾年進口大片票價高達70元或50元人民幣。許多觀眾頗為反對，於是中影公司發文限制進口大片的最高價格。某大報在報導此事時，標題是「國家加強宏觀調控，限制進口大片價格」。限制某種產品的價格實際屬於微觀經濟政策，說成宏觀調控就鬧笑話了。

在市場經濟中政府對經濟的調節與管制是多方面的。有立法手段（如各種

保證市場經濟正常運行的法律制度）、行政手段（如發放許可證等）、經濟手段。這些不同的調節經濟手段不能籠統地稱為宏觀調控。

即使就經濟手段而言，也大體上分為微觀經濟政策和宏觀經濟政策，這兩者之間存在重大的差別，不能統稱為宏觀調控，嚴格意義上的宏觀調控是指運用宏觀經濟政策所進行的調節。

微觀經濟政策與宏觀經濟政策的區別首先在於理論基礎不同。微觀經濟政策依據微觀經濟理論。微觀經濟政策依據微觀經濟理論。微觀經濟理論透過分析家庭與企業得決策說明價格機制如何調節經濟。但經濟學家發現，市場機制的調節並不總是有效的。

當市場機制的自發調節沒有實現資源最佳配置時，就產生了市場失靈。市場失靈產生於壟斷、公共物品的存在和外部性。在壟斷之下，產量低於完全競爭而價格高於完全競爭時，公關物品（如國防）人人都可以免費消費，依靠市場提供，供給不足。外部性是一項經濟活動，給這項活動無關的人帶來的影響（如污染），這就使市場決定的產量社會邊際成本大於社會邊際收益。要解決市場失靈問題就要求助於政府的干預。

宏觀經濟政策依據宏觀經濟理論。宏觀經濟理論說明整體經濟的運行規律。它說明了，當經濟完全由市場機制自發調節時，會產生週期性經濟波動，即有時經濟過熱，通貨膨脹嚴重；有時經濟衰退，失業加劇，都是正常的。要消除或減緩經濟波動的程度，就要求助於政府的宏觀經濟政策。各種宏觀經濟政策都是根據宏觀經濟理論對整體經濟的分析制定的。

其次，這兩種政策的目標也不同。微觀經濟政策的目標是效率與公平。克服市場失靈引起的資源配置無效率是為了提高效率。例如，政府對壟斷的管制、提供公共物品、針對外部性的稅收或補貼，都是為了提高效率。

此外，由於這兩者目的不同，手段不同，對經濟的影響也不同。

　　微觀經濟政策的影響是局部的。例如，限制進口大片票價只影響進口大片這種產品和放映這種大片與看這種大片的觀眾，並不影響其他人或其他行業，使收入分配平等的所得稅政策只影響符合規定的某個群體，反壟斷政策只影響壟斷企業等等，而宏觀經濟政策要影響整個經濟。例如，變動利率的貨幣政策對所有的人和部門都是同樣的。微觀政策對整體經濟沒有直接影響，宏觀政策並不針對經濟中的個別人或部門。

　　嚴格來說，宏觀調控是中央政府透過財政與貨幣政策以實現整體經濟穩定與增長的政策。微觀政策是實現公平與效率的各種政策。如限制價格政策、支持價格政策、反壟斷政策、收入再分配政策、社會福利政策等。

N・格里高利・曼昆（Gregory Mankiw）

N・格里高利・曼昆，現任哈佛大學經濟學教授，教授宏觀經濟學和經濟學原理。曼昆的《宏觀經濟學》是在國際上最有影響力的中級教科書之一。曼昆是美國少數有才華的青年經濟學家之一。他在麻省理工學院拿到博士學位之後，兩年就拿下了哈佛大學教授的職務。曼昆的成名是他的菜單成本理論。這一理論已成為新凱恩斯主義經濟學的一個組成部分。他提出這一理論的論文《小功能表成本與大經濟週期：一個壟斷的宏觀經濟模型》已成為經典。重要著作有：《經濟學原理》、《宏觀經濟學》。

小作坊的1231美元的投入
——投入與增長

投入是引起經濟增長的重要因素，尤其在經濟增長的初期，投入的增加至關重要。投入包括資本投入和勞動投入。投入與增長之間的關係是早期經濟增長理論的中心。從哈樂德——多馬增長模型到新古典增長模型分析的正是這一問題。

1981年，有幾個「好事」的秘魯經濟學家做了一個非比尋常的實驗，以便看看在這個嚴密控制的複雜體制下，成立一個小企業到底會有多艱難。

他們在秘魯首都利馬建立了一個有兩台縫紉機的小作坊，然後申請註冊，他們在報告中寫道：「註冊這個作坊所需要的成本是：1231美元的經濟成本、289天的時間成本和一個專職人員的人力成本。也就是說開辦這個小作坊，要32個月不吃不喝才能累積1231美元的成本。這對於任何要透過常規辦法來合法登記一個小工廠的人來說，代價實在是太高了。」

然而據他們預測，如果人們把1231美元的成本投入小作坊中，他們得到的回報就更多。如果在運作過程中有足夠的資金投入，除了個人收入增加外，對國民經濟的增長也能推波助瀾。這在經濟增長的初期，尤為明顯。所以透過經濟學家的這一報告，政府立刻注意到了成本投入對經濟增長的重要性，馬上撥款給各地政府，讓他們多鼓勵家庭開設類似於縫紉店的小作坊。

投入是引起經濟增長的最重要因素，尤其在經濟增長的初期，投入的增加至關重要。投入包括資本投入和勞動投入。投入與增長之間的關係是早期經濟增長理論的中心。從哈樂德——多馬增長模型到新古典增長模型分析的正是這一問題。

如果把英國古典經濟學家亞當·斯密的《國富論》作為近代經濟學的開

端，那麼，他所研究的「國民財富的性質與原因」實際上就是今天所見的增長問題。斯密把增長的因素歸於兩個：專業化與分工引起的生產率提高，以及人口和資本增加引起的生產勞動人數增加。這就強調了投入的重要性。

當二戰結束後，經濟增長問題受到關注時，首先引起重視的是投入中的資本問題。美國經濟學家羅斯托在《經濟增長的階段》中把投資率達到10%以上作為經濟起飛的條件。美國經濟學家路易斯在《經濟增長理論》中也把累積率達到12%～15%作為發展的關鍵。但最能體現資本累積重要性思想的還是50年代最著名的哈樂德——多馬增長模型。

基本的哈樂德——多馬模型設計三個變數：經濟增長率、儲蓄率，以及資本——產量比率。這三個變數的關係是經濟增長率等於儲蓄率除以資本——產量比率。這說明，當資本——產量不變時，增長率取決於儲蓄率。這就說明投資（由儲蓄而來）或資本累積在經濟增長中的重要性。

透過故事我們知道，任何一個經濟的增長總是從投入的增加，尤其是資本的增加開始的。就拿作坊來說，如果不投入1231美元的成本，作坊就不可能有收入，更多的財富也沒辦法累積。可見資金投入是至關重要的。不過如果僅有資金投入還不行，必須有勞動力的加入才能實現資本的原始累積，資本的累積導致的最終結果是，作坊主人擴大作坊規模，增加更多勞力，賺取更多利潤，利潤帶來的後果是國家經濟的穩步增長。可見，沒有資本累積和勞動增加就沒有增長。投入型增長是所有經濟早期增長的基本特徵。早期增長理論正是這種現實的反映。

在哈樂德——多馬模型中，技術被假定為不變的。就作坊來說，有了資金的

投入和勞動的投入似乎就足夠了，關於技術進步，經濟學家隻字未提，而政府也忽略了技術方面的投入。

在新古典模型中（這個模型認為，經濟增長取決於資本、勞動、資本與勞動在生產中的組合比例，以及技術進步）技術進步只被視為一個外生變數。這兩個模型都無法科學地說明技術進步在增長中的作用。這個任務是由80年代之後的新增長理論完成的。

保羅·安·薩默爾森（Paul A. Samuelson）

保羅·安·薩默爾森，出生於1915年，美國印第安那州人。畢業於芝加哥大學，並獲得哈佛大學碩士、博士學位。現任麻省理工學院教授。保羅·安·薩默爾森的研究涉及經濟學的全部領域，經過多年的研究，特別是發展了數理和動態經濟理論，將經濟科學提高到新的水準。為此1970年獲得諾貝爾經濟學獎。重要著作有：《經濟分析基礎》、《經濟學》、《線性規劃寫經濟分析》（與多夫曼、索洛合著）、《經濟學文選》、《薩繆爾森科學論文選》等。

吃狗屎換來GDP
——國民生產總值

GDP是指一定時期內在一個國家所新創造的產品和勞務的價值總額，即在一國的領土範圍內，本國居民和外國居民在一定時期內所生產的、以市場價格表示的產品和勞務的總值。

　　經濟學家愛文和叟遜是一家研究院頗有名氣的兩個經濟學天才青年，他們戴著沉甸甸的眼鏡，拿著厚重的散發著歷史味的經濟學著作，研究一些高深的問題，然後不時交換著彼此的意見。但大多數時間他們的談話都以玄幻莫測的爭論開頭，然後以超乎常人想像的方法得到解決。他們覺得這就是經濟學領域的博弈，無子無盤，卻無形中顯露著廝殺中的血雨腥風和他們的高深智慧，因此他們樂此不彼，並決定將經濟學研究進行到底。

　　一天飯後散步，為了某個經濟學問題兩位傑出青年又開始爭論起來，正在難分高下時，突然發現前面草地上有一堆新鮮的狗屎。愛文就對叟遜說：「看到那堆新鮮的狗屎了吧！如果你能一口氣把它吃下去，我願意出五千萬。」

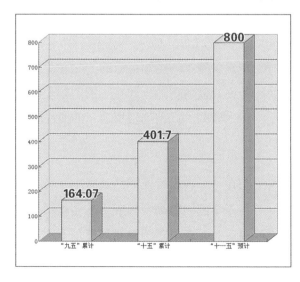

　　五千萬啊！一個不小的數字，他的誘惑遠遠超過了這個問題本身的答案。叟遜冷靜了一下之後迅速掏出紙筆，進行了精確的數學計算，很快得出了經濟學上的最佳解答：吃！於是愛文損失了五千萬。

他們繼續往前走，突然又發現一堆狗屎，這時候叟遜開始劇烈的反胃，嘔吐便一發不可收拾。趁著叟遜難受的當下，愛文也掏出紙筆，迅速在紙上計算著，當他看到一個五千萬的數字和一堆狗屎形成的強烈對比後，開始心疼剛才花掉的五千萬。

嘔吐讓叟遜非常虛弱，越想越覺得吃虧，看到又有一堆狗屎後，叟遜就對愛文說：「你把它吃下去，我也給你五千萬。」於是，不同的計算方法，相同的計算結果──吃！愛文心滿意足的收回了五千萬，而叟遜似乎也找到了一點心理平衡。

他們繼續往前走，看見一個掃馬路的清潔工正在清理路邊的垃圾。兩位天才經濟學家經過他身邊的時候，他突然轉過身對他們說道：「謝謝你們讓我少掃了兩堆狗屎。」看看兩手空空的彼此，天才們同時嚎啕大哭：搞了半天我們什麼也沒得到，卻白白吃了兩堆狗屎！

他們怎麼也想不通，只好去請教他們的導師，一位著名經濟學泰斗提出解釋。聽了兩位高足的故事，沒想到泰斗也嚎啕大哭起來。只見泰斗顫巍巍的舉起一根手指頭，無比激動地說：「1億啊！1億啊！我親愛的同學，你們僅僅吃了兩堆狗屎，就為國家的GDP貢獻了1億的產值！」

其實這只是一個笑話，是人們對GDP缺少基本的認知造成的。GDP是指一定時期內在一個國家所新創造的產品和勞務的價值總額，即在一國的領土範圍內，本國居民和外國居民在一定時期內所生產的、以市場價格表示的產品和勞務的總值。

GDP的測算有三種方法：生產法：GDP＝Σ各產業部門的總產出－Σ各產業部門的中間消耗；收入法：GDP＝Σ各產業部門勞動者報酬＋Σ各產業部門固定資產折舊＋Σ各產業部門生產稅淨額＋Σ各產業部門營業利潤；支出法：GDP＝總消費＋總投資＋淨出口。對於兩個經濟學家來說，他們既沒有為國家

提供包括諸如食品、衣服、汽車等有形的貨物，也沒有付出包括諸如教育、衛生、理髮、美容等無形的服務（那位掃大街的清潔工提供的就是一種無形的服務）；他們既沒有贏利也沒有利潤可言，更沒有投資，只是吃了兩堆根本不能算到GDP裡的垃圾。

從價值形態分析，GDP表現為一個國家或地區所有常住單位在一定時期內，生產的全部產品價值與同期投入的中間產品價值的差額，即所有常住單位的增加值之和。而泰斗所謂的1億只不過是狗屎與五千萬形成的一個循環過程罷了，而那五千萬作為國民生產總值中的一部分，並未投入生產中創造更多價值，也沒有折損，它只是被兩個不同的人一人擁有了一次罷了，最終的數字還是五千萬。

詹姆斯‧J‧赫克曼（James J. Heckman）
詹姆斯‧J‧赫克曼，美國人，出生於伊利諾斯州的芝加哥市。從1995年起，赫克曼就在芝加哥大學獲任亨利——舒爾茨傑出成就經濟學教授。赫克曼的主要貢獻是提出對統計資料的選擇偏差進行糾正的簡單可行的理論和方法（所謂選擇偏差是指在樣本選取時因數據的局限或取樣者的個人行為而引起的偏差）。並以「對分析選擇性抽樣的原理和方法所做出的發展和貢獻」獲得諾貝爾獎。

傻瓜與股市
——股市中的價格和需求量

作為其他因素之一的預期價格在股市中和現有價格的相關性特別明顯，價格的變化必然會導致預期價格的變化，這就無法保證「其他因素不變」，所以股市中常會出現價格和需求量的同方向變化。

幾個無時無刻都夢想著發財的人，使用了很多方法，比如開工廠、養牛羊、挖礦山，但這些行動的最終結果都以失敗告終。發財無門的他們，便想出一個妙招——光明正大地騙。

他們拿著一些寫著面值一元的紙張對一群同樣也渴望著發財的傻瓜說：「你們看，我們這裡有一些神奇的紙張，它們不是貨幣但它們比貨幣還值錢。它們代表一座不斷長高的金山，你們可以透過它神奇的升值來獲得很多貨幣。你們看，現在這些紙張就已經升值了，我們可以把它們一張賣5元。」於是傻瓜們一擁而上，搶購一空，他們花5元買一張紙。

後來沒有買到的傻瓜就以10元、20元甚至100多元的價格從之前的傻瓜手裡買那些紙張，並且還給那些騙子手續費。因為每個傻瓜從之前的傻瓜的經歷中獲知這張紙張還會升值，並且有更多的傻瓜以更高的價格買下它們，這樣他們就可以賺更多的錢。然而直到有一天，傻瓜們發現那些紙張其實連一元也不值，於是最後以最高價格買到那些紙張的傻瓜就成了最大的傻瓜。

賺了錢的傻瓜笑呵呵地去賣另一種紙張，希望能發更多的財。而那些成了最大傻瓜的人，賠了夫人又折兵，拿著那些曾經風光過的紙張哭天喊地無濟於事後，便莫名奇妙地懷疑起這、懷疑起那來。

這就是股市。股市即股票市場也稱為二級市場或次級市場，是股票發行和

流通的場所，也可以說是指對已發行的股票進行買賣和轉讓的場所。

股票的交易都是透過股票市場來實現的。通常股票市場可以分為一、二級，一級市場也稱之為股票發行市場，二級市場也稱之為股票交易市場。從上文故事中可以看出，以最小的資本拋售一元紙張的那些人就是一個發行市場，而那些傻瓜之間的買賣就成了交易市場。

從70年代股票市場的成形到現在，沒有人懷疑這個事實：證券市場是整個市場經濟的一部分。並且，在一些經濟學教科書上，證券市場常被描繪成一個典型的有大量買方和賣方的完全競爭的市場：供給方只要略微降低價格，就可以把股票賣出去；需求方只要略微提高價格，就可以買到股票。

但是，證券市場中遊戲規則的特殊性和資訊的不對稱性使經濟規律在其中的運用遇到了很多困難：比如，利用經濟規律可以準確地預測出：降低利率會引誘投資和消費，大量發行貨幣意味著通貨膨脹，加入WTO會導致汽車實際價格的下降等等，但用已知的經濟資訊來預測未來股票的走勢就不是那麼簡單，就連經濟學家也常常犯錯。那些最大的傻瓜他們也不知道，什麼時候股市持續長紅，或什麼時候突然下滑。

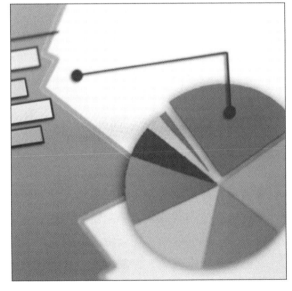

也許等他們預知不妙時，為時已晚。所以他們就會懷疑市場經濟規律在股市中是否有用，有些人甚至認為股市是「隨機漫步」的，沒有人可以長期穩定地獲得收益，這就使得人們開始懷疑經濟規律的有效性。其實這種懷疑混淆了「正確」和「適用」的界限。

　　在股市中，並不是經濟規律錯了，而是有些經濟規律不適用罷了。比如被稱為微觀經濟學基石的需求規律（即在其他因素不變情況下，需求量和價格呈反方向變化）就難以直接套用在股市。

　　因為作為其他因素之一的預期價格在股市中和現有價格的相關性特別明顯，價格的變化必然會導致預期價格的變化，這就無法保證「其他因素不變」，所以股市中常會出現價格和需求量的同方向變化。也難怪有那麼多傻子成為最大的傻子，因為人們的需求降低後價格也會跟著大跌。可見經濟規律在股市行業仍舊發揮著不可替代的作用。

丹尼爾‧L‧麥克法登（Daniel L. McFadden）
丹尼爾‧L‧麥克法登，美國人，1937年出生於北卡羅萊納州的羅利市。1962年獲得美國明尼蘇達大學博士學位，現為加州大學伯克利分校經濟學教授和計量經濟學實驗室主任。他的研究領域包括：計量經濟學及經濟學理論以往研究課題：隱含變數模式、選擇模式及應用、大規模抽樣計量經濟學、抽樣理論、經濟生產理論以及消費理論。目前正在研究的課題有高齡化趨勢經濟學、儲蓄行為，人口統計學趨勢、住屋流動性、健康和死亡比例研究、利用計量心理學資料進行的消費者需求分析以及計量經濟學模擬方法研究。他以「對分析離散選擇的原理和方法所做出的發展和貢獻」，於2000年獲得諾貝爾獎。

圈地運動的另類詮釋
——房地產與供需

房地產，是人們所熟悉的土地、建築物及固定在土地、建築物上不可分離的部分及其附帶的各種權益。房地產由於其自身的特點即位置的固定性和不可移動性，又被稱為不動產。投資房地產的人必須具備足夠的資金能力或貸款才能營運起整個行業，這也是它與股市的本質區別。

應該說，城市是在鄉村的基礎上發展起來的，幾千年前，人類的祖先都是用一雙手自力更生的，過了很多年，人們依舊種地的種地，放牧的放牧，很多人都沒覺得這有什麼不好。

不過有一些理想家，他們覺得勞動讓他們感到厭倦，他們夢想著建造一所不用耕地、養畜類的城市，等城市出現後他們可以用他們的頭腦，賺取成堆的穀物和食品頤養天年。

有一天，幾個騙子來到這裡，他們對老實木訥、放牧牛羊的農民說，我們把你們的牛羊全買了，你們到我們那裡的城市去賣牛羊肉吧！被騙的農民沒有了牛羊，於是也把土地交給了這些騙子。

騙子們在那些土地上面蓋了很多房子，然後賣給那些夢想用頭腦賺取穀類和食品的人，進而賺了很多錢。騙子走了，夢想家們又把這些房子以二手的形式賣給了其他人。這下好了，有了他們夢想的財富，這些人開始過著很好的生

活。可是卻引起很多不知從哪裡冒出來的瘋子眼都紅了，他們蜂擁而至，從銀行那裡借了很多錢，買農民的土地。對農民說種地多苦呀，你們也去城裡吧！

於是農民拿著賣地的錢去了城裡，發現那些錢連一間普通的住屋都買不起，他們只能住在貧民窟裡做苦工。而那些瘋子買到土地也蓋了很多房子，卻突然發現已經沒有人買了，只好閒置在那裡任其倒塌，欠的債也還不起，於是跑掉的跑掉，跳樓的跳樓，把銀行也拖垮了。城裡的農民活不下去，紛紛跑回來，把荒廢的房子拆掉，該種地的種地，該放羊的放羊，只留了少部分儲藏雜物。

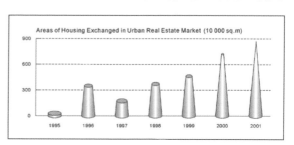

這就是房地產，是人們所熟悉的土地、建築物及固定在土地、建築物上不可分離的部分及其附帶的各種權益。房地產由於其自身的特點即位置的固定性和不可移動性，又被稱為不動產。投資房地產的人必須具備足夠的資金能力或貸款才能營運起整個行業，這也是它與股市的本質區別。

從人類進入工業時代開始，房產業的波動起伏，已直接影響到整個國家經濟發展的穩定性。從上文我們得知，土地本身被炒熱的背景下，整個房地產業很難保持冷清。房價上漲的數字開始被不斷刷新。剛開始由於供不應求，房屋在未開盤前已被搶購一空。隨著這一行業被不斷的炒熱，一些沒有資金能力的人也開始蠢蠢欲動，由於房產業不需要周轉資金，在房屋還未成形前，樓棟已被售出，所以很多人便向銀行借貸，只是以一塊地皮為幌子，從需求者那裡賺取房地產的第一桶金，毫無疑問，這種情況下，問題房屋、危機房屋，甚至沒房屋等現象都滋生了。

而且更多的人，預計到房價將持續上漲後，開始大肆借貸，當市場上供大於求時，房價開始下跌；此外，當初瘋狂上揚的房價刺激了需求並導致了貿易

逆差，貨幣市場意識到情勢不妙時，開始賣出貨幣，進而導致利率的上升，反過來又加劇了房價的下跌趨勢。當開發商最終停止向銀行償付貸款時，銀行破產了。最後，匯率機制被破壞，整個國民經濟陷入困境。

　　我們不能任這種情況不斷攀升，政府是整個社會經濟的統籌規劃者，要透過改革來合理規劃這一現象，要設法對目前開發商手裡的土地如何調控拿出相對的辦法，比如可利用稅收政策、貸款政策來調控開發。

羅伯特‧A‧孟德爾（Robert A. Mundell）
羅伯特‧A‧孟德爾，1932年出生，加拿大人，1999年獲得諾貝爾經濟學獎。他具有革新意義的研究為歐元匯率奠定了理性基礎。亞洲金融風暴所帶來的深深恐懼，迫使各個國家注重金融市場的穩定和完善，而一個國家的金融市場的運作又常常與該國的財政與貨幣政策以及匯率體制密切相關——這恰恰是孟德爾的研究領域。另外他對不同匯率體制下貨幣與財政政策以及最適宜的貨幣流通區域所做的分析更使他獲得諾貝爾獎這一殊榮。具體來說，孟德爾對經濟學的偉大貢獻主要來自兩個領域，一是經濟穩定政策，二是最佳貨幣區域理論。

第一張郵票的價值
——郵市和價值

價值，就是客體與主體需要之間的一種關係，就是作為客體的客觀事物滿足主體人的需要的關係。這種價值關係是從主體對待滿足他們需要的客體的關係中產生的。

1827年，英國人羅蘭·希爾在報刊上發表了題為《郵政制度的改革——其重要性與實用性》的文章，建議在英國對重量在1／2盎司內的普通信件收取一便士的已付郵資。該方案雖然解決郵資問題，但給使用者帶來許多不便，於是有人建議在普通信封上使用黏貼式的郵票，既方便又表示已付郵資，希爾採納了這項建議。隨後，他親自設計了郵票。以維多利亞女王的肖像為基礎，畫了兩幅郵票的畫稿交給查理斯和弗雷得利克父子雕刻，並由帕金斯·培根公司承印。1840年，世界上第一張郵票誕生了，這在當時社會引起了不小的轟動。不過對於當時的人們來說，郵票的真正價值僅僅體現在它能否寄出去一份信。

很多年過去後，英國郵票的圖案換了一個又一個，關於第一張郵票幾乎已被人們遺忘。不過有一個沒落家庭的子弟，他從他的祖先那裡擁有了第一張郵票的繼承權。有一天他突發其想拿著這張發黃的小紙張參加了一個古董拍賣會，竟然將這張面額只有1便士的小紙張，用50000英鎊的價錢拍賣了出去，在當時的社會掀起了不小的轟動。有人說只是一張郵票，它能價值50000英鎊嗎？又有人說它沒有使用價值，只有收藏價值。

拍賣行早已落幕，很多人卻還在爭論郵票的價值。何謂價值呢？「價值」作為一個概念，是在原始社會末期，隨著商品交換的出現而產生的。最初它僅有經濟學上的意義，通常是指物品對人的效用及在商品交換過程中表現出來的量值。後來逐漸引申到社會生活的各個領域，成為具有普遍意義的概念。

　　馬克思主義價值觀認為，所謂價值，就是客體與主體需要之間的一種關係，就是作為客體的客觀事物滿足主體人的需要的關係。這種價值關係是從主體對待滿足他們需要的客體的關係中產生的。也就是說，具有某種屬性的客觀事物只有在滿足了人的某種主體需要時，這種客觀事物的價值才會表現出來。對於願意花50000元英鎊來購買這張郵票的人來說，它的確值價那麼多，因為它滿足了收藏家的收藏要求，體現了它的收藏價值；而對於一個需要一張郵票寄信的人來說，歷史上的第一張郵票也不過夠他寄一封信罷了，所以在他那裡郵票體現了它的使用價值。可見所謂的價值還需要從具體的人的具體需要來衡量，因此，我們說價值作為標誌客體與主體需要之間關係的普遍範疇，就是從對人們（主體）和外界物（客體）關係的觀察中逐步形成的。

　　價值作為一個寬泛的概念，適用於很多商品，一雙價值1000美元的鞋子，它的價值只有透過使用者所穿的次數和時間長短才能體現出來，如果只是將它擱置在櫃檯不去跟其他商品、貨物交換，或者只是放置在鞋櫃裡不去穿它，都無法體現出它的價值來，雖然它明白標價1000美元。

阿馬蒂亞‧森（Amartya Sen）
阿馬蒂亞‧森，1933年出生於印度孟加拉灣，1959年在英國劍橋大學獲得博士學位，其先後在印度、英國和美國任教，1998年離開哈佛大學到英國劍橋三一學院任院長。阿馬蒂亞‧森由於對福利經濟學幾個重大問題做出了貢獻，包括社會選擇理論、對福利和貧窮標準的定義、對匱乏的研究等做出精闢論述，榮獲諾貝爾經濟獎。主要著作有：《技術選擇》、《集體選擇與社會福利》、《論經濟不公平》、《就業、技術與發展》、《貧窮和饑荒》、《選擇、福利和量度》、《資源、價值和發展》。

通貨膨脹的外實內虛
——通貨膨脹

通貨膨脹即通貨供應量過度增加，物價持續上漲，貨幣不斷貶值；而惡性通貨膨脹，則是一般通貨膨脹在程度上的惡性發展。

1945年8月抗日戰爭結束時，法幣的發行額是5569億元，比1937年6月的14.1億元增加了392倍，增加幅度已不小，但與以後的發行量相比簡直是小巫見大巫。1945年底，法幣發行量已突破1萬億元大關，達10319億元，與8月相比，幾乎翻了一番；1946年底更增至37261億元，比上年底增加了2.6倍；1947年12月高達331885億元，在1946年的基礎上又增加近8倍；1948年8月21日，竟高達6636946億元之巨，短短的8個月裡增加了19倍，「幣值已貶到不及它本身紙價及印刷費的價值」。

於是當局孤注一擲，發行新的通貨金圓券來取代法幣，以1：300萬的比例收兌無限膨脹了的法幣。1948年8月19日付諸實施，規定新幣每元含金量為純金0.22217公分，發行總限額為20億元。

但政府當局很快自食其言，1948年12月，金圓券的發行量已達83.2億元，超過限額4倍多，1949年1月，再增加至208億元，相當於發行最高額的10.4倍，1949年5月上海解放前夕，更猛增至679458億元，是金圓券發行限額的33972倍，如果以1：300萬的兌換率折合成法幣，則數量高達2038374000000億元的天文數字，相當於1937年6月的144565531900倍。

票面額也越發越大，從100元到1萬元、10萬元，最後竟出現50萬元、100萬元一張的巨額鈔票。當人們拿著這100萬元的大鈔也換不了一袋白米，金圓券最後遭到人民拒用。

這是國民黨政府1945～1949年的惡性通貨膨脹。何謂通貨膨脹？國際經濟學界似乎還沒有「被普遍接受或令人滿意」的定義，薩繆爾森、密爾頓‧弗里德曼及Laidler和Parkin四家的觀點是目前公認比較權威的解釋。薩繆爾森對通貨膨脹下的定義是：在價格和成本的一般水準上升的時候出現通貨膨脹。

弗里德曼認為通貨膨脹永遠是個貨幣現象，過多地增加通貨量是通貨膨脹的唯一原因。Laidler和Parkin則認為：通貨膨脹是一個物價持續上漲的過程，或者等價地說，是貨幣價值持續下跌的過程。綜合他們的論述，通貨膨脹即通貨供應量過度增加，物價持續上漲，貨幣不斷貶值；而惡性通貨膨脹，則是一般通貨膨脹在程度上的惡性發展。

國民黨政府為了彌補財政赤字，便不斷印製紙鈔。但貨物的短缺引發物價飛漲，當人們拿著一籮筐的鈔票也換不回自己所需的簡單物品後，貨幣貶值了。國家企圖用新幣扭轉這種狀況，然而法幣已流通10多年，「雖然貶值，但至少還為人民所熟悉、接受，而新幣則辦不到」。由於當時的政治、經濟形勢極其動盪，加上政府彌補巨額赤字完全依賴印鈔機的做法沒有任何改變，因此決定了金圓券的命運只能以短命告終，並且加速通貨制度的徹底崩潰。

紙幣是一種純粹的貨幣符號，沒有價值，只是代替金屬貨幣執行流通手段的職能；紙幣的發行量應以流通中需要的金屬貨幣量為限度，如果紙幣的發行

量超過了流通中需要的金屬貨幣量,紙幣就會貶值,物價就要上漲。因此,紙幣發行量過多引起的貨幣貶值、物價上漲,是造成通貨膨脹的直接原因。當一個政府創造了大量本國貨幣時,貨幣的價值下降了。

通貨膨脹給國民經濟發展帶來嚴重影響,主要表現在:

1、對經濟發展的影響。通貨膨脹的物價上漲,使價格信號失真,容易使生產者誤入生產歧途,導致生產的盲目發展,造成國民經濟的非正常發展,使產業結構和經濟結構發生畸形化,進而導致整個國民經濟的比例失調。

2、對收入分配的影響。通貨膨脹的貨幣貶值,使一些收入較低的居民的生活水準不斷下降,使廣大的居民生活水準難以提高。當通貨膨脹持續發生時,就有可能造成社會的動盪與不安寧。

3、對對外經濟關係的影響。通貨膨脹會降低本國產品的出口競爭能力,引起黃金外匯儲備的外流,進而使匯率貶值。

特里夫‧哈威默(Trygve Haavelmo)
特里夫‧哈威默,1911年出生,挪威人,由於他建立了現代經濟計量學的基礎性指導原則,而獲得諾貝爾經濟學獎。

機制才是硬道理
──機制的作用

隨著市場經濟的不斷發展，交易範圍的不斷擴大，科學技術的不斷進步，自發的秩序、規則早已經不能滿足需要。於是有了經過特定程序，由專門的社會管理部門制定、頒佈的規則和規則約束下的秩序。把這種約定上升為法律、法規、交易規則、技術品質標準以及道德準則等就是規則、制度。

150年前的美國，以現金交易為主的商業活動中，稍具規模的店鋪都雇有店員，他們無時無刻都在與現金打交道。而且每一個店鋪都經常會遇到這樣的情

況：錢櫃中的零錢不夠用了，雇員先從自己的口袋中掏出錢墊上，然後再從錢櫃中拿回代墊款。但一個雇員從錢櫃中拿回代墊款的時候，誰也無法否認，他面對著一個極大的誘惑：有那麼多的錢，而且又沒有記錄，為什麼不多拿一點呢？於是，有不少意志薄弱者經不起誘惑而狠下心來，為此，各地的店主們傷透了腦筋。

後來，在美國戰爭結束後不久，俄亥俄州一位雜貨店老闆的兒子詹姆斯在自己開咖啡店時也遇到了上述問題。是輪船上記錄螺旋漿轉動的一個機器給了他啟示，他設計了一部能夠把每一筆交易的結果都顯示出來的機器，夥計和顧客都能夠看到顯示的結果。

這樣一來，店員原有的偷竊衝動就給打消了。後來，新專利的擁有者，又對收銀機做了關鍵性的改進，在收銀機上設計了一個附有自動鎖的放現金的抽屜，還有一個鈴。夥計把每樣東西的價格和數量輸進去，機器自動相加得出總

數，再把顧客支付的現金輸入，機器自動計算找零，整個過程都顯示出來。雙方無異，一按鍵，隨著一聲鈴響，抽屜就自動彈了出來，假如你沒有按照規矩做，抽屜打不開，機器把每筆交易的整個過程都記錄在紙上，收銀機把整個交易都透明化和可控化了。

從這裡看出，發生偷竊這種錯誤其根本的緣由不在哪一個人身上，而在於機制問題。也就是說機制可以在很多方面克服人的不確定性、不可靠性。人是一個社會個體，很多時候都存有私心。私心的驅動會使人們做出違反社會常規的事情，無論現實社會還是神話傳說中，都有機制和制度的影子。

我們處於市場經濟社會，貨物與貨物之間的交易，人與人之間的競爭，都需要一個規範的機制來約束。所以各種秩序和法規便應運而生。這些秩序，或者說各種社會約定是人們在千萬次交易、競爭中總結出來的。人們在市場交易的實踐中逐步懂得，建立秩序是有利於所有市場參與者的利益的。約束所有的人，也保護所有的人。最初的秩序、規則可能是自發的。但隨著市場經濟的不斷發展，交易範圍的不斷擴大，科學技術的不斷進步，自發的秩序、規則早已經不能滿足需要。於是有了經過特定程序，由專門的社會管理部門制定、頒佈的規則和規則約束下的秩序。把這種約定上升為法律、法規、交易規則、技術品質標準以及道德準則等就是規則、制度。

默頓·米勒（Merton H. Miller）

默頓·米勒傑出的學術生涯開始於哈佛，1943年他從哈佛畢業。之後的幾年他在華盛頓特區度過，任職於美國財政部和聯邦儲備委員會。1952年他在約翰·霍普金斯大學獲得博士學位。次年，他加入了位於匹茲堡的卡內基理工學院，教授經濟史。在卡內基理工學院，默頓·米勒首次遇見了略微年長的經濟學家——弗蘭科·莫迪利安尼。他們的合作成為經濟學說史的一部分。莫迪利安尼在1985年獲得了諾貝爾經濟學獎。

凱恩斯的最大笨蛋理論
——期貨的利與弊

期貨合約在期貨交易所交易，並且是每日結算，使買賣雙方皆可順利履約。期貨價格每日都會波動，投資者試圖從這些價格的變動中獲取利潤，而避險者則從價格的變動中規避經營風險。

「期貨和證券是一種投機行為或賭博行為。比如說，你不知道某個股票的真實價值，但為什麼你花20元去買1股股票呢？因為你預期有人會花更高的價錢從你這裡把它買走。」這就是凱恩斯所謂的「最大笨蛋」理論。

「人們之所以完全不管某樣東西的真實價值，即使它一文不值，也願意花高價買下，是因為他們預期有一個更大的笨蛋，會出更高的價格，從他那裡把它買走。投機行為的關鍵是判斷有無比自己更大的笨蛋，只要自己不是最大的笨蛋就是贏多贏少的問題。如果再也找不到願意出更高價格的更大笨蛋把它從他那裡買走，那他就是最大的笨蛋。」

1593年，一位維也納的植物學教授到荷蘭的萊頓任教，他帶去了在土耳其栽培的一種荷蘭人之前沒有見過的植物——鬱金香。沒想到荷蘭人對它如癡如醉，於是教授認定可以大賺一筆，他的售價高到令荷蘭人只有去偷。一天深夜，一個竊賊破門而入，偷走了教授帶來的全部鬱金香球莖，並以比教授的售價低許多的價格很快把球莖賣光了。就這樣鬱金香被種在了千家萬戶荷蘭人的花園裡。後來，鬱金香受到花葉病的侵襲，病毒使花瓣生出一些反襯的彩色條或「火焰」。富有戲劇性的是病鬱金香成了珍品，以致於一個鬱金香球莖越古怪價格越高。於是有人開始囤積病鬱金香，又有更多的人出高價從囤積者那裡買入並以更高的價格賣出，一個快速致富的神話開始流傳，貴族、農民、女僕、煙囪清掃工、洗衣老婦先後捲了進來，每一個被捲進來的人都相信會有更大的

笨蛋願意出更高的價格從他（或她）那裡買走鬱金香。1638年，最大的笨蛋出現了，持續了五年之久的鬱金香狂熱迎來了最悲慘的一幕，很快鬱金香球莖的價格跌到了一個洋蔥頭的售價。

　　這都是期貨惹的禍。期貨（Futures），嚴格說起來並不是貨物，而是一種法律合約，是簽訂合約的雙方約定在未來某一天，以約定的價格和數量買進或賣出該項特定商品。這種商品可能是某種日常產品或金融產品。簡而言之，期貨就是事先訂好的合約，內容載明了買賣雙方所必須履行的義務。而期貨市場就確保了買賣雙方一定會履行應盡的義務。期貨合約在期貨交易所交易，並且是每日結算，使買賣雙方皆可順利履約。期貨價格每日都會波動，投資者試圖從這些價格的變動中獲取利潤，而避險者則從價格的變動中規避經營風險。

　　例如，你買進商品A的期貨，它的保證金比例是1：10，它的交易價格是每單位一萬元。那你只需付出1000元就可以買A商品一個單位了。如果A商品的價格漲了10％，那你就翻番了，你的1000變成2000。如果A商品的價格跌了10％，你就賠光了，你此刻要是平倉你的1000就變成了0，要想繼續持倉，就必須追加保證金。許多人往往因為不服市場，不斷追加保證金，最後家破人亡。所以期貨交易，讓人歡喜讓人憂，有些人抓住了市場需求和時機，在期貨交易中狠賺一筆，有些人因為不瞭解市場發展走向，只能賠了夫人又折兵。

赫泊特‧亞‧西蒙（Herbert A. Simon）
赫泊特‧亞‧西蒙，美國經濟學家。赫泊特‧亞‧西蒙對於經濟組織內的決策程序進行了研究，這一有關決策程序的基本理論被公認為關於公司企業實際決策的創新見解，進而獲得1978年諾貝爾經濟學獎。

亞洲金融風暴中的蝴蝶效應
——金融危機與貨幣危機

東南亞金融危機的爆發來自於外匯市場的衝擊，貨幣危機又成了金融危機的附屬。

1997年7月2日，泰國宣佈放棄固定匯率制，實行浮動匯率制，引發了一場遍及東南亞的金融風暴。當天，泰銖兌換美元的匯率下降了17%，外匯及其他金融市場一片混亂。在泰銖波動的影響下，菲律賓比索、印尼盾、馬來西亞林吉特相繼成為國際炒作家的攻擊對象。8月，馬來西亞放棄保衛林吉特的努力。

一向堅挺的新加坡元也受到衝擊。印尼雖是受「傳染」最晚的國家，但受到的衝擊最為嚴重。10月下旬，國際炒作家移師國際金融中心香港，矛頭直指香港聯繫匯率制。臺灣當局突然棄守新臺幣匯率，一天貶值3.46%，加大了對港幣和香港股市的壓力。10月23日，香港恆生指數大跌1211.47點；28日，下跌1621.80點，跌破9000點大關。

面對國際金融炒作家的猛烈進攻，香港特區政府重申不會改變現行匯率制度，恆生指數上揚，再上萬點大關。接著，11月中旬，東亞的韓國也爆發金融風暴，17日，韓元對美元的匯率跌至創紀錄的1008：1。21日，韓國政府不得不向國際貨幣基金組織求援，暫時控制了危機。但到了12月13日，韓元對美元的匯率又降至1737.60：1。韓元危機也衝擊了在韓國有大量投資的日本金融業。1997年下半年日本的一系列銀行和證券公司相繼破產。

於是，東南亞金融風暴演變為亞洲金融危機。

是不是不可思議？但事實就是這樣，由於泰國政府的一個小小舉措，卻讓整個亞洲經濟陷入危機。有一個演說家在一次演講中說：像一隻亞馬遜河流域熱帶雨林中的蝴蝶一樣，偶爾揮動幾下翅膀，兩週後，可能在美國德克薩斯州引起一場龍捲風。原因在於，蝴蝶翅膀的運動，導致其身邊的空氣系統發生變化，並引起微弱氣流的產生，而微弱氣流的產生，又會引起它四周空氣或其他系統產生相對的變化，由此引起連鎖反映，最終導致天氣系統的極大變化。

亞洲1997年的這場金融危機就是「蝴蝶效應」的具體表現。也是經濟全球化帶來的負面影響所致。

金融危機又稱金融風暴，是指一個國家或幾個國家與地區的全部或大部分金融指標（如：短期利率、貨幣資產、證券、房地產、土地、商業破產數和金融機構倒閉數）的急劇、短暫和超週期的惡化。

其特徵是人們基於經濟未來將更加悲觀的預期，整個區域內貨幣幣值出現幅度較大的貶值，經濟總量與經濟規模出現較大的損失，經濟增長受到打擊。往往伴隨著企業大量倒閉，失業率提高，社會普遍的經濟蕭條，甚至有些時候伴隨著社會動盪或國家政治層面的動盪。

金融危機可以分為貨幣危機、債務危機、銀行危機等類型。近年來的金融危機越來越呈現出某種混合形式的危機。

泰國的金融危機事發於股票市場和外匯市場的動亂。首先是外匯市場的美

元收縮衝擊,使得泰銖在很短的時間內大幅度貶值,進一步影響了泰國的股票市場和金融體系,東南亞的金融市場是一榮俱榮,一損俱損的捆綁經濟,而且各國的貨幣不統一,在國際化的金融市場上美元最終成為交易單位。間接的為金融危機的爆發創造了助動力。

所以,東南亞金融危機的爆發來自於外匯市場的衝擊,貨幣危機又成了金融危機的附屬。

「蝴蝶效應」在經濟生活中比比皆是:中國宣佈發射導彈,港、臺100億美元流向美國;泰銖實行自由浮動,引發亞洲金融危機和全球性股市下挫。太平洋上出現的「厄爾尼諾」現象就是大氣運動引起的「蝴蝶效應」。

詹姆斯‧愛德華‧米德(James E. Meade)
詹姆斯‧愛德華‧米德,英國人。由於與戈特哈德‧貝蒂‧俄林(Bertil Ohlin)共同對國際貿易理論和國際資本流動做出了開創性研究,而獲得1977年諾貝爾經濟學獎。

破窗為何又被擊破
——破窗理論

「破窗理論」在經濟領域廣泛應用。學者黑茲利特曾在1979年對該事例進行過引用，認為小孩打破窗戶，必然導致破窗人更換玻璃，這樣就會使安裝玻璃的人和生產玻璃的人開工，進而推動社會就業，進一步刺激經濟的增長，也就是說「破壞創造財富」。

　　一家理髮店的窗戶破了一個角，由於生意興隆，老闆沒有時間去修理它。有天晚上，一個小男孩路過，看見那扇破了一個角的窗戶，一時興起，撿起一塊石頭砸了過去，大半截玻璃稀裡嘩啦的掉落下來。等老闆追出來後，小男孩已跑得無影無蹤。老闆依舊很忙，那扇掉了大半截玻璃的窗戶依舊是破裂的。

　　過了幾天，小男孩又經過這裡，看見那扇破窗，撿起一塊石頭又砸了過去，毫無疑問那剩下的半截玻璃全都砸爛了。等老闆追出來後，小男孩又跑得無影無蹤了。不得已老闆只能換了塊新的玻璃。為了謹防再出現打破玻璃的情況，很多個夜晚老闆都會站在理髮店門口，企圖逮到那個砸玻璃的小男孩，可是奇怪的是之後再也沒有人來砸玻璃了。

　　「如果有人打壞了一個建築物的窗戶玻璃，而這扇窗戶又未得到及時修理，別人就可能受到暗示性的縱容去砸爛更多的窗戶玻璃。久而久之，這些破窗戶就給人造成一種無序的感覺。」這就是政治學家威爾遜和犯罪學家凱琳提出的「破窗理論」理論。

「破窗理論」在經濟領域廣泛應用。學者黑茲利特曾在1979年對該事例進行過引用，認為小孩打破窗戶，必然導致破窗人更換玻璃，這樣就會使安裝玻璃的人和生產玻璃的人開工，進而推動社會就業，進一步刺激經濟的增長，也就是說「破壞創造財富」。後來經濟學家把破窗理論應用於像洪災、地震、戰爭破壞性事件之中，認為這些破壞性事件有助於推動經濟增長起著不可忽視的作用。

古典經濟學家巴師夏的「破窗」理論卻認為：理髮店不得不支付意外的費用，即安裝新的玻璃，他將損失一些錢。也許，他原本打算買套衣服，但現在他的計劃泡湯了——衣服沒有被生產出來。看來，玻璃商得到的商機只不過是製衣商損失的商機。從社會的角度講，社會有了一扇新窗戶，但它損失了舊窗戶和一套新衣服。在淨餘額中，社會狀況並沒有得到改善。

現在的西方主流經濟學界，對「破窗理論」概述較為系統。他們的理論揭示了潛在購買力與現實購買力之間的關係——小孩打破了理髮店的玻璃，理髮店老闆就被迫把自己家裡儲蓄（潛在購買力）拿出來購買玻璃（轉化為現實購買力）。於是生產玻璃的企業就會擴大就業，進而推動社會財富的顯著增長。

其實，黑茲利特式和巴師夏式的經濟人的理論都存在著偏激。黑茲利特式認為戰爭、洪災能帶來效益，推動了經濟增長，但他們忽略了這些災害帶來的巨大損失。巴師夏式的人們卻忽視了部分迫害帶來的經濟增長。

其實就破窗這一現象來說，社會財富的確增長了，它可以從兩個方面體現出來。一、如果理髮店老闆在玻璃沒有打破之前就考慮要購買一套電器，那麼小孩打破理髮店窗戶玻璃的行為迫使老闆既要購買電器同時還要購買玻璃。這

時，玻璃企業和電器企業都增加了就業或收入，玻璃的破碎帶動了所需，拉動了經濟增長

二、理髮店老闆用於購買玻璃的資本是儲蓄不用的資本。老闆一直很忙，根本沒有時間去管他的破窗，在這種情況下，他從理髮獲得的利潤就成為不動資產，不會花費在任何物品上，也即潛在的購買力不會轉化為現實的購買力。但有了小孩的破壞行為就迫使老闆把那部分收入變成現實的購買力，促使玻璃企業就業的增加，進而導致整個社會就業及經濟增長。以上兩種情況都有利於社會財富的累積，就業的擴大和經濟的增長。

拉格納・弗里希（Ragnar Frisch）
拉格納・弗里希，挪威經濟學家，1895年出生於挪威奧斯陸，畢業於挪威奧斯陸大學。拉格納・弗里希是經濟計量學的奠基人，他和簡・丁伯根發展了動態模型來分析經濟過程。由於他的科研成就，1969年被授予諾貝爾經濟學獎。

柯林頓也沒辦法
——自然失業

弗里德曼提出了「自然失業率」的概念，強調勞動力市場即時出清的制度因素和結構因素可能導致某種水準的失業率，即自然失業率成為瓦爾拉斯體系中的均衡狀態。

一個因失業而挨餓的人住在充滿著富貴氣息的紐約城，為了躲避房東催繳房租，他每天都在馬路上東跑西竄。他感到恥辱和絕望。一天，當他經過一處難民窟時，看見很多婦女拿著舊棉絮煙薰火燎地烹煮從街上撿來的食物，那裡的每個孩子都面黃肌瘦，他們孩童的熱情全被饑餓扼殺了，他們虛弱地躺在陰冷的地板上，微弱地呼吸著。他們的爸爸媽媽和他一樣都是失業的人，只不過，他們其中的多數人是因為工安事故被高位截癱或斷手缺腿，生活的艱難全寫在臉上。

這個人非常難過，他慢慢地從貧民窟走了出去，他決定從明天開始好好找工作，然後賺取很多的錢來解決這些人的問題。失業，隨著十八世紀工業革命的到來滋生的社會問題，連柯林頓也是沒有辦法解決的。身為美國前總統的柯林頓儘管醜聞頻爆，但真正令他感到傷腦筋的，還是居高不下的失業率。因為當時的美國把失業率作為衡量歷屆政府政績的重要指標之一。

失業通常分為永久性失業和尋找性失業。永久性失業是針對那些已喪失工作能力，無法再為社會創造財富的人而言。尋找性失業通常指因企業變動或個人原因造成的失業，但可以根據個人能力和市場需要再就業。比如，由於電力供應的增加，電價下降，發電行業對此的反應便是減少生產和就業機會，大批發電行業的工人便離開了過去的工作崗位，加入尋找性失業者的行列。同時，廉價的電價刺激了家電產品的需求，因此，家電企業便增加了生產和就業，那

麼很多從發電行業裁減下來的人員就可能填補到家電企業中。

不過不管是永久性失業還是尋找性失業，它們的產生都是相當複雜的，而且給國家經濟帶來的損失也很大。鑑於失業造成的危害和產生原因的複雜性，《通論》誕生以來，失業理論一直是宏觀經濟學的一個熱門研究專題。

古典宏觀經濟學將失業解釋成實際薪資偏高的產物。凱恩斯宏觀經濟學則認為，產品市場的超額供給是導致勞動力市場超額供給的主要原因。後來弗里德曼提出了「自然失業率」的概念，強調勞動力市場即時出清的制度因素和結構因素可能導致某種水準的失業率，即自然失業率成為瓦爾拉斯體系中的均衡狀態。

以目前來說，對於失業人數的增加，工、農業行業領域的飽和，各級政府採取了大力發展第三產業，減緩社會失業率的政策，失業的人根據自身優勢投入到第三產業。這種行業之間的需求構成變動被稱作政府試圖透過政策減少失業工人尋找新工作的時間。美國是世界上失業率最高的國家，每年柯林頓政府為此支付40億美元，然而依舊收效甚微。

約翰・希克斯（John R. Hicks）
約翰・希克斯（1904年4月8日～1989年5月20日），英國著名經濟學家，在微觀經濟學、宏觀經濟學、經濟學方法論，以及經濟史學方面卓有成就。1972年獲得諾貝爾經濟學獎，是20世紀最有影響力的經濟學家之一。主要理論貢獻：1.IS-LM模型，成為凱恩斯宏觀經濟學的核心。2.乘數——加速原理，用於解釋經濟週期。主要著作：《薪資理論》、《經濟史理論》、《經濟週期理論》、《凱恩斯經濟學的危機》。

失業中的多米諾骨牌效應
——隱性失業

「隱性失業」隊伍的不斷擴大，會造成對大學教育價值的質疑，甚至引發「讀書無用論」，對整個社會穩定和經濟的可持續發展帶來不利影響。

宋宣宗二年（西元1120年），民間出現了一種名叫「骨牌」的遊戲。這種骨牌遊戲在宋高宗時傳入宮中，隨後迅速在全國盛行。當時的骨牌多由牙骨製成，所以骨牌又有「牙牌」之稱，民間則稱之為「牌九」。

1849年8月16日，一位名叫多米諾的義大利傳教士把這種骨牌帶回米蘭，作為最珍貴的禮物送給了他的小女兒。多米諾為了讓更多的人玩骨牌，製作了大量的木製骨牌，並發明了各種玩法。不久，木製骨牌就迅速地在義大利及整個歐洲傳播，骨牌遊戲成了歐洲人的一項高雅運動。

後來，人們為了感謝多米諾給他們帶來這麼好的一項運動，就把這種骨牌遊戲命名為「多米諾」。到19世紀，多米諾已經成為世界性的運動。在非奧運項目中，它是知名度最高、參加人數最多、擴展地域最廣的體育運動。

從此以後，「多米諾」成為一種流行用語。在一個相互聯繫的系統中，一個很小的原始能量就可能產生一連串的連鎖反應，人們就把它們稱為「多米諾骨牌效應」或「多米諾效應」。

多米諾骨牌效應告訴我們：一個最小的力量能夠引起的或許只是察覺不到

的漸變，但是它所引發的卻可能是翻天覆地的變化。這有點類似於蝴蝶效應，但是比蝴蝶效應更注重過程的發展與變化。

就目前中國的就業率來說，隨著大學連年擴招，人才市場供過於求。迫於就業壓力，大學畢業生不得不接受既無承諾又無保障的就業模式，匆匆簽約，然後再尋求更好的發展。同時，隨著就業層次的下降，不僅畢業生不能做出正確的職業選擇，就連用人企業也缺乏對求職者的瞭解，進而導致人員的高流動性，造成「隱性失業」。

此外，越來越多的畢業生選擇透過考研究所、留學等方式來提高自己的競爭力，暫時緩解就業壓力。而在研究所錄取率沒有明顯提高的情況下，部分考生考場失意。落榜後，很多考生選擇了「重考」，進而形成間歇性的「隱性失業」群體。

如此連鎖發展，一旦形成「氣候」，很容易引發多米諾骨牌效應。一方面，為以後勞動力的大量廉價雇傭和低層次就業提供了「範例」，擾亂大學生就業市場秩序，導致全社會勞動力價值觀念被顛覆；另一方面，「隱性失業」隊伍的不斷擴大，會造成對大學教育價值的質疑，甚至引發「讀書無用論」，對整個社會穩定和經濟的可持續發展帶來不利影響。

戈特哈德・貝蒂・俄林（Bertil Ohlin）

戈特哈德・貝蒂・俄林，瑞典人（1899年～1979年），由於與詹姆斯・愛德華・米德（James E. Meade）共同對國際貿易理論和國際資本流動做出了開創性研究，獲得1977年諾貝爾經濟學獎。

就業難的經濟學分析
——中國就業問題

在中國就業難除了跟市場人才需要的飽和有關外，也跟企業「效率薪資」有關。所謂的「效率薪資」是指即使在經濟衰退的情況下，企業也不願意降低員工的薪資，而寧願裁掉一部分員工。

21歲的趙景，是中央財經大學的財經新聞系大四學生。因為財經新聞系是新增加的科系，全系只有一個班，共40人左右。在外人看來，趙景的學校和科系都相當不錯，而且她學業成績也不錯，應該說有很好的前途。

按照慣例，每年的11月份，都會有企業進駐學校招聘人員。但她畢業這年，慣例的日子早過了，還沒有公司到學校招募。學生們紛紛著急起來，不得不開始主動尋找出路。之前在同學們埋頭苦讀和準備考研究所的時候，趙景卻花了大三大半年的時間在幾家公司實習和兼職。到了找工作的時候，她自然在求職問題上應該說比別的同學更有優勢。

在人山人海的招募會上，排了半天的隊，終於輪到她面試了，但擁擠的人群中，根本無法讓她很好的表現自己。在排隊中，趙景幾次被洶湧而來的人潮擠出隊伍，其中多數是男生。招募會上沒有幾家不錯的企業，稍微看上眼的，費了九牛二虎之力遞上自己的簡歷，基本上就沒有下文了。甚至有時候，招募單位看都不看一眼簡歷就扔到一邊了。

後來趙景又參加了無數次招募會，都是有始無終。

簡單的想法，複雜的形式。有資料顯示，2002屆中國全國大學共有畢業生123萬人，比2001年的115萬人增加了9.4%左右；截至2003年6月20日，全國大學畢業生就業的簽約率為50%左右；全國大學畢業生將增加至212萬人，增幅高達

72.4%；2004年將達到280萬人，而且以後每年的增長率還將保持在10～30%。截至2000年6月，中國各類大學畢業生中待業人數有30萬人左右，2001年超過34.5萬人，2003年達到63.67萬人。事實上，擺在大學生面前的就業形勢已經急劇的惡化了。

就業難除了跟市場人才需要的飽和有關外，也跟企業「效率薪資」有關。所謂的「效率薪資」是指即使在經濟衰退的情況下，企業也不願意降低員工的薪資，而寧願裁掉一部分員工，這樣做的意義在於：第一，成本降低，一部分員工被裁掉之後，企業的薪資支出減少，導致成本降低，企業有可能度過難關；第二，留在企業的員工由於一方面感激企業在危急的時期提供職位給他們，導致工作效率的提高；另一方面存在有大量的失業人員在尋求工作職位，就業難的壓力再一次增大。

另外，如果企業降低整個員工的薪資，就可能導致企業員工的效率低下，主要是由於優秀的員工的積極性被降低了，他們會認為，不應該降低他們的薪資而應該把企業不優秀的員工的薪資降低，而相對不優秀的員工由於本來就低的薪資又被降低了，工作積極性也會降低；這樣，就導致了企業整體員工的工作效率的降低。

同樣，如果我們採用該理論來解釋大學生就業的情況的話，也存在與「效率薪資」一樣的「素質規模」效應。

大學生的增加（應該說是迅速增加），而大學在師資等方面沒有顯著變化的

情況下，大學生的素質開始急劇下降，一方面由於以前因為成績差而考不上學校的學生因為學校擴大招生也錄取了，學校的學生素質開始下降；另一方面，學校的師資保持不變的情況下，大學生就被放任自流了，學校根本就管不了。

有統計顯示，大學生的遊戲、睡覺等佔據了80～90%的時間，而念書時間僅僅不到20%，同時，作為認知社會的實習環節，更是被偷工減料到了只要一個企業的職位而已。這樣就導致了大學生的素質的直線下降。

羅伯特‧索洛（Robert Merton Solow）

羅伯特‧索洛（1924年8月23日出生），美國經濟學家，出生於紐約的布魯克林，以其新古典經濟增長理論著稱，並在1961年被美國經濟學會授予青年經濟學家的克拉克獎章（John Bates Clark Medal），於1987年獲得諾貝爾經濟學獎。新古典派（Neo-classical）經濟增長模型由於索洛的開創性工作而稱之為索洛模型，直到現在該模型仍然是經濟增長理論中不可或缺的內容。

賣水與買水的道人
——貨幣與交換

貨幣在充當了交換媒介的同時，還發揮了貨幣執行計價單位的功能。貨幣執行計價單位功能，就是賦予商品一定的價格。

　　有一個道觀，觀裡共有十個道人，附近的村民們都很尊重他們。因此，他們生活所需的吃、穿、用，統統都是由村民們免費送來，這些小事情都不勞他們操心。但是有一點，就是他們的用水，包括飲用水和日常用水，是從二十幾里路以外的一個井裡挑來的，如果從道觀出發到挑水處來回大概需要一天。村民都有很多農事要做，所以在挑水這點上幫不了忙，也雇不到外人。

　　所以他們必須自己想辦法。假設每個道人每天需要一小盆水，而一擔水正好十小盆，正好夠這十個道人用。而且，一個道人早上出發，差不多到晚上能把一擔水挑回來。但人都是自私的，道人也不例外，誰都不願意花一天時間千里迢迢地主動挑水給大家喝。但不喝水也不行，那麼十個道人怎樣挑才會公平呢？

　　一種辦法是每個道人自己負責挑自己用的水，但這樣一來得準備十副扁擔和水桶，造成了生產工具的浪費。而且，大家每天統統跑一趟，也不划算。還有一種辦法就是輪流，但是輪流也會導致不公平，就是說，誰第一個去挑，誰

就吃虧了。為什麼這麼說呢？因為這幾個道人都很自私，也想到自己早晚會死，輪流挑水，第一個挑水的人可能會多挑一擔，這不公平。所以沒有一個人願意第一個去挑水。

正在大家不知如何是好的時候，一個局外人出了一個主意：買水喝。怎麼個買水法呢？一個人可以去挑一擔水，然後分成十盆，留一盆給自己，剩下的九盆就可以出售給九個道人。到底拿什麼去買水呢？道人們又陷入了困境。局外人又出了一個主意，挑水的人可以按照自己的想法和價格出售水給其他道人，而需要水的道人們可以拿自己身上的念珠、道袍來換。等自己挑了水可以再換回來。這樣一來大家都不吃虧，就算死了，還有交換的物品在自己手中。就這樣問題解決了。

也許這就是最原始的物物交換，不過在自己需要的物品前，自己拿出去交換的東西就充當了貨幣的作用。為什麼這樣說呢？對於挑了水的A道人來說，別人拿來換水的東西對他並沒有迫切的作用；而對於拿物品換水的B道人來說，之所以拿物品換水，是因為對他來說目前水是最重要的物品，拿出去的東西以後還能換回來，但沒水可能就會渴死。所以交換水的物品就充當了貨幣的角色。隨著時間的推移物品因為攜帶不便，人們經研究拿出便於攜帶而且社會上又稀有的東西充當貨幣的角色，比如金。但金銀攜帶也不方便，慢慢地隨著人們對商品交換和買賣這一概念的普遍化，出現了紙鈔。紙鈔就是貨幣演變的結果。

在一個道觀裡，道人們為了自己需要的物品，想出了貨物（水）出售的辦法，解決了喝水問題。作為市場經濟的今天，貨幣的貢獻更是功不可沒。因為在交換中，貨幣不僅充當著商品流通的媒介，其本身也在作為財產的代表成為信用活動的工具。它的產生是一個長期的過程。

人類歷史上最早的商品交換是直接的物物交換，以物易物。不過沒有貨幣的物物交換往往頗費周章，如果甲需要乙的商品，乙卻不需要甲的商品，兩人就不能成交。所以在交換的實踐中，人們逐漸習慣於用某種比較容易為大家接

受的商品來充當商品交換的「中間人」，先把自己生產的商品設法換成這種商品，然後再用它去換回自己需要的商品，進而導致了貨幣的產生。

貨幣在充當了交換媒介的同時，還發揮了貨幣執行計價單位的功能。貨幣執行計價單位功能，就是賦予商品一定的價格。市場上的商品有千萬種，個人對同一種商品效用的評價又有天壤之別，因此人們往往難以弄清楚各種商品之間的交換比例，交易自然也就難以做到公平。由於某個商品出售之後可以得到的貨幣就是該商品的價格，一旦該商品在市場交易中形成了被廣泛接受的價格，人們再也不必一一記住各種商品相互之間的交換比例，只要一看價格就一目瞭然。

此外貨幣可以隨時方便地換成各式各樣的商品和財物。因此，貨幣本身也成為了財產的代表。貨幣作為財產的代表，不僅可以儲存起來作為未來的購買力，而且可以透過借給別人收取利息實現增值。

布阿吉爾貝爾（Boisguilbert, Pierre）

布阿吉爾貝爾，法國經濟學家。法國古典政治經濟學創始人，重農學派的先驅。出生於法國盧昂。曾任盧昂地方議會的法官和路易十四的經理官。他反對貨幣是唯一財富的重商主義觀點，與對外貿易是財富泉源的觀點相反，主張農業才是創造財富的最重要泉源。他強調人們只能按照自然規律辦事，法國重商主義人為干預經濟，違反自然規律，必然給法國帶來災難。他是自由競爭的早期擁護者，他的經濟自由思想和重視農業的觀點為後來的重農學派所繼承和發展。著有：《法國詳情》、《穀物論》、《法蘭西辯護書》、《論財富、貨幣和賦稅的性質》等。

從911看恐怖主義對美國經濟的影響──短期與長期

宏觀經濟學中的短期是價格（包括薪資）不能根據供需變動而調整的時期。長期是價格能根據供需變動而調整的時期。

美國時間2001年9月11日上午，美國航空公司的兩架客機遭劫持，這兩架飛機共有乘客和機組人員156名。8時48分，其中一架波音767飛機在超低空飛行後一頭撞向世貿中心南側大樓，把大樓撞了一個大洞，在大約距地面20層的地方冒出滾滾濃煙。就在大樓內人員驚慌失措之際，18分鐘後，另一架被劫持的波音757飛機再次以極快的速度撞穿了世貿中心姊妹樓的北側大樓，並引起巨大爆炸。此後不久，南側的大樓終於在另一次爆炸後轟然倒塌，當地時間11日10：30，隨著又一聲巨響，北樓也在爆炸中成為另一片廢墟，聞名世界的紐約世界貿易中心姐妹雙塔從此告別了這個世界。

2001年9月11日，恐怖分子襲擊美國，紐約世貿大廈頃刻之間消失，經濟活動受到嚴重創傷。政治家關心的是對以後經濟的影響。

與對任何問題的分析一樣，經濟學家又是仁者見仁，智者見智，分歧相當大。摩根·斯坦利全球首席經濟學家斯蒂芬·羅奇認為也許這種經濟衰退時間會很長、影響會很深，甚至會引起全球經濟衰退。但在美國當教授的華人經濟學家張欣認為，這件事也許會帶動美國經濟，使美國因禍得福。

未來總是不可預知的，誰是誰非還要由歷史來判斷。但是有一點值得注意的 是，在分析這次恐怖事件對於美國經濟影響的時候，首先我們應該區分短期與長期。

經濟學家非常重視短期與長期。在微觀經濟學中，研究對象是個人與企

業，短期與長期的區分是針對企業的，區分的標準是企業生產要素的調整。短期是企業不能根據產量來調整全部生產要素的時期。短期生產要素分為固定生產要素和可變生產要素。長期是企業能根據產量來調整全部生產要素的時期。不同行業的企業調整全部生產要素所需要的時間不同，因此，對不同的企業而言，長期與短期的時間長短並不一樣。例如，像汽車、鋼鐵這類重工業企業，長期也許就是1年之內。在微觀經濟學中，區分短期與長期對分析企業的決策至關重要。

宏觀經濟學中的短期和長期與微觀經濟學中不一樣。這時區分短期與長期是為了分析整體經濟的運行。短期是價格（包括薪資）不能根據供需變動而調整的時期。也就是說，在短期中當供需變動時價格不能及時調整，或者說價格有黏性的，即價格的變動要慢於供需關係的變動。

由於價格黏性，短期中僅僅依靠市場機制調節不能實現充分就業均衡，會出現衰退或通貨膨脹。長期是價格能根據供需變動而調整的時期。也就是說，在長期中價格是完全有伸縮性的。經濟依靠市場機制調節能自發實現充分就業均衡。在宏觀經濟中，多長時間是長期，並沒有完全一致的說法，通常把3年以上視為長期。

各派經濟學家對短期與長期劃分的看法也有分歧。新凱恩斯特別強調短期與長期的區分。他們認為，長期中市場機制的作用不充分，國家干預還是必要的。

在宏觀經濟學家中，絕大多數人還是接受了短期與長期的劃分，對長期與短期做出了相同的分析，即使是一些反對國家干預的經濟學家在分析宏觀經濟

問題時也區分了長期與短期。例如，貨幣主義者儘管反對國家干預，但在分析貨幣量變動對經濟的影響時仍區分了長期與短期，即在長期中貨幣量只決定物價水準而不影響實際GDP，但在短期中貨幣量的變動既影響物價水準，又影響實際GDP。

「9.11事件」會給美國經濟帶來多大衝擊也要從長期與短期來看。經濟學家認為，由於美國市場經濟完善、基礎好，又有科技創新的領先地位，長期中「9.11事件」不會對美國經濟有多大影響，更談不上摧毀美國經濟。但對短期的影響則看法不一。有人認為在短期內會加劇從小布希上臺就開始的經濟衰退，而且這種短期會持續2～3年之久。也有人認為，這次時間會有「破富經濟」的作用，即由於政府支出增加會帶動經濟，使經濟衰退結束。

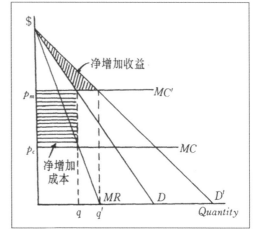

理查・A・波斯納（Posner Richard Allen）
波斯納美國法律經濟學家。1939年1月出生。他將人們從互相交換中各自獲得利益的簡明經濟理論和與經濟效率有關的市場經濟原理應用於法律制度的研究，為屬於非市場行為經濟學、法律經濟學的研究奠定了理論基礎。他認為法律應該在任何行為領域引導人們從事有效率的活動。著有：《法律的經濟分析》、《反托拉斯法：一種經濟學觀點》、《正義經濟學》、《侵權法：案例及經濟分析》、《法理學問題》等。

微軟壟斷與反托拉斯政策
——壟斷與反壟斷法

和競爭企業一樣，壟斷企業的目標也是利潤最大化。壟斷帶來的市場結果，從社會利益的角度來看往往不是最好的。因此，政府可以透過行政手段改善這種不利的市場結果。

2006年6月28日，美國哥倫比亞特區聯邦上訴法院做出裁決，駁回地方法院法官傑克遜去年6月做出的將微軟一分為二的判決，但維持有關微軟從事了違反反壟斷法的反競爭商業行為的判決。上訴法院要求地方法院指定一位新法官重新審理這一歷史性的反壟斷案。

從微軟一案可以看出，在新經濟時代，美國的反壟斷政策重點在於：透過促進競爭推動技術創新。

從1990年聯邦貿易委員會開始對有關微軟壟斷市場的指控展開調查算起，美國政府對微軟的反壟斷行動已歷時10多年，其間白宮兩易其主。根據司法部的指控，傑克遜曾於1997年底裁定，禁止微軟將其網路瀏覽器與「視窗」捆綁在一起銷售，但第二年5月上訴法院駁回了傑克遜的裁決。

於是，司法部和19個州於1998年5月再次將微軟拖上被告席，這一次微軟險些被分拆為兩家公司。

很多年前微軟首次設計出視窗軟體

時，便申請並得到了法律給予的版權。版權使微軟公司具有排他性生產和銷售視窗作業系統的權利。

在競爭市場上因為許多企業提供類似的產品，因此每個企業在為自己的產品定價時必須參照市場上同類產品的價格，所以這些競爭企業是價格接受者。而微軟沒有接近的競爭者，它是不折不扣的價格制定者。微軟將它的程式複製到另一張磁片上只會額外增加區區幾美元的成本，但其收費卻將近100美元。

和競爭企業一樣，壟斷企業的目標也是利潤最大化。壟斷帶來的市場結果，從社會利益的角度來看往往不是最好的。因此，政府可以透過行政手段改善這種不利的市場結果。微軟輸了官司便是證明。

類似的情況已不只一次。1994年微軟準備收購另一家軟體公司時，美國司法部門擔心微軟與圖文公司的合併會造成過大的市場勢力集中到一家企業身上，因此禁止了他們的合作。由此可見，壟斷只能在一個行業內形成，而政府可以透過立法限制壟斷形成和擴大化。

壟斷是出現在自由市場之前的。只要看過亞當·史密斯的《國富論》，就可以清楚地看到這一點。在自由市場作為一種制度還沒有穩定的確立並獲得理論支持之前，各國政府都習慣性地創造著形形色色的壟斷企業，19世紀初，自由企業伴隨著工業革命崛起。然而，到了19世紀末，輿論的潮流又轉向了。在自由市場出現後，為了控制企業的壟斷對小企業的衝擊，政府建立了反壟斷制度。不過，一百多年來，該制度對於保護和促進競爭到底發揮了什麼樣的作用，經濟學家並無定論。

　　「壟斷」可以解釋為經濟力量過度集中，少數企業市場佔有率太高；也可以解釋為濫用市場支配地位。

　　市場佔有率高並不違法，只有當企業利用在某個市場的支配性地位設置障礙阻止其他競爭者進入，或者以「捆綁銷售」等方式在另外的市場進行不平等競爭，才構成需要反對的「壟斷」行為。前者是結構規制的思路，注重市場結構的平衡；後者則可以稱為行為規制，針對企業的具體行為。

艾德蒙德‧菲爾普斯（Edmund S. Phelps）
艾德蒙德‧菲爾普斯，美國哥倫比亞大學教授，就業與增長理論的著名代表人物。研究方向主要集中於宏觀經濟學的各個領域，包括就業、通貨膨脹和通貨緊縮、儲蓄、公債、稅收、代際公平、價格、薪資、微觀主體行為、資本形成、財政和貨幣政策，以及他最有成就的領域——經濟增長問題，被譽為「現代宏觀經濟學的締造者」和「影響經濟學過程最重要的人物」之一。他繼羅伯特‧索洛之後，對經濟增長的動態最佳化路徑進行了分析，提出了著名的「經濟增長黃金律」，進而正式確立了經濟增長理論。

我們所認識的經濟學家
——像經濟學家一樣思考

無論認為經濟學家是聰明還是愚蠢，但不得不承認經濟學家在研究經濟問題時用了一套獨特的方法、工具和概念，建立了反映市場經濟中經濟規律的理論。

「經濟學家就是這樣一種人，他並不知道他所談論的，但是，他讓你覺得這是你的錯誤。」這句話，很難判斷人們是覺得經濟學家聰明還是愚蠢。

有3個經濟學家和3個數學家一同外出旅遊。去的時候，3個數學家買了3張票，而3個經濟學家只買了1張票，數學家心想：「這下子經濟學家會被罰款。」但是，當查票員查票時，3個經濟學家一起躲進洗手間。看到有人進了洗手間，查票員就緊緊跟到洗手間門口敲敲門，躲在裡面的經濟學家遞出一張票，查票員看看就算了。

數學家們覺得這是一個節省開支的好辦法，於是，在回來時，3個數學家只買了1張票，準備如法炮製。奇怪的是，3個經濟學家連一張票也沒買。上車後，數學家一看到查票員就躲到洗手間，當數學家聽到敲門聲就把買的一張車票遞出來，但票並沒有還給他們。為什麼？因為經濟學家敲門之後把票拿走，並躲到另外一個洗手間去了。

但是，也有不少學者文采鮮明地發表關於經濟學家「愚蠢」的觀點。在著名經濟學家克魯格曼的一本著作中有一個故事：一個印度的經濟學家向他的學生解釋他個人領悟的轉世再生理論：「如果你是一個盡職盡責、高尚的經濟學家，你將轉世為一個物理學家；如果你是一個邪惡的、水準低下的經濟學家，那你就將轉世為一個社會學家。」

加爾佈雷斯似乎對經濟預測比較反感。他說：「有兩類經濟預測專家：一

類是並不知道經濟狀況的；另一類是不知道自己不知道的。」與此有異曲同工之妙的幽默是比特所說的：「經濟學家是這樣一種專家，他明天就會知道，為什麼他昨天預言的事情在今天沒有發生。」

經濟學家追求的是經世濟民，因而政策主張總是希望能夠被採納。但是，Alan S. Blinder的「墨菲經濟政策定律」給了當頭棒喝：「經濟學家們在他們最為瞭解、也是最易達成一致的領域，對政策的影響越小；而在他們最不瞭解、分歧最大的領域，對政策的影響最大。」

無論認為經濟學家聰明還是愚蠢，但不得不承認經濟學家在研究經濟問題時用了一套獨特的方法、工具和概念，建立了反映市場經濟中經濟規律的理論。當一般人僅僅看到經濟中各種問題的現象時，經濟學家卻抓住了食物的本質，這正是經濟學家的高明之處。只有認識事物的本質，掌握經濟規律才能做出爭取的決策，這正是我們要學習經濟學的原因。但學習經濟學並不是要用現成的理論去套現實問題，而是要學會一套分析這些問題的方法。經濟學不可能為所有問題都提供現成的答案，但能教會我們分析這些問題的方法。我們每天都會遇到許多經濟問題，也需要隨時做出許多選擇的決策。像經濟學家一樣思考就是要學會用經濟學提供的方法、工具、概念和理論來分析現實問題，並做出正確的決策。

邁克爾·斯賓思（Michael Spence）
邁克爾·斯彭斯，1948年出生於美國的新澤西，美國斯坦福大學教授，2001年獲得諾貝爾經濟學獎。斯賓思教授在現代資訊經濟學研究領域做出了突出貢獻。此外，他提出的信號發送模型將預期、決策資訊、資訊條件等概念引入博弈論，進而對博弈論的發展和應用產生了深遠的影響。

老布希減稅失敗
──持久收入假說

消費者的消費支出不是由他的現期收入決定的，而是由他的持久收入決定的。

「減稅」一詞註定要貫穿喬治‧W‧布希就任美國總統的整個過程。在大選中，布希承諾「10年減稅1.6萬億」（但在國會審核時被減為1.35萬億），使選民笑顏逐開。這一承諾也為他戰勝減稅目標為5000億的戈爾立下了汗馬功勞。

上任之後，為了其減稅案的通過，布希果然不遺餘力四處遊說。他這樣做的最直接原因就是想要兌現自己的競選承諾，給選民一個交待。但另一方面是在貫徹共和黨一貫的小「政府」觀念。共和黨歷來主張「小政府」──減少政府稅收、控制政府支出。布希就任開始，美國經濟已開始露出疲態，減稅的擴張財政政策有利於增加消費需求，刺激經濟增長，擴大就業，對於漸漸開始蕭條的美國經濟來說，無疑是個好消息。

但在民主黨看來，這項減稅計劃卻是「不負責任的財政標誌」。參院預算委員會主席、民主黨人士肯特‧康拉德譴責說：「如此大規模的減稅計劃將使社會保障體系的資金來源受到影響。這完全是錯誤的財政政策！」暫且撇開黨派嫌隙不說，共和、民主兩黨在減稅上的分歧，實質上反映了兩黨在財政政策問題上一貫不同的立場。反對歸反對，減稅政策還是實施了，可惜美國經濟在這一時期的衰退現象並未改變。到了最後老布希的減稅不得不以失敗告終。

減稅對國民來說是有利的，為什麼會以失敗告終呢？這就要瞭解收入如何決定消費，以及不同的減稅如何影響收入。

凱恩斯把消費與收入聯繫起來，建立了說明消費與收入之間關係的消費函數。但凱恩斯把收入解釋為現期絕對收入水準，並得出邊際消費傾向遞減的結

局，卻是錯誤的。從長期統計資料來看，消費函數是穩定的。為了說明這一問題，經濟學家提出了不同的消費函數理論，重新解釋了決定消費的收入 。美國著名經濟學家弗里德曼的持久收入假說就是一種重要的消費函數理論。

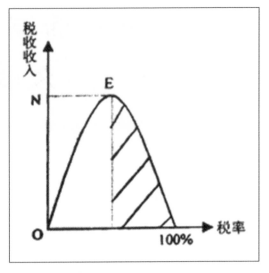

該理論認為，消費者的消費支出不是由他的現期收入決定的，而是由他的持久收入決定的。也就是說，理性的消費者為了實現效應最大化，不是根據現期的暫時性收入，而是根據長期中能保持的收入水準即持久收入水準來做出消費決策的。

為了說明影響消費的收入，弗里德曼把人們的收入分為持久性收入和暫時性收入。持久性收入指長期有規律的收入，一般定義為連續3年以上的固定收入。暫時性收入指臨時的、偶爾的、不規律的收入。持久性收入是有規律的，可預期的，它決定著人們的消費水準。想到百貨公司消費，用我們做臨時工賺來的錢來滿足百貨公司的高消費是不可能，只有那種收入穩定且能支付得起消費金額的人，對消費的帶動才是至關重要的。因為持久收入不僅包括勞動收入，而且還包括財產收入。

美國是個高稅收國家，其稅收額相當於國內生產總值（GDP）的1/3，是財政收入的主要來源。共和黨人一直支持「小政府」理念，希望減少稅收、控制政府支出；而民主黨人則傾向於維持較大的政府開支，透過政府行為來提高社會福利。柯林頓時期，共和黨控制的國會曾多次提出大規模減稅建議，都被堅持「以社會福利為主」的柯林頓政府束之高閣。

有專家指出：雖然減稅和擴大政府支出同為擴張財政政策的工具，但兩者

在對經濟的刺激方式上有著根本區別。降低稅率可直接刺激消費，鼓勵投資，最終帶來新一輪的經濟增長。而擴大政府支出則不一樣，政府僅支出一小部分直接用於政府的購買，刺激消費需求，帶動經濟；但絕大部分支出則投入社會保障和醫療等事業，這一部分是不會帶來投資效益的。

因此，相對而言，減稅對經濟的帶動是長期的，而擴大政府支出雖見效快，但時效短。那為什麼老布希的減稅會失敗呢？因為老布希的減稅並不是降低稅率，而是把應該在1992年從薪資中扣除的所得稅延遲到1993年，即在1993年某個規定的日子再交齊1992年未扣除的所得稅。

這實際上並不是減稅，而是為人們提供了一種短期貸款，這樣一來，人們考慮到這種減稅的暫時性，都不會主動去消費，所以減不減稅都無法刺激消費。稅收的降低是長期的，影響持久性收入，進而影響消費。但老布希的這種減稅，並沒有增加人們的持久收入，只是暫時性的，失敗也在意料之中。

道格拉斯・C・諾思（Douglass C. North）
諾思，1920年11月5日出生，1983年任聖路易大學魯斯法律與自由教授及經濟與歷史教授。重要著作有：《美國的經濟成長》（The Economic Growth of the Unitied States）；《美國過去的經濟增長與福利：新經濟史》（Growth and Welfarein the American Past：A New Economic History）；《制度變遷與美國經濟增長》（Institutional Change and American Economic Growth）；《西方世界的興起：新經濟史》（The Rise of the Western World：A New Economic History）等，並於1993年因研究非正式制度成績突出而獲得諾貝爾經濟學獎。

貿易逆差導致美國淨資產流失了嗎？
——貨幣含義與功能

貨幣的功能有兩點：一種是作為交換的特殊商品，一種是貨幣發行國無償佔有他人資源的貨幣稅。

美國的投資大師華倫・巴菲特曾經說過，「美國的貿易逆差導致美國的淨資產以驚人的速度向海外轉移。」因此，他說自己並不看好美元。為了說明自己的觀點，他編造了一則寓言故事：勤儉島上的居民辛勤耕作，每天生產出很多食物。這些食物除了滿足本島居民的需要外，還出口到揮霍島。揮霍島上的居民不喜歡工作，於是便以本島的債券作為交換，從勤儉島進口食物。勤儉島

上的居民日復一日地換取揮霍島上的債券，並且用這些債券購買揮霍島的土地，最終他們完全擁有了揮霍島。

巴菲特是過來人，他見證了上個世紀80年代日本對美國的瘋狂大收購。因此，他有著非常強烈的憂患意識。但是，巴菲特可能錯了。

因為，美國出口的是一張一張的美元貨幣，換來的卻是真金白銀和美國極需要的食物。一些學者認為，巴菲特的寓言在跨國投資的年代並不可靠。假如揮霍島上的居民將自己的投資搬到勤儉

島上，進行跨國經營，那麼，勤儉島上的居民想要購買揮霍島的土地，必須獲得越來越高的收益，否則無法完全支配揮霍島的土地財產。

換句話說，揮霍島上的財產因為公司的跨國投資而不斷增值，勤儉島上的居民只不過是勤奮地為別人工作而已。這種現象，被某些經濟學者概括為後發劣勢。

我們暫且不說這種後發劣勢的危害性，就美國和其他國家的貿易往來來說，什麼東西充當了信用符號呢？是貨幣。貨幣是商品交換的媒介，是商品生產發展的必然產物。據古籍記載，人類社會較早使用的實物貨幣主要有龜、貝、珠、玉、刀、布等多種。最早出現，且使用最廣泛、最長久的實物貨幣就是貝幣到今天的紙幣。貨幣的發展經歷了一個長期的過程。

貨幣的本質是交換媒介或支付手段，其他功能則與此相關。貨幣作為計價單位即使用貨幣來表示價格或紀錄債務。貨幣作為計價單位是其作為交換媒介的前提條件。貨幣作為價值儲藏是把貨幣作為保存購買力的工具或者資產的一種形式。這是作為交換媒介的延伸。有誰把交換不到其他東西的東西作為資產或精心儲藏呢？只有貨幣。只要交換還存在，貨幣就永遠不會貶值。

美元作為美國貨幣的一個代替符號，充當著信用與媒介的作用。美國人拿這些紙幣，可以從他國換取很多美國本國需要的東西。

比如糧食、石油、飛機、大炮，甚至土地。擁有了這些美元的人，想要在美國購買住屋、物品或居住區，就必須拿美元來換取，這樣，美元就在物物交換的過程中，不斷流動，並不會成為某個人或某個國家的固定資產。它只有在不斷流通中才會發揮它媒介和信用的作用。

具體來說，貨幣的功能有兩點：一種是作為交換的特殊商品，一種是貨幣發行國無償佔有他人資源的貨幣稅。巴菲特提出美元貶值的構想，其實是基於一種古老的概念，那就是在掌握了結算貨幣主動權之後，透過操縱貨幣的發行

數量，可以有效地實現本國資產的保值和增值。

這種貿易方式，在過去經常使用，但在貨幣經濟一體化的今天，其副作用不容忽視。一些發達國家之所以打壓別國的貨幣政策，而不對本國的貨幣進行直接的干預，就是因為貨幣牽一髮而動全身。貨幣的改變不僅僅會損害貿易夥伴的利益，也會對本國的經濟造成很大的殺傷力。所以，巴菲特只是強調了貨幣的某個方面，而沒有說到貨幣的另一個方面。

詹姆斯・托賓（James Tobin）

詹姆斯・托賓，1918年3月5日出生於美國。1957年任耶魯大學史特林經濟學教授。詹姆斯・托賓的貢獻涉及廣泛的經濟研究領域，諸如經濟計量方法，嚴格數學化的風險理論，家庭和企業行為理論，一般宏觀理論，經濟政策應用分析，投資決策，生產、就業和物價關係理論，均做出了突出貢獻。重要著作：《美國企業準則》（The American Business Creed），與哈里斯（S. E. Harris）等合著、《國家經濟政策》（National Economic Policy）、《經濟學論文集：總體經濟學》（Essays in Economics：Macroeconomics）、《十年後的新經濟學》（The New Economics one Decade Older）等。

雅浦島上的「費」
——貨幣的意義

人們常常體會不到貨幣體制乃至貨幣政策的細微變動，會給社會乃至國家的命運帶來影響，其中的原因是，在人們的眼中貨幣太過神秘，其實貨幣就是一種信念。

諾貝爾經濟學得主、貨幣主義大師密爾頓·弗里德曼對美國白銀政策對中國的影響進行了分析。用弗里德曼的說法，在他幾十年的貨幣研究生涯裡，他一而再再而三地注意到，貨幣制度中很多看似微不足道的小事或者變化，常常會引發影響深遠而且始料未及的後果，就像美國的白銀政策會對遙遠的中國產生影響一樣。

他認為，人們常常體會不到貨幣體制乃至貨幣政策的細微變動，會給社會乃至國家的命運帶來影響，其中的原因是，在人們的眼中貨幣太過神秘，其實貨幣並沒有那麼複雜，說穿了它就是錢，就是一種信念，就是在使用階段不會貶值並能給人們帶來好處的東西。為了讓人們對貨幣這個概念有一個更明確的認識，弗里德曼特別舉了一個故事：

在太平洋加羅林群島中有個雅浦島，島上不生產金屬，所以島上使用打製成圓形的石頭作為交換媒介，島上人民把這種當貨幣使用的圓形石頭叫做費（fei）。用石頭作為貨幣並沒有什麼奇特之處，畢竟在這個世界上，有很多東西比如羽毛和珠串等都一度充當過貨幣。這裡值得一提的是島上人民用石頭作為交易的方式，與世界其他地方不同，這個島上的居民在完成一筆交易後，竟然可以不用搬走石幣。最典型的例子是，有一家人的祖先曾經在另外一個盛產石頭的島上，採集到一塊碩大的費（石頭），在運回雅浦島的途中，運「費」的木筏遭遇了風暴，為了救人，只好砍斷捆綁著費的纜繩，費也因此沉入海底。

倖存者們回家後，都證明那家人得了
一塊質地優良的費，體積也非常巨大。從
那時起，島上所有的人都承認，石頭落入
海底只是一個意外的事故，事故太小，不
值得一提。海水雖然淹沒了石頭，但影響
不了石頭的購買價值。因為，石頭已經被
鑿製成型，很多人都看見過，所以石頭雖
然在海裡，但就像放在家裡後院一樣。

這塊費雖然躺在大洋底下一動也不
動，但它在岸上卻媒介了幾輩子的交易。
更好玩的是，因為雅浦島上沒有公路，當時的殖民統治者想修築一條道路，但
命令發下去後，島上人民因為赤腳走慣了碎珊瑚小路而懶得執行。情急之下，
統治者想出了一個辦法，他們派出一個人，拿著一支黑筆，把每塊有價值的費
都畫上一個黑十字，表示這塊費已經被政府徵收。這個辦法真的很神，島上的
公路馬上就修好了，而且非常齊整。後來，當局又派出幾個人，擦掉了費上的
黑十字，擦掉了黑十字的費又成了島民們自己的資本，島民和當局都很高興。

在這裡，弗里德曼展示了他是如何透過一些表面現象來探討貨幣現象的。
他對這個故事感興趣並不是出於好奇，而是想讓我們認識貨幣。所以，他又說
了一個文明社會司空見慣的事情來和島上人民的行為加以比對。

1932年，法國銀行因為美國經濟中的某件事情而害怕美國放棄金本位，害
怕美國不再按照一盎司黃金兌換20.67美元的傳統價格兌換黃金。於是，法國銀
行要求紐約聯邦儲備銀行把法國存在美國的美元資產轉換成黃金。法國並不想
把這筆黃金裝船運回法國，所以法國銀行要求聯邦儲備銀行把黃金存到法國銀
行的會計帳簿上。

於是，聯邦儲備銀行的官員來到地下金庫，將那筆黃金從一個櫃子裡拿了

出來，又放到了這個金庫的另一個櫃子裡，不同的是，這個櫃子上有個標籤，標籤上註明，這個櫃子裡的東西是屬於法國的。

聯儲官員的這一行動當然會見諸財經報刊頭條，內容自然是說美國的黃金儲備正在減少，法國的黃金儲備正在增加。市場對此的解釋則是，美元走軟，法郎強勢。歷史上，因為這次法國向美國兌換黃金而造成的所謂黃金流失，最終成了導致1933年銀行業大恐慌的原因之一。

現代人和原始島民對財富的看法實際上並沒有什麼不同。原始島民將開採出來並打製成形的石頭視為自己的財富，寶貝似地放在自家後院牆角下；現代人將開採出來並經過冶煉的黃金視為自己的財富，又放入精心設計的地下金庫中。某樣東西為什麼會成為寶貝，原因只有一個，那就是每個人都相信別人會接受這個東西。你看，哪怕我們只是拿著一張紙，如果每個人都認為這張紙能代表財富，我們就會十分寶貝它。

只是，為什麼這個代表財富的貨幣，有時候人們會不顧一切去爭取它，有時候又會在槍口指著的時候才肯接受呢？按照弗里德曼在書中的說法，這裡其實存在一個信念價值，石頭或黃金或紙張能代表財富是基於人們的一種信念。這種信念有時候非常強大，堅不可摧，有時候非常脆弱，不推也倒。這就是貨幣。

威廉・F・夏普（William F. Sharpe）
威廉・F・夏普，1934年6月16日出生於美國。威廉・夏普在金融經濟學方面做出了開創性工作，進而獲得1990年諾貝爾經濟學獎。重要著作：《投資組合理論與資本幣場》（Portfolio Theory and Capital Markets）、《資產配置工具》（Asset Allocation Tools）、《投資學原理》（Fundamentals of Lnvestments），與亞歷山大（Gordon J. Alexander）及貝雷（Jeffrey V. Bailey）合著等等。

第三章
經濟學其他相關故事

獵人與獵狗的博弈之道
——效率與收益遞減

任何事物的利用都必然會出現收益遞減現象，最終甚至出現負收益。資本、勞務、技術等生產要素的投入是這樣，作為制度的激勵運用也同樣是如此。

樹林裡，生活著一個獵人，獵人養了一隻綿羊和一條獵狗。一天獵狗看見一隻兔子，便拔腿追趕。然而獵狗始終未能捉到兔子。山羊看到此情景，譏笑獵狗說：「還是小的比大的快！」獵狗回答道：「你不知道我們兩個跑的目的是完全不同的嗎？我僅僅是為了一頓飯，而牠是為了保住性命呀！」

這些話被獵人聽到了，獵人心想：「獵狗說的對，每隻動物或每個人的目標取向不同，所以最後達到的效果也不一樣。如果我想得到更多的獵物我就得想個辦法。」於是，獵人又買了幾條獵狗。他告訴獵狗們，「凡是能夠捉到兔子的，就可以得到幾根骨頭，捉不到的就什麼也沒有。」為了生計，獵狗們不得不拼命去追趕兔子。而獵人得到的獵物也直線上升。

這樣過了一段時間，問題又出現了。

獵狗們捉到大兔子得到的獎賞和捉到小兔子得到的獎賞一樣多，但捉大兔子要比捉小兔子辛苦，所以獵狗們專挑小的去追。慢慢地，獵人看到牠們捉到的兔子越來越小，十分納悶，就問一隻獵狗：「最近你們捉到的兔子為什麼越來越小了呢？」忠實的獵狗說：「獵狗們都覺得捉大、捉小得到的獎賞都一樣，更何況大兔子又難捉到，與其花那麼多心血還不如捉小的來得容易。」

獵人再三考慮，決定採取另一種措施來杜絕獵狗的這種想法，他不再以捉到兔子就可以得到獎賞來對待獵狗，而是採用每過一段時間，就統計一次獵狗捉到兔子的總重量的多少，來決定其應得的待遇。

　　這就有點一分耕耘，一分收穫的性質，於是獵狗們捉到兔子的數量和重量都增加了。吃骨頭總有吃膩的時候，有了經驗的獵狗們已不再滿足於自己辛辛苦苦捉到的兔子把99%都奉獻給獵人，自己只留那一點的骨頭。所以牠們決定脫離獵人自己捉兔子享用。

　　獵人意識到獵狗們正在流失，並且那些流失的獵狗像野狗一樣和自己的獵狗搶兔子。情況變得越來越糟，獵人引誘了一隻野狗，問牠到底野狗比獵狗強在哪裡。野狗說：「獵狗吃的是骨頭，而野狗吃到的是整隻兔子。您想想骨頭和肉哪個在身體裡釋放的能量大？話說回來，不是所有的野狗都餐餐有肉吃，有時候連骨頭都吃不到，不然也不至於被你誘惑。」

　　於是獵人又做了新的決策，使得每隻獵狗除了基本骨頭外，還可獲得其所獵兔肉總量的n%，而且隨著服務時間越長，貢獻越大，該比例還可遞增，並有權分享獵人總兔肉的m%。這一決策一出臺，流失的獵狗紛紛要求歸隊。

　　日子一天一天過去，冬天到了，兔子越來越少，獵人的收成也一天不如一天。而那些服務時間長的老獵狗們老得無法再捉到兔子，但仍然無憂無慮地享受著那些牠們自以為是應得的大份食物。終於有一天獵人覺得牠們已經對他沒有任何用處，便將牠們掃地出門，然後招募更加身強力壯的獵狗為己所用。

　　被掃地出門的老獵狗們已經積存了一定量的資源，於是牠們成立了一家公司，採用連鎖加盟的方式招募野狗和流散的獵狗，向牠們傳授獵兔的技巧，並從獵狗們獵得的兔子中抽取一部分作為管理費。

　　公司還許諾，只要野狗加盟就能得到公司n%的股份。誘惑力使野狗們一一地加入。一些在獵人門下的年輕獵狗也開始蠢蠢欲動，甚至連獵人也想加入。就這樣，牠們彼此開始享受雙贏。

　　獵人和獵狗博弈的結局告訴我們：在企業發展過程中要多考慮企業之間的合作利益。在市場經濟的今天，化競爭為合作是企業盈利的關鍵。因為合作不

僅創造利潤而且降低交易成本，而且這種參與交易的各方都能夠自覺地遵守牠們達成的各種正式的或者非正式的契約，不用花大量的承辦用於監督交易雙方的契約行為，意味著雙方都旨在提升雙方的力量做一件事情，目的是為了提高效率。所以獵人和獵狗的這種合作並不單純是為了便利而是生死攸關：獵狗捉到了兔子，獵人就有飯吃，而獵狗也能得到骨頭。所以棋逢對手，慎重地走好每一步，為的是雙方都能走的更長遠。

從分配角度來分析，獵人是公司管理的最高層，採用一系列的激勵機制來激發獵狗的積極性。從最初的平均主義，到一分耕耘，一分收穫，再到實施獎勵機制、股份分成等手段，將激發員工創造更多效益的激勵機制和約束員工的懲罰機制有效結合起來，進而為自己創造了更多利潤。

獵人最後之所以失敗，從經濟學的角度來分析，任何事物的利用都必然會出現收益遞減現象，最終甚至出現負收益。資本、勞務、技術等生產要素的投入是這樣，作為制度的激勵運用也同樣是如此。適度激勵能為企業帶來良好的動力效果，而過度地追求激勵，則可能對員工產生負面作用，導致工作與激勵的過度依賴，最終影響企業的健康發展。

弗蘭科・莫迪利安尼（Franco Modigliani）

弗蘭科・莫迪利安尼，1918年出生於義大利，是義大利籍美國人。他在1985年獲得諾貝爾經濟學獎。第一個提出儲蓄的生命週期假設，這一假設在研究家庭和企業儲蓄中得到了廣泛應用，進而獲得此殊榮。重要著作：《國民所得與國際貿易》（National Income and International Trade），與內舍（H. Neisser）合作；《通貨膨脹環境中穩定住宅新抵押設計》（New Mortgage Designs for Stable Housing In Inflationary Environment），與萊沙德（D. Lessard）合作等。

皇帝爲什麼要殺掉功臣
──代理理論

皇帝與功臣間的關係也是一種委託代理關係。皇帝是帝國的所有者，控制著帝國的產權，但他不可能直接治理國家，必須委託一個或數個代理人來幫助他管理國家。

有一個關於朱元璋建慶功樓宴請功臣的故事。

朱元璋為了表示對跟隨他南征北戰、打下江山的開國功臣們的謝意，要建造一座慶功樓宴請諸功臣，很多人深受感動，稱讚太祖英明。只有軍師劉伯溫憂心忡忡，懇求朱元璋讓他辭官歸田。朱元璋再三挽留不得，便取出許多金銀送給劉伯溫，親自送他出宮。劉伯溫來到徐達府上向他辭行，臨別再三叮嚀徐達慶功樓宴請功臣之日，要他緊隨皇上，寸步不離。

建成的慶功樓，坐落在鼓樓崗的山坡上，樓身又寬又矮，窗戶又高又小，看起來似乎又結實又安全。朱元璋選定日子，邀請所有功臣前來赴宴。徐達因為謹記劉伯溫的臨別贈言，席間跟著朱元璋離開了慶功樓。剛走出慶功樓不久，只聽「轟隆隆」一聲巨響，慶功樓瓦飛磚騰，火光沖天，可憐滿樓功臣，全部葬身火海。

原來，朱元璋為了永保朱姓天下，才設下這場火燒慶功樓的毒計。徐達雖從慶功樓死裡逃生，但朱元璋最終還是賞公鵝將他賜死了。

「飛鳥盡，良弓藏」，在中華帝國幾千年的歷史上，周而復始地上演著這齣鬧劇。整個歷史陷入惡性循環，無論你如何掙扎，終究不能擺脫。經濟學的發展使人們可用經濟理性的分析方法來分析一些歷史現象，功臣與皇帝之間的關係，用資訊經濟學的理論可以得到一個比較合理的解釋，儘管這不會是唯一的

解釋。

在資訊經濟學的委託——代理理論中，由於資訊不對稱，代理人有多種類型，代理人自己知道自己屬於什麼類型，但委託人不知道。為了顯示自己的類型，代理人選擇某種信號，委託人根據觀測到的信號來判斷代理人的類型，和代理人簽署合約。

如同越國的范蠡一樣，吳國已滅，越王勾踐江山已穩，這時他是不願意看到比自己優秀的人出現在他身邊的。范蠡觀測到君王這種嫉才心理，馬上功成身退，最後得以保全性命。這就是所謂的信號傳遞模型。

一個企業中，信號傳遞模型體現了企業雇主與雇員的關係：雇員知道自己的能力，雇主不知道；為了顯示自己的能力，雇員選擇接受教育。而雇主根據雇員的教育水準支付薪資。

皇帝與功臣間的關係也是一種委託代理關係。皇帝是帝國的所有者，控制著帝國的產權，但他不可能直接治理國家，必須委託一個或數個代理人來幫助他管理國家。在這種委託代理關係下，皇帝給功臣們高官厚祿，對他們的要求是勤奮工作，為皇帝效命。

不過皇帝最主要、最關心的還是要求功臣們不得造反。一旦皇帝感受到這種「造反」的信息，不管這種信息是否正確他都會採取一定的行動來扼止。這就是皇帝們為了保住自己的皇位，「寧可錯殺千人，也不肯放過一個」的原因。

其實用經濟學理論很容易解釋這個現象。功臣們的資產除了官位、兵權這

些有形資產外，還有不可與其肉體分離的威望、才幹、人際關係和勢力集團這些無形資產。功臣們交出了兵權，但這些無形資產卻無法一起上繳。

正像越王勾踐賜給文種寶劍時說的：「你教我七種討伐吳國的計謀，我用了其中三種就打敗了吳國，還有四種在你那裡沒有使用，你為我到先王那裡去試用這些計謀吧！」於是，文種自殺。那些葬身在慶功樓火海中的人，智慧與才能都不在朱元璋之下，他們的存在只會給朱家天下帶來致命威脅，所以必須一網打盡，確保自己的主導地位。

理查‧約翰‧斯通（Richard Stone）
理查‧約翰‧斯通（1913年～1991年）出生於英國。理查‧約翰‧斯通被譽為國民經濟統計之父，在國民帳戶體系的發展中做出了奠基性貢獻，極大地改進了經濟實踐分析的基礎，進而獲得1984年諾貝爾經濟學獎。

哈雷彗星和少校
——決策資訊傳遞失真

少校的命令在傳遞過程中一次次被過濾、被疊加、被篡改、被遺漏，最後到士兵那裡已經面目全非。通常在經濟領域，決策失真會導致財產的損失和企業形象的破壞。

1986年，哈雷彗星要經過地球的前天上午，某部對這件事的傳達發生了一系列情況：少校對值班軍官說：「明晚8點鐘左右，百年難遇的哈雷彗星將經過地球，人們可能會在這個地區看到它的蹤跡。這種彗星每隔76年才能看見一次，命令所有士兵著野戰服在操場上集合，我將向他們解釋這一罕見的現象。如果下雨的話，就在禮堂集合，到時我會為他們放一部有關彗星的影片。」收到命令的值班軍官對上尉說：「根據少校的命令，今晚8點，76年出現一次的哈雷彗星將在操場上空出現。如果下雨，就讓士兵穿著野戰服列隊前往禮堂，這一罕見現象將在那裡出現。」

上尉便向中尉傳達命令說：「根據少校的命令，今晚8點，非凡的哈雷彗星將身穿野戰服在禮堂出現。如果操場上有雨，少校將下達另一個命令，這種命令每隔76年才出現一次。」中尉收到命令後對上士說：「今晚8點，少校將帶著哈雷彗星在禮堂出現，這是每隔76年才有的事。如果下雨，少校將命令彗星穿上野戰服到操場上去。」這個命令到這裡已經完全變了樣，可憐的上士再怎麼正確地傳達中尉的命令也闡述不了事情的本來面目。所以上士乾脆對士兵說：「今晚8點下雨的時候，著名的76歲的哈雷將軍將在少校的陪同下，身著野戰服，開著他那『彗星』牌汽車，經過操場前往禮堂。」

我們姑且不論上校到該部後怎樣看待他的下屬或下屬怎樣看待他的上校，就問題本身的走向來說，導致這一結果的原因是決策失真。少校的命令在傳遞

過程中一次次被過濾、被疊加、被篡改、被遺漏，最後到士兵那裡已經面目全非。這樣的失誤在一個演講當中可能造成的損失不是很大，但如果這一失誤出現在外敵入侵或地震防範的傳達中，造成的損失可能誰也無法估計。因此，把握好決策的真實、準確度至關重要。

在經濟工作中科學地預測未來的發展動向，正確地使用決策技術和手段，是經濟工作者經常碰到的問題。通常在經濟領域，決策失真會導致財產的損失和企業形象的破壞，例如經濟領域中會計信息嚴重失真等問題比較突出時，審計機關就會依據財政、財務收支的各項規定，以真實性為審計目標。所以減少決策資訊失真度，使決策建立在真實、可靠的資訊基礎之上，就可以最大限度地減少決策失誤。

另外，想減少決策失真，有效的決策人首先需要辨清問題的性質：是一再發生的經常性問題呢？還是偶然的例外？換言之，某一問題是否為另一個一再發生的問題的原因？或是否確屬特殊事件，需以特殊方法解決？倘若是經常性的老毛病，就應該建立原理、原則來根治；而偶然發生的例外，則應該按照情況做個別的處置。比如減少決策傳遞的層次；在企業內部要調整好資訊傳遞的機制和管道；建立決策執行失真責任追究制度等。

肯尼斯‧約瑟夫‧阿羅（Kenneth J. Arrow）
肯尼斯‧約瑟夫‧阿羅，美國人，與約翰‧希克斯（John R. Hicks）共同深入研究了經濟均衡理論和福利理論。並於1972年獲得諾貝爾經濟學獎。重要著作有：《社會選擇與個人價值》（Social Choice and Individual Values）、《公共投資、報酬率寫最適財政政策》（Public investment，the Rate of Return，and Optimal Fiscal Policy）（與喀西合著）、《風險承擔理論論文集》（Essays in the Theory of Risk Bearing）、《組織的極限》（The Limits of Organization）等。

夜叉的煙幕彈
——資訊的不完全性

資訊不完全性導致了傳統的經濟學理論從微觀到宏觀的過渡成為不可能。

有兩位商人，各帶領了五百位商人出外經商，這兩隊人同時來到一個曠野。這時，一個夜叉鬼化身成年輕人，穿著高貴的衣服，頭上戴著花，一邊走還一邊彈著琴。見到商人，就對他們說：「你們何必辛辛苦苦載這麼多的糧草和水？前面不遠的地方，就有清澈又甘甜的水，更有肥美的草。你們何不跟著我走，我來帶路！」其中一位帶隊的商人，聽信了年輕人的話，立刻放棄所有背負的水和糧草，跟著年輕人走了。另一位帶隊的商人則說：「我們現在並沒有真的看到水和草，還是應該謹慎些，不能丟棄身上的糧草和水！」結果丟棄水和糧草先走的這一隊商人，因為找不到水和糧草，全部渴死了。另一隊商人，則順利到達了目的地。

決策的成敗是決定企業興衰的重要因素，決策成功是企業最大的成功，決策失誤是企業失敗的根源。90年代以來，中國蘇州市建造了不少高樓層建築。當時，金閶區商業局擬建五洲大飯店，最初方案是建14層樓，但後來反覆論證，發現幾年後蘇州市高樓必然「過剩」，後削減一半，改為7層樓。近五年來，金閶商業在石路地區建造了20幢商業大樓，但都在7層樓以下，至今無一「套牢」。實踐證明，這一決策是成功的。而已經建造高樓的，十之八九都被「套牢」。

決策的成敗取決於決策者素質的高低，高科技、高智商的人才對企業發展有重大的促進作用。當今世界經濟已進入知識經濟的新階段，知識資本對經濟增長的貢獻率已遠遠高於傳統的生產要素，並對經濟增長的軌跡和趨勢起重要的影響。知識企業已成為知識經濟的核心，關鍵就在於企業要有高科技、高智

商的人才。另外在做出正確的決策之前，還要對參與這項決策的人員進行分析，通常正確的決策是在掌握了各參與者的資訊後才出籠的。第二個商人之所以能順利到達目的地在於他能做出正確判斷。

首先他要對夜叉的言行做判斷，沒有見到水怎能輕易丟棄儲備物品；其次這個只有一面之緣的人是否靠得住？判斷後他做出了正確選擇：不跟隨夜叉，見到水再說。現時生活中，有些個體為了自身利益最大化，會放煙幕彈，蠱惑人心。在這種情況下，人們很容易做出錯誤的決策，這跟資訊不對稱不無關係。幾乎在所有的情況下，不同經濟主體的資訊資源和資訊處理都是不對稱的。由於主體本身的能力和環境的差異，使得就算是相同的資訊，經過處理和得出的決策可能是完全不同的。因此，由此發出的新的資訊將繼續擴大這個不對稱。經濟學不考慮解決人們的有限理性局限。資訊的不對稱單方面就是資訊的不完全。

所以研究任何一種經濟現象和行為，都必須充分注意到這個資訊的不完全性，我們不可以撇開這個基本原理來談論經濟，尤其是涉及所謂微觀、個人的經濟行為問題。資訊不完全性導致了傳統的經濟學理論從微觀到宏觀的過渡成為不可能。

羅奈爾得・科斯（Ronald H. Coase）
羅奈爾得・科斯，1910年12月29日出生於英國。1951年獲得倫敦大學博士學位。重要著作：《英國的廣播：壟斷的研究》（British Broadcasting：A Study in Monopoly）、《廠商、市場與法律》（The Firm，the Market，and the Law）、《經濟學與經濟學家論文集》（Essays on Economics and Economists）等。他揭示並澄清經濟制度結構和函數中交易費用和產權的重要性，而獲得1991年諾貝爾經濟學獎。

老鼠的風險
——風險型決策

風險型決策是指每個備選方案都會遇到幾種不同的可能情況，而且已知出現每一種情況的可能性有多大，即發生的機率有多大，因此在依據不同機率所擬定的多個決策方案中，不論選擇哪一種方案，都要承擔一定的風險。

玉皇大帝決定挑選十二種動物代表人間生肖，並賜封為神，為體現公平原則，玉皇大帝下令，在規定的日子，人間的動物都可以到天宮應選，並且以動物們趕到天宮的先後作為排名次的順序，只取最先趕到的前十二名。

那時鼠和貓是好朋友，牠們約定一起到天宮爭取當生肖，並約定到時老鼠來叫貓一起出發。可是，機靈的小老鼠想，人間的許多動物都比自己漂亮，並且對人類有用，自己應當想個法子才能爭取到名次。

於是，甄選那天一早，小老鼠悄悄地起來，也沒去叫貓，獨自一人偷偷跳到老牛的角中藏起來，韌性最好、最勤奮的老牛第一個趕到天宮大門。天亮了，四大天王剛打開大宮門，牛還沒有來得及抬蹄，小老鼠從牛角中一躍而下，直奔天宮大殿。

儘管玉皇大帝十分不願意封這個小小的老鼠為生肖，可是君無戲言，自己定下的規定不能更改，玉皇大帝也只好宣佈鼠為生肖之首。

貓在家等了半天，不見鼠的影子，只好自己趕去天宮，由於等待老鼠耽誤

了時間，等貓趕到天宮時，十二生肖的名額已滿，沒有貓的分了。從此，貓和老鼠變成了天敵。人們也覺得老鼠這個生肖之首來得不怎麼光明正大，也對老鼠失去了好感，其他動物也疏遠了牠。

為了避免貓的追打和人類的鄙視，老鼠不得不躲到地下。這樣一來反而避免了和其他動物的糾纏、爭鬥，所以鼠的家族始終昌順、繁衍不息。不管怎麼說，老鼠畢竟是憑自己的機警和聰明坐上了生肖的第一把交椅。

小老鼠在這個故事中做了一個風險型決策。在眾龐大的動物群體中，牠想入選，必須先下手為強。對牠來說，面對的競爭對象不僅僅是貓，還有成千上萬比牠更佔優勢的動物，所以老鼠必須做出一個正確的決策使自己處於優勢。但另一方面，這個決策的出臺，可能帶來很大的風險，比如落選、眾叛親離、一輩子見不得陽光等。但權衡一下這項風險帶來的效益，老鼠還是願意去冒這個險。

對人們來說，做一項決策，可能成功也可能失敗，也就是決策者要冒一定風險。現實生活中，遇到的決策問題很多是屬於風險型決策問題。風險型決策是指每個備選方案都會遇到幾種不同的可能情況，而且已知出現每一種情況的可能性有多大，即發生的機率有多大，因此在依據不同機率所擬定的多個決策方案中，不論選擇哪一種方案，都要承擔一定的風險。

在多數情況下，要獲得較高收益的決策，往往要冒較大的風險。對決策者來說。問題不在於敢不敢冒險，而在於能否估計到各種決策方案存在的風險程度，以及在承擔風險時所付出的代價與所得收益之間做出慎重的權衡，以便採取行動。

風險型決策方法不同於確定型決策方法，其適用的條件也不同。運用風險型決策方法必須具備以下條件：

1、具有決策者期望達到的明確目標；老鼠的目的就是為了要做生肖之中的

第一把交椅。

2、存在決策者可以選擇的兩個以上的可行備選方案。

3、存在著決策者無法控制的兩種以上的自然狀態（如氣候變化、市場行情、經濟發展動向等）。

4、不同的行動方案在不同自然狀態下的收益值或損失值（簡稱損益值）可以計算出來。

5、決策者能估計出不同的自然狀態發生的機率。

卡爾・亨利希・馬克思（Karl Heinrich Marx）

卡爾・亨利希・馬克思（1818年5月5日～1883年3月14日），德國政治哲學家及社會理論家，馬克思主義創始人。1848年發表《共產黨宣言》，第一次完整而系統地闡述了斬新的無產階級世界觀，並親身參與歐洲革命；1867年出版《資本論》第一卷（第二、三卷由恩格斯整理出版），揭示資本主義產生、發展、滅亡的規律，深刻地論證了科學共產主義。

小老闆的困惑
──經營權和所有權

現代企業理論將企業視為使一組生產要素連結起來的特殊合約。行使合約中未經指定權利的相關抉擇權是企業的剩餘控制權；獲取由企業總收益與總成本的差構成之剩餘（利潤）的權利是剩餘索取權。

張靖在公司旁承包了一家小吃店，雇了一個自認為信得過的人打理小店，他只有中午和下班時，才能到小吃店處理或結算一下開支。初開業時，雇來的代理老闆還算勤快，只是偶爾會抱怨一下自己的辛苦，或誇耀一下自己的勞務回報；但日子一久，代理老闆竟對小吃店「獨當一面」起來。

張靖這時才發現，代理老闆已然假公濟私、暗渡陳倉了：不是侵佔公款，就是不時地大吃一頓，還順便拿小吃店的東西養起自己的家人來。張靖抱怨說：「我給他的薪水也不少，但這樣下去，本錢收不回來不說，還可能面臨虧損。」換人嗎？不一定比這個代理老闆好到哪裡去；關門大吉，卻又心有不甘，張靖開始對人的信譽和道德困惑不安。

身為個體的人，私利之心是難免的，我們不能說這是私人企業中的個人主義在作祟。其實某些以集體主義為主的國營企業，經理、負責人們難道就不會出現類似的「道德問題」和「誠信問題」嗎？當然會，中國李經緯事件就是很好的例證。2002年10月，一手打造了「鍵力寶」的李經緯因涉嫌貪污罪被罷免第九屆全國人民代表大會代表職務。在褚

時健事發3年之後親手複製了第二個褚時健式的悲劇。

經濟學家說：「現代企業理論將企業視為使一組生產要素連結起來的特殊合約。行使合約中未經指定權利的相關抉擇權是企業的剩餘控制權；獲取由企業總收益與總成本的差構成之剩餘（利潤）的權利是剩餘索取權。」類似張靖或李經緯這樣的公司制企業中的所有權與經營權是分離的。

企業中所有者完全佔有剩餘的制度產生了對企業的經營者的激勵不足：所有者追求的是剩餘最大，經營者追求的是自身報酬最佳；小老闆的困惑緣於代理老闆的剩餘索取權問題，即代理老闆除了應有的薪資外，還應享有小吃店之盈餘。經營小吃店的代理老闆和投資開辦這家小吃店的張靖就是因為最後盈餘問題，使二者的利益相互侵蝕。

說穿了，就像「頂身股」一樣，此時的代理老闆已不僅僅是投資者的幫手或管理者，還成為入股者之一。以何入股，就是代理老闆人力資本的入股。而人力資本（用經濟學家給出的定義）則包括了人的健康、容貌、體力、幹勁、技能、知識、才能和其他一切有經濟含義的精神力量。

小吃店之所以出現令小老闆困惑的問題，是因為代理老闆的剩餘索取權問題。事實上，代理老闆與純粹的幫傭是不一樣的，他賺的是幫傭的錢，做的卻是主人的工作。他要靠自身的才智和才能管理小吃店，而這個小吃店卻又不屬於他自己。

也就是說，不論他管理的好與壞，他所拿到的錢都是一樣的，頂多也只能

額外拿點獎金，小吃店的利潤與他無關。對於李經緯來說，付出再多，這家企業終究也不會屬於他個人，認識了經營權和所有權的區分之後，人們往往都會走向極端。

小老闆投入的人力資本是經濟增長中最具能動性的因素，而人力資本的一切秉性如幹勁、技能、才能等，天然又是屬於個人擁有，別人是無法剝奪和強行控制的。但是，人力資本入股後，亦即人力資本真正融於企業後，則會自願發揮出巨大的能量。小吃店如此，大企業也如此。

正如經濟學家所說：「人力資本只有產權化，才能使人力資本的作用充分發揮出來，甚至使它的作用百分之百地發揮出來。」

約瑟夫‧E‧斯蒂格利茨（Joseph E. Stiglitz）

約瑟夫‧E‧斯蒂格利茨，1942年出生。1997年起任世界銀行副總裁、首席經濟學家。2001年獲得諾貝爾經濟學獎，現任美國布魯金斯學會高級研究員。斯蒂格利茨的經濟學貢獻：

1、為資訊經濟學的創立做出了重大貢獻。他所宣導的一些前沿理論，如逆向選擇和道德風險，已成為經濟學家和政策制定者的標準工具。

2、他是公共部門經濟學領域最著名的專家。著作有：本科教材《公共部門經濟學》和與安東尼‧阿特金森合著的《公共經濟學講義》。

與鯊魚有關的100枚金幣

分配法──收益最大化

處在一個集體當中，當你有一定的權利可以分配一定的利益收成，但同時又要承擔風險時，無論什麼樣的「分配者」想讓自己的方案獲得通過的關鍵是事先瞭解清楚「挑戰者」的分配方案是什麼。進而獲取正確德資訊。

有一個故事，五個海盜搶到100枚金幣，他們都心懷鬼胎，盡可能希望自己多得金幣。為了使自己的利益最大化，他們將有以下分配方法：一、抽籤決定個人的號碼（1，2，3，4，5）；二、由1號提出分配方案，然後5人表決，如果超過半數人的同意那麼方案通過，否則他將被扔入大海餵

鯊魚；三、1號死後，由2號提方案，4人表決，當超過半數同意時方案通過，否則2號同樣會被扔入大海……以此類推直到方案被多數人通過為止。

這作為職場上的一道考題，凡在20分鐘內答對者不僅能得到一份薪資不菲的工作，而且還將額外獲取8萬元的獎金。經濟學在這裡就派上了用場。我們假定每個海盜都很聰明，都能很理智地判斷得失，進而做出選擇，那麼，第一個海盜提出什麼樣的分配方案才能夠使自己的收益最大化且不被扔到海裡呢？標準答案是：1號海盜分給3號海盜1枚金幣，4號或5號海盜2枚金幣，獨得97枚金幣。分配方案可寫成（97，0，1，2，0）或（97，0，1，0，2）。

為什麼會這樣分配呢？首先我們來分析一下：假設1～3號海盜都餵了鯊魚，只剩4號和5號海盜的話，4號海盜提出的方案5號海盜一定投反對票，因為

他想獨吞金幣，在這種情況下，4號海盜一定會支持1～3號海盜中的某一位而不至於使自己葬身魚腹，但為了最多的金幣由最少數的人分，4號海盜可能會支持3號海盜。3號海盜夠聰明，算準4號海盜雖一無所獲但還是會投贊成票，再加上自己的一票，二比一，準贏後，就會提（100，0，0）的分配方案，不給4號、5號海盜一枚金幣而自己獨吞。2號海盜也不會眼睜睜看自己葬身魚腹而讓自己辛苦得來的金幣任人瓜分，所以他也會尋求切實可行的方案讓別人支持自己。推知到3號海盜的方案後，就會提出（98，0，1，1）的方案，即放棄3號，而給予4號和5號海盜各一枚金幣。

由於該方案對於4號和5號海盜來說比在3號海盜分配時更為有利，他們將支持他而不希望他出局而由3號海盜來分配。這樣，2號海盜將拿走98枚金幣。不過，沒有人願意自己葬身大海，身為1號海盜處境最危險，只有洞悉其餘四人所想，才能保全自己。這樣1號海盜將提出（97 ，0，1，2，0）或（97，0，1，0，2）的方案，即放棄2號海盜，而給3號海盜一枚金幣，同時給4號或5號海盜2枚金幣。由1號海盜的這一方案對於3號和4號或5號海盜來說，相比2號海盜分配時更佳，他們將投1號海盜的贊成票，再加上1號海盜自己的票，1號海盜的方案可獲得通過，97枚金幣可輕鬆落入囊中。

這無疑是1號海盜能夠獲取最大收益的方案了！

處在一個集體當中，當你有一定的權利可以分配一定的利益收成，但同時又要承擔風險時，無論什麼樣的「分配者」想讓自己的方案獲得通過的關鍵是事先瞭解清楚「挑戰者」的分配方案是什麼。讓別人贊成你，並能使自己獲得最大利益的方法就是拉攏「挑戰者」分配方案中最不得意的人們。

這一交易中存在著先發優勢和後發劣勢的區分。1號海盜看起來最有可能餵鯊魚，但他牢牢地把握住先發優勢，結果不但消除了死亡威脅，還收益最大。這不正是全球化過程中先進國家先發優勢嗎？而5號海盜，看起來最安全，沒有死亡的威脅，甚至還能坐收漁翁之利。卻因不得不看別人臉色行事而只能分得

一小杯羹或一無所獲。

可見這是後發制人的最鮮明表現。試想一下我們的生活，很多人總是處在5號海盜的位置，希望守株待兔，坐收漁翁之利，可是往往最後什麼也得不到。海盜的邏輯當然不是真實世界的唯一內幕，細究的話，現實世界其實要比這個黃金分配的模型複雜許多。

身為個體的人，希望的是個人利益最大化，如果他們處在海盜分金這個場景，為了滿足自己的私欲，不可能冷靜的去思考。回到「海盜分金」的模型中，只要3號，4號或5號海盜中有一個人偏離了聰明絕頂兼絕對理性的假設，1號海盜說不定就會被扔到海裡去了。所以，1號海盜首先要考慮的就是他的海盜兄弟們的聰明和傳遞給他的資訊靠不靠得住。

羅伯特‧A‧蒙代爾（Robert A. Mundell）
羅伯特‧A‧蒙代爾，1932年出生於加拿大安大略省德金斯頓。美國哥倫比亞大學教授，1999年諾貝爾經濟學得主，「最佳貨幣區理論」的奠基人。蒙代爾教授撰寫的著作包括：《國際貨幣制度：衝突和改革》、《人類與經濟學》、《國際經濟學》、《貨幣理論：世界經濟中的利息、通貨膨脹和增長》、《新國際貨幣制度》（與J. J. Polak共同編寫）（1977年）、《世界經濟中的貨幣歷程》（與Jack Kemp共同編寫）、《中國的通貨膨脹與增長》等。

平均主義下的南郭先生
——平均與分配

平等觀念是一定經濟關係的產物。沒有超越一切經濟條件或經濟關係的絕對平等。

位於柏林菩提樹下大街西端的保羅公司，是一個專門生產暖瓶的廠商，具有100萬個的年生產能力。因為老闆保羅善於經營，所以保羅暖瓶店在同行業中地位最高。

對於暖瓶的生產量，老闆保羅有自己的規劃。如果飽和生產，則可使每個暖瓶的成本降低1元，這樣他的工廠在市場上就極具競爭優勢。但是相關部門害怕這種競爭優勢帶來同行業的壟斷，所以下達指令，該廠每年只能生產5萬個暖瓶，而且零售價格必須跟其他廠商完全相同。既然國家出臺了這樣的政策，保羅公司就必須遵守。

老闆保羅是個非常仁慈的人，為了不讓他的員工失業，並且為了保證讓全廠以前生產100萬個暖瓶的500名工人都有事情做，於是老闆保羅只好把廠裡的工作平均分配給每一個人，即每人完成100個暖瓶，因為廠裡無權讓其中一半的工人做雙倍的工作拿雙倍的薪資，而讓另一半的工人不工作也不拿薪資。

在這種看似公平，其實扼殺了人的積極性的分配下，很多人混水摸魚，不願工作，得過且過，於是出現了很多懶惰的人。到了年底，經檢驗發覺5萬個暖瓶中將近有一半的暖瓶存在品質問題。而且這種缺少激勵機制的分工，使很多人積極性受挫，他們都準備跳槽或改行。在這一政策和這一分工下保羅的生意最後一塌糊塗，本來一個很好的企業卻走入了死胡同。

從保羅工廠的實例中不難看出，平均主義是滋生懶人情緒的溫床。而且平

均主義的宗旨看似要縮小貧富的差距，但這種差距的縮小帶來的負面影響是社會總收益的減少。平均主義嚴重損傷了人們的勞動積極性，人們的勞務付出沒有真正體現在收入當中。這種表面上的公平，實際上對許多具有創造性、願意加倍努力工作的人來說是不公平的。

平等觀念是一定經濟關係的產物。沒有超越一切經濟條件或經濟關係的絕對平等。平均主義往往把任何差別都看作像階級差別一樣的「貧富不均」，一概加以反對，認為毫無差別的平均分配絕對好。就像保羅的工廠，為了達到公平、公正，保羅將工作分給500個人，無論好壞讓他們拿同樣的薪資、受到同樣的待遇，在一種毫無競爭意識和激勵機制的情況下，企圖讓企業效率更好。這一思想使得很多想透過多付出拿到更多報酬的人的積極性嚴重受挫，同時也使那些不願工作的人的惰性助長，生產的東西也無法達到合格，其實表面平均的分配法實質上並不平均。這種平等觀是一種歷史唯心主義的觀念。

這種平均主義對企業產生很多危害：1、嚴重挫傷勞動者的生產積極性和力求上進的精神。2、渙散勞動者隊伍，腐蝕勞動者的思想，不利於勞動者的團結。3、助長人們的懶惰思想，影響勞動生產率和經濟效益的提高，不利於生產要素的合理配置，不利於提高社會生產力。因此，只有徹底清除平均主義傾向，才能真正貫徹和實現按勞分配的原則。

保羅・安・薩繆爾森（Paul A. Samuelson）
保羅・安・薩默爾森，1915年出生於美國印第安那州，現任麻省理工學院教授。他的研究涉及經濟學的全部領域，經過多年的研究，特別是發展了數理和動態經濟理論，將經濟科學提高到新的水準。為此1970年獲得諾貝爾經濟學獎。重要著作：《經濟分析基礎》（Foundations of Economic Analysis）、《經濟學》（Economics）、《薩繆爾森科學論文選》（The Collected Scientific Papers of Paul A. Samuelson）等。

超級明星超級fans
──明星效應和廣告效應

企業的產品之所以能被人們瞭解、購買，全靠明星效應，而明星的發跡和走紅絕大部分歸功於廣告效應。

近幾年，隨著明星在電視媒體和各大場合的頻繁曝光，便產生了一大批追星族。追星族們追星的故事也層出不窮。趙殊是個典型的月光族，每月的薪資扣除生活費和交通費，基本上都捐獻給了演藝界。

有一次他去看一個明星舉辦的演唱會。開場前他注意到前排坐著一個打扮入時的少婦，手裡還抱著一個嬰兒。攀談中才知道，她是這位歌星的fans，他的演唱會她從未錯過。嬰兒是她的兒子，還不到一歲，因為那天沒有人帶，無奈之下只好抱著兒子來看演唱會了。

偶像登臺表演，少婦無比投入，索性把孩子放在椅子上。可憐的孩子半躺在椅子上，一隻腳懸空，媽媽則在相鄰的兩張椅子上各踩一隻腳，站起來歡呼，時而配合著節拍擺動，時而用力揮動雙手，非常瘋狂。

孩子離開了媽媽的懷抱，揮著小手哭鬧起來，突然孩子掙扎了幾下，眼看著就要往椅子下滑去。趙殊嚇出一身冷汗，趕緊把孩子扶正坐好。孩子的媽媽正陶醉在偶像的歌聲中，對剛才發生的驚險一幕全然不知。其實趙殊也是典型的追星族，但他覺得比起這位少婦，他真的是相差很遠。

這種事情在我們的日常生活中也是屢見不鮮。如果人們毫無緣由地將公園一張50元的門票漲到200元，遊客數量一定會大減。同樣，讓你花200元去看場京劇表演，你或許覺得不值，但讓你花400元買張票去看某紅極一時的歌星的演唱會，你一定會毫不猶豫地掏腰包，只因為你是超級明星，我是超級fans。

這就是明星效應。明星一向因為高知名度、高曝光率，被視為是商品通向消費者的最好介質，所以，利用明星來宣傳企業產品，藉此提高產品知名度，進而擴大產品的市場比率已被大大小小的企業看作是銷售促進的寶典。

投資者為某個知名的歌星投資開演唱會，因為明星的fans和擁護者不計其數，所以無論投資者用多高的價格出售門票，都會有人買，這使明星的身價更是提高百倍，投資公司利潤的增加也帶動了社會整體經濟的增長。

不過並不是所有的歌手都有上千上萬的年收入，可以說絕大多數的歌手只能在歌廳串場，每月的酬勞僅能解決溫飽。由於天賦、努力和機遇的不同，從事同一職業的人收入也不同。如同家用電器修理工，手藝好的絕對比手藝差的賺錢更容易，但無論如何他們之間收入的差別絕不會像知名歌星與無名歌手那樣相距數千里。

這種差距的原因在於，因為這個歌星一出場就受人喜歡，所以不少企業都願意請他們為自己的產品做廣告，並付出高額價碼，國際明星則更是水漲船高。 資訊時代，各種廣告席捲而來，作為一種促銷手段，沒有人會否認廣告存在的合理性和有效性。一則好的廣告對於提升企業知名度，樹立企業品牌形象，打造主流產品，增進消費力等都有著特別重要的作用。廣告效益正越來越受到企業的推崇。

不過這些擁有超級fans的超級明星們並不是人人都會成為這些廣告的寵兒。企業請明星做廣告，除了利用明星的知名度和形象外，更希望透過聘請此明星

使自己的產品獲得更多的關注和議論，以期達到廣告效應。

所以，一個好的明星廣告往往是先分析該明星的狀態，找到明星被人們認同的巔峰狀態，使之成為無限可被傳播的資源。這使得原本差距不大的明星之間，因為廣告的緣故，收入和影響力迅速拉開。

正因為廣告選擇的時機與明星本人所散發出的光芒點一致，廣告費才不會浪費在觀眾的漠視和不知之中，產品資訊流也不會在向觀眾傳達的過程中被阻塞。甚至還可獲得免費媒體的報導和眾人在茶餘飯後的津津樂道。明星在廣告上的頻繁出現也使人們對他們記憶深刻，更願意將很多錢投入到演唱會當中。

總之，企業的產品之所以能被人們瞭解、購買全靠明星效應，而明星的發跡和走紅絕大部分歸功於廣告效應。

約瑟夫・熊彼特（Joseph Schumpeter）

約瑟夫・熊彼特（1883年～1950年）1883年出生於摩拉維亞（當時隸屬奧匈帝國，現為捷克共和國的一部分）的一個中產階級家庭。對於約瑟夫・熊彼特來說，經濟學的全部內容就是變化。他既研究了短期經濟波動，又研究了資本主義的長期趨勢。他透過這些研究確定了經濟週期的階段與成因，還檢驗了資本主義興衰的成因。

借「洋」雞生「土」蛋
——境外投資

將國民的儲蓄作為新的投資並不是唯一的辦法，吸引境外資金也是一條極為重要的途徑。簡單的說，就是借別人的雞生自己的蛋。

中國有個故事說，經歷三下鄉，開荒墾地，資本主義改造等活動的某資本家阿靜，經過改造後，逐步領悟了社會主義的精髓，並響應黨中央三中全會讓一小部分先富裕起來的精神，跟隨從俄羅斯學養兔技能回來的養兔專業戶趙剛，在東北某農村承包了一塊草地養起了兔子。

他們引進俄羅斯種兔，用自己配製的飼料餵養。趙剛還從韓國買回了一些草籽，種植在承包地裡，然後拿用天然肥料孕育並被充足陽光照射過的草來餵兔，等到種兔的毛足夠長後，趙剛將這些毛剪下來，交給從俄羅斯學了編織手藝的阿靜，讓她編織兔毛毛衣、毛褲，然後批發給一些經銷商。經銷商又把這種兔毛織品銷售給回家探親的外籍華人。

外籍華人把這種製品穿到國外後，使很多外國人羨慕不已，於是一些外國商人從趙剛那裡賣了一批種兔，引進國內。而且讓他們的員工拜趙剛為師，學習養兔技術。等到技術和資源都具備後，外國人就將本國種兔和中國種兔雜交，培養出毛色質地更純、更好的兔子來，並用這種兔毛編織了很多織品，銷售到世界各地。世界各地包括中國的趙剛、阿靜在內的人都嘗到了這種兔毛織品的甜頭。得到了好處的人們，日子過得越來越富裕。

從這個故事中我們得知，實踐證明，將國民的儲蓄作為新的投資並不是唯一的辦法，吸引境外資金也是一條極為重要的途徑。

簡單的說，就是借別人的雞生自己的蛋。來自外國的投資有很多形式，一

種是讓外國的生產實體到國內興辦企業，既可以充分利用國內相對過剩的勞動力，又可以帶來先進的生產技術和管理經驗。同時允許外國人擁有部分國內企業的股份，或者讓國內企業到境外上市，允許外國人購買該企業的股票。發行股票的企業可以利用從股市上募集的資金去開發新的生產項目。透過這些投資方式，投資國和被投資國均可從中獲得收益。

作為一個國際組織的世界銀行，正是從世界上一些發達國家籌集資金，並用這些資金貸款給貧窮的發展中國家，使這些國家在交通、能源、教育等方面增加了投資能力。與世界銀行有相似職能的是國際貨幣基金組織。

由於一國的經濟蕭條往往引起爭執、動亂和局勢緊張，並有可能因此引發戰爭，而戰爭的災難必將波及鄰國及與之有經濟往來的其他國家，因此在和平與發展成為世界主題的今天，境外投資在客觀上也起著謀求共同繁榮的作用。

大衛・李嘉圖（David Ricardo）
大衛・李嘉圖（1772年4月18日～1823年9月11日），英國政治經濟學家，對系統經濟學做出了貢獻，被認為是最有影響力的古典經濟學家。他也是成功的商人、金融和投機專家，並且累積了大量資產。李嘉圖出生在倫敦的一個猶太移民家庭，在17個孩子中排行第三。14歲時，他跟隨父親進入倫敦證券交易所，在那裡開始學習金融運作。這一開端為他將來在股票和房地產市場的成功奠定了基礎。李嘉圖最著名的著作是《政治經濟學及賦稅原理》，在第一章闡述了勞動價值論，然後論證了價格不反映價值。

四大美女值多少錢
——美女效應

「美女經濟」是市場發展到相當程度的產物，它不僅衝擊市場銷售的理念，也改變了人們對財富的理解，促使了人們對家庭婚姻觀念的變化。

古語有「沉魚落雁，閉月羞花」之說。有如此稱譽的當屬美女。貂蟬美的讓花朵都不敢綻放，是東漢末年司徒王允的歌女，有傾國傾城之貌。王允見董卓將篡奪東漢王朝，設下連環計。先把貂蟬暗地裡許配給呂布，再名正言順將貂蟬獻給董卓。從此兩人互相猜忌，王允乘機說服呂布，剷除了董卓。

漢朝與匈奴和親，漢元帝決定挑個宮女給單于，他吩咐人到後宮去傳話：「誰願意到匈奴那裡去，皇上就把她當公主出嫁。」有個宮女叫王昭君，長得美麗，有見識。自願到匈奴和親。王昭君遠離自己的家鄉，長期定居在匈奴。她勸呼韓邪單于不要發動戰爭，還把中原的文化傳給匈奴。自此匈奴和漢朝和睦相處，有六十多年沒有發生戰爭。

楊貴妃，通曉音律，能歌善舞。最初為唐玄宗的第十八子壽王的王妃，唐玄宗垂涎楊玉環的姿色，納入宮中，封為貴妃。唐太宗迷戀楊貴妃，從此不再上朝聽政，夜夜沉淪笙歌。安史之亂，唐玄宗逃離長安，途至馬嵬坡，六軍不肯前行，認為楊貴妃蠱惑君王，讓他沉淪美色，荒廢朝政。於是楊貴妃被縊死於路祠。

西施，名夷光，春秋戰國時期出生於浙江諸暨苧蘿村。天生麗質。在國難當頭之際，西施忍辱負重，以身許國，與鄭旦一起被越王勾踐獻給吳王夫差，成為吳王最寵愛的妃子。西施的美色把吳王迷惑得眾叛親離，無心國事，使勾踐乘機滅了吳國。

　　人們都說美女禍國殃民，並馬上搬出四大美女的典型案例作為這一說法的有力證據。因為西施的美，讓一個強國被顛覆；因為貂蟬的美，讓兩強互鬥，最後兩敗俱傷；因為昭君的美，換來了匈奴和漢朝長久的和平；因為楊貴妃的美，讓君王不思早朝，荒廢政績，引發內亂。歷史學家們考慮的是美色的禍國殃民，而經濟學家卻拿著筆開始計算：美色到底值多少錢？

　　鳳凰衛視拉開了中華小姐選美序幕，於是經濟學家所謂的「美女經濟」這個概念呼之欲出。美女到底值多少錢這個問題也新鮮出爐。應該說美麗屬於美學範疇，經濟學與美麗風馬牛不相及。然而經濟學家哈莫米斯和比德爾卻對此進行了深入調查，他們發現漂亮的人比相貌平凡的人收入高5%，相貌平凡的人比醜陋的人收入高5%～10%。同樣的調查對男人和女人都得出了類似的結論。

　　也許對越王勾踐、皇室宗親王允、漢元帝來說，送個漂亮的女人要比送個姿色平凡的女人更能達到除惡的效率。所以從美女們的故事看來，那些有遠見還能抵制美色的人，他們可能是最早意識到「美女經濟」的人。雖然，在古代還沒有「美女經濟」這一概念，但人們都明白美女在某些時候、某些場合對某些人來說，還是一顆極具爆發力的炸彈，誰沾上了它，誰就可能命喪黃泉。也許對於帝王安樂的日子來說，美女只是一個能給自己帶來歡娛的實體，但國難當頭時，她們的價值可能就變成了一個城池甚至一個社稷。

　　在現實生活中，隨著「美女經濟」的竄紅，人們對「美女」的追求也一發不可收拾。如今的商家都熱衷於請美女出臺，藉由美女生財。房展、車展、商場促銷，再加上人體彩繪秀、服裝內衣秀、人體行為藝術寫真攝影等等。似乎讓這類活動與美女搭配，已成了商家淘金的法寶。

　　在電視、報紙等媒體上不斷向觀眾傳遞美女的時尚形象時，許多對自己的容貌不那麼滿意的人，也開始了按照美女的標準來改造自己。於是，相關產業也都迅速地發展，滿街的美容、美髮、塑身中心和形形色色的健身運動場所，各大商場裡琳琅滿目的高級化妝品和光怪陸離的減肥、養顏營養品佔據了最搶

眼的櫃檯。美女經濟隨之也帶動了國民經濟的發展。應該說國家的GDP之所以能升高與這些美女不無關係。

「美女經濟」是社會進步的一種表現，是市場選擇的結果。孔子早就說過，「食、色、性，人之大欲也。」商家也正是借助人們的這一感覺來製造種種美女形象，並以此發展自己的企業及推出自己的產業。

但是，在市場經濟條件下，一件東西有沒有價值、值多少錢，並不是隨便定論的，要完全取決於市場的供需關係。既然愛美是人的天性，那麼人就有這方面的欲望與需求，企業就得製造出各種產品來滿足人們這種需求與欲望，從而創造利潤。

總之「美女經濟」是市場發展到相當程度的產物，它不僅衝擊市場銷售的理念，也改變了人們對財富的理解，促使人們對家庭婚姻觀念的變化。同時也顯示，在市場中，儘管我們每個人的際遇不同，資質各異，但每個人都有自己的特別天分。如何發掘自己的天分是每個人都希望的，關鍵是政府如何提供相關的市場，如何設定好的市場運作規則。

亞當・史密斯（Adam Smith）

亞當・史密斯（1723年～1790年），英國古典政治經濟學的主要代表人物之一。他的代表作《國富論》（全名《國民財富的性質和原因的研究》）早以被翻譯成十幾種文字，在全球發行。而他也因此被稱為現代西方經濟學的鼻祖。此外，1759年出版的《道德情操論》也獲得學術界極高評價。

老人的決策
——風險投資

風險投資是投資的一個組成部分，與商業銀行相似之處在於風險投資家也像銀行家一樣，充當投資人（如貸款人）與企業家（或借款人）之間的媒介和管道。

　　一個雨天，一位老先生走進一家百貨公司，漫無目的地閒逛著。售貨員們都看出了他並不想購買什麼，於是自顧自地忙著整理貨架上的商品，以免被老先生打擾。一名觀察力敏銳的年輕男店員看到這位舉止不凡的老先生後，立刻上前禮貌地和他打招呼，詢問老先生是否需要服務。

　　老先生坦率地告訴他，自己只是進來避雨而已，並不打算買任何東西。年輕店員聽了，微笑著對老先生說，即使如此，他仍然很受歡迎，年輕店員陪老先生聊天，回答著老先生的一些問題，老先生離開的時候，年輕店員送老先生到街上，替他把雨傘撐開。

　　當年輕店員幾乎忘記了這件事的時候，他突然被公司老闆叫到辦公室，老闆將一封信遞給他。信是那天到百貨公司避雨的老先生寫來的，他希望這家百貨公司能讓那名年輕店員前往蘇格蘭為其經營一家店鋪，條件是為這家百貨公司投資擴大規模。

　　年輕人當然接受了這個邀請。不到一年，那位老先生出資幫那位年輕的店員在蘇格蘭開了五、六家店鋪，年輕店員在這幾家店鋪間忙碌著，並有跨出國門的計劃。

　　對於一個剛剛完成學業的大學生來說，想要開創事業，之前投入的都是才智和能力。它是相對來說比較安全的一種投資方式，借助別人的平臺發展自己

的未來。

如果他才智平平，他的投入只能從體力著手，這種投入雖然也不具備多少風險，但相對於用腦來說，體力方面的付出所得到的回報要比腦力方面得到的回報少許多，後期財富的累積也較緩慢。還有第三種情況就是機遇。遇到一個賞識你的人，願意為你投資，這對一個人的成功來說，就是捷徑。如同故事中的年輕店員一樣。

當自身發展到一個階段後，就會不滿足於目前的狀況，於是會考慮大的投資來獲得更多利潤，這裡就包含著風險因數。風險投資意味著「承受風險、以期得到應有的投資效益」。風險投資被定義為「由專業投資媒體承受風險，向有希望的公司或專案投入資本，並增加其投資資本的附加價值」。

風險投資是投資的一個組成部分，與商業銀行相似之處在於風險投資家也像銀行家一樣，充當投資人（如貸款人）與企業家（或借款人）之間的媒介和管道。但與商業銀行貸款截然不同之處在於：銀行家總是迴避風險，而風險投資家則試圖駕馭風險。銀行在貸款前，總是向借貸者要求財產抵押；而風險投資家則是一旦認定了一個公司或專案有前途，他們就會投入資本，同時他們還會幫助他們所投資的公司經營管理。

如同那位老先生一樣，他前期的投入是具有一定風險的，這種風險表現在年輕店員能否做好這項工作。除了聊天以外，對於他的技術和經營能力，他瞭解的並不多，不過他具有駕馭這種風險的能力，因為他手裡握有金錢。對年輕人來說，他還處於起步階段，接受老先生的風險投資，投資家們帶給他的不僅

是錢，還常常有更重要的諸如戰略決策的制定、技術評估、市場分析、風險及回收的評估，以及幫助招募管理人才等資源，但前提是他有足夠的能力經營好一切，可以這麼說，這是無風險基礎上的大冒險。

傳統的風險投資對象主要是那些處於起動期或發展初期卻快速成長的小型企業，並主要著眼於那些具有發展潛力的高科技產業。風險投資通常以部分參股的形式進行，它具有強烈的「承受風險」之特徵，而作為高投資風險的回報則是得到中長期高收益的機會。

阿爾弗雷德·馬歇爾（Alfred Marshall）

阿爾弗雷德·馬歇爾（1842年～1924年）近代英國最著名的經濟學家，新古典學派的創始人，19世紀末和20世紀初英國經濟學界最重要的人物。他的理論及其追隨者被稱為新古典理論和新古典學派。而最主要著作是1890年出版的《經濟學原理》，此外還有《對傑文茲的評論》、《關於穆勞動力先生的價值論》、《對外貿易的純理論與國內價值的純理論》、《工業經濟學》、《經濟學原理》、《經濟學精義》、《關於租金》等。

與人交往中的經濟學
——競爭與適應

生活在競爭中的人都按照適者生存的原則行事，於是一個社會衡量人成敗的準則，就決定了人們的發展方向。

鄉下人阿朗從來沒有出過遠門。存了半輩子的錢，終於鼓起勇氣參加一個旅遊團出了國。他參加的是豪華團，一個人住一個房間，離開了太太、兒女的嘮叨，獨自在夜幕下看大都市的燈火美景，這讓他新奇不已。

一大清早，睡的正香甜，有人來敲門。阿朗打開門後，看見一個服務生來送早餐，服務生一看見他就大聲說道：「GOOD MORNING, SIR！」阿朗愣住了。這是什麼意思呢？在自己的家鄉，通常陌生的人見面都會問：「您貴姓？」於是阿朗大聲回答：「我叫阿朗！」如此這般，連著三天，都是那個服務生來敲門，每天都大聲說：「GOOD MORNING, SIR！」而阿朗亦大聲回答：「我叫阿朗！」

不過阿朗非常生氣，這個服務生怎麼這麼笨，天天問自己叫什麼名字，告訴了他他又記不住。終於忍不住去問導遊，「GOOD MORNING, SIR！」是什麼意思，導遊告訴他是早安的意思。阿朗感到無地自容。於是反覆練習「GOOD MORNING, SIR！」這句話，以便能體面地應對服務生。

又一天的早晨，服務生照常來敲門，門一開阿朗就大聲叫道：「GOOD MORNING, SIR！」與此同時，服務生回答的是：「我是阿朗！」

有經濟學家說：「千規律，萬規律，經濟規律僅一條，就是適者生存。」決定一個人的生活境況、富貴貧賤的因素，始終脫離不了適者生存，不適者淘汰的原則。

既然是適者生存，那適應社會、適應環境，就成了一個人行為的導向。阿朗沒有出過遠門，當然不知道怎樣適應他現在所處的環境，當他意識到，馬上學著改變。雖然阿朗不說「GOOD MORNING, SIR！」不至於被社會淘汰，但既然他來到異國，就要試著去適應外國的一些東西，這樣不僅不會丟臉，還會讓人尊重你。

對服務生來說，顧客就是上帝，為了適應阿朗這個顧客的要求，他必須學著改變，要不然得罪了顧客他就有被炒魷魚的可能。雖然結果適得其反，但他們卻在為適應對方而改變著。

生活在競爭中的人都按照適者生存的原則行事，於是一個社會衡量人成敗的準則，就決定了人們的發展方向。

A對B說：「我要離開這個公司。我恨這個公司！」

B建議道：「我舉雙手贊成！一定要給公司一點顏色看看。不過你現在離開，還不是最好的時機。」

A問：「為什麼？」

B說：「如果你現在離職，公司的損失並不大。你應該趁著在公司的機會，拼命去為自己拉一些客戶，成為公司獨當一面的人物，然後帶著這些客戶突然離開公司，公司才會受到重大損失，措手不及。」

A覺得B說的非常有理。於是努力工作，如其所願，半年多的努力工作後，他有了許多的忠實客戶。

再見面時B問A：「現在是時機了，要跳槽趕快行動哦！」

A淡然笑道：「老闆跟我長談過，準備升我做總經理助理，我暫時沒有離開的打算了。」其實這正是B的初衷。

　　「物競天擇，適者生存」。在一個大的環境中，想要創造更多的利潤，有更好的收穫就要適應競爭、適應環境，而不是環境來適應你。如果像A一樣，面對公司的情況馬上逃避不去競爭、不去適應，最後他只有離職。再極端點可能在報復公司的同時也讓自己付出極大的代價。

　　同樣，在市場化經濟生活中的我們，想要讓自己不被淘汰，也要學會競爭、學會適應。我們沒有辦法改變世界，但是要隨著時代的步伐不斷的改變自己、充實自己。我們現在面對的就是一個充滿競爭的社會，鼓足勇氣去競爭、去適應，你就是一個強者，就會生活的很好；反之，你就是時代的落伍者，就會被淘汰。

羅伯特‧盧卡斯（Robert Lucas）

羅伯特‧盧卡斯，1937年出生於華盛頓的雅奇馬，美國人。他宣導和發展了理性預期與宏觀經濟學研究的運用理論，成為理性預期學派的代表經濟學家之一。盧卡斯的研究深化了人們對經濟政策的理解，並對經濟週期理論提出了獨到的見解，因此獲得1995年諾貝爾經濟學獎。主要著作有：《理性預期與經濟計量實踐》（合作，1981年）、《經濟週期理論研究》（1981年）、《經濟週期模式》（1987年）、《經濟動態學中的遞迴法》（1989年）等。

虧本買賣也很有作用
——固定成本和變動成本

每月需要支付的房租屬於固定成本，換句話說不管你賣不賣服裝，你都必須支付房租。而進貨的資金、員工的薪資、管理費用等屬於變動成本，如果你關門歇業，當然就不必支付這些費用了。

在中國有一家剛開業不久的超市，它的店址不在繁華商業區，附近也沒有大的住宅區，由於剛開業更缺少固定的客戶群。然而，這個超市卻以「虧本生意」打開了經營局面。

該超市開業後的第一招就是廣發傳單，宣傳優惠大酬賓，特別強調雞蛋只要兩塊錢（人民幣）一斤。誰都清楚，當時雞蛋的市場價格最低也要兩塊五一斤，他明明做的是「虧本生意」。就是這種優惠，對於那些善於精打細算的家庭主婦來說，無疑是一個令人振奮的好消息，她們還主動為該超市當起了義務宣傳員，一傳十，十傳百，超市便在市民中樹立了物美價廉的口碑。

也許有人會擔心，這樣下去真的虧本了怎麼辦？其實，人們只要仔細想想就會明白，由於是限量銷售，每人只能買兩斤，即使每斤雞蛋虧五毛錢，每天就算賣出一百斤，也才虧損一百多元。而每天超市的門口擠滿了排隊買雞蛋的顧客，這無形中就為它做了「廉價廣告」。這樣一來，又給超市增加了巨大的經濟效益。

此外，因為有部分顧客還存有一種心理：認為這裡的雞蛋便宜，其他東西也可能比別處便宜，於是又帶動了其他商品的銷售。加上還有不少人喜歡捨近求遠，寧願多走些路也要到該超市去購物。

所以，這家超市雖然在雞蛋上做了「虧本生意」，但從整體上看，卻獲得了較大利潤，使超市的生意日漸興隆，也就順理成章不足為奇了。

該超市由做「虧本生意」著手，進而贏得顧客、贏得市場的經驗告訴我們：做生意，一要掌握顧客心理，善於「投其所好」；二要根據市場行情，適時調整貨源；三要堅持誠信原則，切忌自欺欺人。

所以，雖然人們常說虧本的生意沒人做，但真的遇到時不得不從虧本中尋求突破，就像上述的超市一樣處於偏僻地段，生意肯定不會太好，但也不能坐以待斃，必須尋求一個切實可行的方法來扭轉局面。如果實在沒有辦法，虧本生意還是要做，因為它比全虧要好許多。

假設你不像上例中的超市一樣處於偏僻地段，而是在市區最繁華的街道租了一個店面賣服裝，一年的租金是365000元。也就是說你每天要支付1000元的租金。由於你認為該地段的生意會很興隆，所以你答應了屋主的要求，一次簽了三年的合約，而實際情況卻遠不及你的想像，每天的銷售收入扣除進價、員工薪資以及管理費用等，只能賺800元，在這種情況下，你是該關門大吉呢？還是應該繼續經營下去？

這就涉及到一個成本計算問題。你每月需要支付的房租屬於固定成本，換句話說不管你賣不賣服裝，你都必須支付房租。而進貨的資金、員工的薪資、

管理費用等屬於變動成本，如果你關門歇業，當然就不必支付這些費用了。

　　明白了固定成本與變動成本，我們就不難理解為什麼虧本的生意也有人做。如果選擇關門歇業，就意味著你每月要損失1000元的房租。如果繼續營業，在收回變動成本之後，你還有800元的盈利，可以抵消部分的固定成本損失。而且說不定，慢慢累積了老客戶，生意還會轉虧為盈。因此，在做與不做之間，虧本生意無疑是更明智的選擇。

約翰·梅納德·凱恩斯（John Maynard Keynes）

約翰·梅納德·凱恩斯（1883年～1946年），1883年6月5日出生於英格蘭的劍橋英國經濟學家。因開創了所謂經濟學的「凱恩斯革命」而稱著於世。主要著作有：《印度通貨與金融》（Indian Currency and Finance, 1931年）、《概率論》（A Treatise on Probability）、《通論》、《貨幣論》（A Tract on Monetary Reform, 1923年）和《貨幣論》（A Treatise on Money, 1930年）。

捐錢還是捐物
——社會福利

經濟學家對於這種幫助計劃有著不同的看法。有的人支持實物轉移，這種方式對於那些受災嚴重或溫飽問題都尚未解決的地區比較適用。

一對中國老夫婦都已60出頭，經過一年的儲蓄，他們終於可以如願資助一名貧困大學生上學了。其實他們兩個人的生活並不富裕，一個月的退休金加在一起也只有兩千元左右，加上兩人身體不好，還要承擔不菲的醫藥費，平常生活一直很節儉。

春節期間，因為在電視裡看到反映貧困學生生活的紀錄片，知道他們因為貧窮無法圓自己的大學夢，決心要資助一位優秀的貧困大學生。兩人為此刻意準備了一個大信封，每個月扣除必要的生活開支，剩下的全裝在信封裡，經過一年多的積攢，終於存夠了四千元。起了大早，就把錢寄給了一名他們聯繫過的學生。

兩人用心良苦，寄錢寄到第三個年頭，卻聽說這位大學生被學校開除了，原因是沒繳學費。奇怪了，兩人一年寄兩次的錢難道寄錯了，還是學校費用太高，四千元根本不夠呢？後來經查詢得知，三年來，這位學生從未繳過學費，老夫婦寄給他的錢他拿去談戀愛和坐吃山空了。

這不是一個偶然的現象，此類情況在社會中無處不在，很多人拿著自己辛辛苦苦積攢的錢救助那些需要救助的人，可是往往很多時候，收效甚微，甚至出現讓自己處於尷尬的情境。

對老夫婦來說，到底他們是捐贈了還是沒有呢？如果捐贈了，怎麼還會有被開除的事發生；如果沒有捐贈，那他們每年寄出去的錢呢？這種情況其實最

受傷的還是捐贈者。

對窮人來說，幫助他們的辦法是向社會募集現金或物品捐贈給他們。可是捐錢往往會出現上述事件中的問題。如何能杜絕這種現象又能扶貧呢？有人說那就捐贈物品。

經濟學家對於這種幫助計劃有著不同的看法。有的人支持實物轉移，這種方式對於那些受災嚴重或溫飽問題都尚未解決的地區比較適用，像1998年中國夏季洪水造成的災害，由於受災地區廣泛，受災人數眾多，很多人的房屋遭到損害，不得已住進臨時搭建的簡陋房屋，生活必需品十分短缺，食物、水、衣物以及藥品可以解決燃眉之急，如果捐贈現金，廣大的災民根本無處購買所需的物品。這個時候捐贈物品最合適。

但如果向某些貧困地區捐贈實物，有時捐贈的物品根本派不上用場，二是有些受贈者很快就將捐贈的物品賤賣出去，失去了它的意義。對於那些染有惡習的窮人，捐贈物品比捐錢更好，否則他們一轉眼就用救濟金買了煙酒或毒品。因此，支持實物轉移支付的人認為，這只能怪方法不會扶植某些窮人的惡習。近年來，也有機構嘗試以提供免費醫療或教育作為一種援助方式，這樣最能保證患有疾病的窮人真正得到醫治，或者沒錢的孩子圓上學夢。總之，對窮人的援助應該視情況而定，不能一概而論。

密爾頓・弗里德曼（Milton Friedman）

密爾頓・弗里德曼，1921年7月31日出生於紐約州的布魯克林。由於創立了貨幣主義理論，提出了永久性收入假設，並且證明了穩定政策的複雜性，於1976年10月14日被瑞典皇家科學院授予諾貝爾經濟學獎。主要著作有：《消費函數理論》（1957年）、《貨幣穩定方案》、《資本主義與自由》與安娜・施瓦茨合著的《美國貨幣史，1867年～1960年》。

歷年獲諾貝爾經濟學獎名單一覽表

【2006年】德蒙・費爾普斯，他被譽為「現代宏觀經濟學締造者」和「影響經濟學進程最重要的人物」之一。他在加深人們對於通貨膨脹和失業預期關係的理解方面做出很大的貢獻。

【2005年】湯瑪斯・謝林和羅伯特・奧曼兩人共同獲得，兩人透過賽局理論分析，有助於世界理解衝突與合作的關係，提升了世人對商業衝突的理解，甚至能解釋衝突、避免戰爭而獲獎。

【2004年】愛德華・普列斯卡（EDWARD C. PRESCOTT）和FINN E. KYDLAND共同獲獎，其獲獎之主要理由為其對動態總體經濟學的貢獻：經濟政策的時效不一致性，以及景氣循環背後驅力的探討。

【2003年】羅伯特・恩格爾，他所發明的「自動遞減條件下的異方差性」理論能精確地獲取很多時間數列的特徵，並對能把隨時間變化的易變性進行統計模型化的方法進行了發展。

【2002年】弗南・史密斯（VERNON L. SMITH），史密斯博士被譽為實證經濟學之父，他把實驗室的方法引進經濟分析的領域，讓經濟研究亦可在人為製造的環境及可控制的條件下，重複進行實驗，使之成為經驗經濟分析控制的主要工具。

【2001年】艾克羅夫（G. A. AKERLOF）、史賓斯（A. M. SPENCE）和史蒂格里茲（J. E. STIGLITZ），以其對「資訊不對稱市場分析」的研究，共同摘冠。

【2000年】詹姆斯‧赫克曼（JAMES J. HECKMAN），丹尼爾‧麥克法登（DANIEL L. McFADDEN）在微觀計量經濟學領域的貢獻。他們發展了廣泛應用於個體和家庭行為實證分析的理論和方法。

【1999年】羅伯特‧孟德爾（ROBERT A. MUNDELL）他對不同匯率體制下貨幣與財政政策，以及最適宜的貨幣流通區域所做的分析使他獲得這一項殊榮。

【1998年】阿馬蒂亞‧森（AMARTYA SEN）對福利經濟學幾個重大問題做出了貢獻，包括社會選擇理論、對福利和貧窮標準的定義、對匱乏的研究等。

【1997年】羅伯特‧默頓（ROBERT C. MERTON）和邁倫‧斯科爾斯（MYRON S. SCHOLES），前者對布萊克──斯科爾斯公式所依賴的假設條件做了進一步減弱，在許多方面對其做了推廣。後者提出了著名的布萊克──斯科爾斯期權定價公式，該法則已成為金融機構涉及金融新產品的思想方法。

【1996年】詹姆斯‧莫里斯（JAMES A. MIRRLEES）和威廉‧維克瑞（WILLIAM VICKREY），前者在資訊經濟學理論領域做出了重大貢獻，尤其是不對稱資訊條件下的經濟激勵理論。後者在資訊經濟學、激勵理論、博弈論等方面都做出了重大貢獻。

【1995年】羅伯特‧盧卡斯（ROBERT LUCAS）宣導和發展了理性預期與宏觀經濟學研究的運用理論，深化了人們對經濟政策的理解，並對經濟週期理論提出了獨到的見解。

【1994年】約翰‧納什（JOHN F. NASH），約翰‧海薩尼（JOHN C. HARSANYI），萊因哈德‧澤爾騰（REINHARD SELTEN），這三位數學家在非合作博弈的均衡分析理論方面做出了開創性德貢獻，對博弈論和經濟學產生了重大影響。

【1993年】道格拉斯‧諾斯（DOUGLASS C. NORTH）和羅伯特‧福格爾

（ROBERT W. FOGEL），前者建立了包括產權理論、國家理論和意識形態理論在內的「制度變遷理論」。後者用經濟史的新理論及數理工具重新詮釋了過去的經濟發展過程。

【1992年】加里・貝克（GARY S. BECKER）將微觀經濟理論擴展到對人類相互行為的分析，包括市場行為。

【1991年】羅奈爾得・科斯（RONALD H. COASE）揭示並澄清了經濟制度結構和函數中交易費用和產權的重要性。

【1990年】默頓・米勒（MERTON M. MILLER），哈里・馬科維茨（HARRY M. MARKOWITZ），威廉・夏普（WILLIAM F. SHARPE），他們在金融經濟學方面做出了開創性工作。

【1989年】特里夫・哈威默（TRYGVE HAAVELMO）建立了現代經濟計量學的基礎性指導原則。

【1988年】莫里斯・阿萊斯（MAURICE ALLAIS），在市場理論及資源有效利用方面做出了開創性貢獻。對一般均衡理論重新做了系統闡述。

【1987年】羅伯特・索洛（ROBERT M. SOLOW）對增長理論做出貢獻。提出長期的經濟增長主要依靠技術進步，而不是依靠資本和勞動力的投入。

【1986年】詹姆斯・布坎南（JAMES M. BUCHANAN, JR）將政治決策的分析和經濟理論結合起來，使經濟分析擴大和應用到社會——政治法規的選擇。

【1985年】弗蘭科・莫迪利安尼（FRANCO MODIGLIANI）第一個提出儲蓄的生命週期假設。這一假設在研究家庭和企業儲蓄中得到了廣泛應用。

【1984年】理查・約翰・斯通（RICHARD STONE）國民經濟統計之父，在國民

帳戶體系的發展中做出了奠基性貢獻，極大地改進了經濟實踐分析的基礎。

【1983年】羅拉爾‧德布魯（GERARD DEBREU）概括了帕累拖最佳理論，創立了相關商品的經濟與社會均衡的存在定理。

【1982年】喬治‧斯蒂格勒（GEORGE J. STIGLER）在工業結構、市場的作用和公共經濟法規的作用與影響方面，做出了創造性重大貢獻。

【1981年】詹姆士‧托賓（JAMES TOBIN）闡述和發展了凱恩斯的系列理論及財政與貨幣政策的宏觀模型。在金融市場及相關的支出決定、就業、產品和價格等方面的分析做出了重要貢獻。

【1980年】勞倫斯‧羅‧克萊因（LAWRENCE R. KLEIN）以經濟學說為基礎，根據現實經濟中實際資料所做的經驗性估計，建立了經濟體制的數學模型。

【1979年】威廉‧亞瑟‧路易斯（ARTHUR LEWIS）和希歐多爾‧舒爾茨（THEODORE W. SCHULTZ ）在經濟發展方面做出了開創性研究，深入研究了發展中國家在發展經濟中應特別考慮的問題。

【1978年】赫泊特‧亞‧西蒙（HERBERT A. SIMON）對於經濟組織內的決策程序進行了研究，這一有關決策程序的基本理論被公認為關於公司企業實際決策的創見解。

【1977年】戈特哈德‧貝蒂‧俄林（BERTIL OHLIN）和詹姆斯‧愛德華‧米德（JAMES E MEADE）對國際貿易理論和國際資本流動做了開創性研究。

【1976年】密爾頓‧弗里德曼（MILTON FRIEDMAN）創立了貨幣主義理論，提出了永久性收入假設。

【1975年】列奧尼德‧康托羅維奇（LEONID VITALIYEVICH KANTOROVICH）

和佳林‧庫普曼斯（TJALLING C. KOOPMANS），前者在1939年創立了享譽全球的線形規劃要點，後者將數理統計學成功運用於經濟計量學。他們對資源最佳分配理論做出了貢獻。

【1974年】弗‧馮‧哈耶克（FRIEDRICH AUGUST VON HAYEK）和綱納‧繆達爾（GUNNAR MYRDAL）二人深入研究了貨幣理論和經濟波動，並分析了經濟、社會和制度現象的互相依賴。

【1973年】華西里‧列昂惕夫（WASSILY LEONTIEF）發展了投入產出方法，該方法在許多重要的經濟問題中得到運用。

【1972年】約翰‧希克斯（JOHN R. HICKS）和肯尼斯‧約瑟夫‧阿羅（KEN-NETH J. ARROW）他們二人深入研究了經濟均衡理論和福利理論。

【1971年】西蒙‧庫茲列茨（SIMON KUZNETS）在研究人口發展趨勢及人口結構對經濟增長和收入分配關係方面做出了巨大貢獻。

【1970年】保羅‧安‧薩默爾森（PAUL A. SAMUELSON）發展了數理和動態經濟理論，將經濟科學提高到新的水準。他的研究涉及經濟學的全部領域。

【1969年】拉格納‧弗里希（RAGNAR FRISCH）和簡‧丁伯根（JAN TINBER-GEN）他們二人發展了動態模型來分析經濟過程。前者是經濟計量學的奠基人，後者是經濟計量學模式建造者之父。

國家圖書館出版品預行編目資料

關於經濟學的100個故事／陳鵬飛編著.
－－初版－－ 台北市：宇河文化出版；
紅螞蟻圖書發行，2007〔民 96〕
面　　公分，－－(Elite ; 3)
ISBN 978-957-659-614-8 (平裝)

1.經濟學-通俗作品
550　　　　　96005692

Elite 3

關於經濟學的100個故事

編　著／陳鵬飛
發 行 人／賴秀珍
總 編 輯／何南輝
特約編輯／林芊玲
平面設計／劉涔淳
出　版／宇河文化出版有限公司
發　行／紅螞蟻圖書有限公司
地　址／台北市內湖區舊宗路二段 121 巷 19 號(紅螞蟻資訊大樓)
郵撥帳號／ 1604621-1　紅螞蟻圖書有限公司
電　話／(02)2795-3656 (代表號)
傳　眞／(02)2795-4100
登 記 證／局版北市業字第 1446 號
法律顧問／許晏賓律師
印 刷 廠／卡樂彩色製版印刷有限公司
出版日期／ 2007 年 5 月　第一版第一刷
2018 年 7 月　　第九刷

定價300元　港幣100元

ISBN-13：978- 957-659-614-8　　**Printed in Taiwan**
ISBN-10：957-659-614-9